LA

TERRE & SES HABITANTS

HISTOIRE ABRÉGÉE

DEPUIS SA FORMATION JUSQU'A NOS JOURS

PAR

A. BOUCHET

NIMES

IMPRIMERIE CLAVEL-BALLIVET & Cie

12 — RUE PRADIER — 12

1880

LA TERRE & SES HABITANTS

LA
TERRE & SES HABITANTS

HISTOIRE ABRÉGÉE

DEPUIS SA FORMATION JUSQU'A NOS JOURS

PAR

A. BOUCHET

NIMES

IMPRIMERIE CLAVEL-BALLIVET & Cie
12 — RUE PRADIER — 12

1880

AVERTISSEMENT.

—

Conçu vers 1874, ce livre, par un concours de circonstances indépendantes de ma volonté, n'a pu être publié jusqu'à ce jour; j'ai profité de ce retard pour le revoir soigneusement.

Bien que de nos jours les écrits vieillissent vite, celui-ci pourra longtemps encore n'être pas déplacé parmi les productions nouvelles ; je le livre donc à la publicité.

PRÉFACE

—

Poussé par le désir de me rendre utile à mes semblables, dans la mesure de mes moyens, l'idée m'est venue d'écrire ce petit livre que je n'ai trouvé nulle part.

Bien peu de personnes ont les loisirs et les moyens de lire de volumineux ouvrages ; la plupart d'ailleurs ne possèdent pas l'instruction nécessaire pour les comprendre. Il est bon cependant que chacun connaisse le monde qu'il habite. De même que nous parcourons en tous sens la maison de laquelle nous allons prendre possession, apprenons à connaître le globe sur lequel elle repose.

Pour écrire l'histoire de la Terre avec les développements qu'elle comporte, des in-folio par centaines ne suffiraient pas. D'ailleurs, une œuvre telle serait peu lue et ne remplirait pas le but que je poursuis.

Prendre la Terre à sa formation, la suivre rapidement dans ses transformations diverses, jusqu'au moment où l'homme est venu en prendre possession, est ce que je me propose. Étudiant ensuite dans leurs institutions, leurs croyances, les mœurs de ses habitants, d'étape en étape nous arriverons jusqu'à nos jours.

Donnant de tout un résumé sommaire, évitant toutes longueurs, mes efforts tendront à être clair et précis, afin que le lecteur, au bout de sa course, puisse sans peine se remémorer tout ce qu'il aura lu.

Si j'atteins ce but, et je m'efforcerai de l'atteindre, je serai amplement payé de mes peines par la certitude d'avoir fait quelque bien à mes semblables, et accompli ainsi une partie de mon devoir.

BIBLIOGRAPHIE

Pour éviter toutes contestations, qu'un oubli pourrait faire naître, et d'ailleurs pour être juste à l'égard des auteurs qui m'ont aidé dans ce travail, j'indique ci-dessous le titre des principaux ouvrages qui ont été consultés par moi dans le cours de ce livre.

C. FLAMMARION. — *L'Atmosphère. Les Terres du Ciel.*

L. SIMONIN. — *Histoire de la Terre.*

E. RECLUS. — *La Terre.*

ZABOROWSKI-MOINDRON. — *De l'ancienneté de l'homme.*

G. RODIER. — *Antiquité des races humaines.*

G. MASPERO. — *Histoire ancienne des peuples de l'Orient.*

G. PAUTHIER. — *Livres sacrés de l'Orient.*

ANQUETIL. — *Histoire de France.*

GODIN. — *Solutions sociales.*

Et les *Dictionnaires* de LACHATRE et de BOUILLET.

N.-B. — Les renvois indiqués par des lettres (A), etc., seront placés à la fin du volume; ceux indiqués par des chiffres (1), etc., au bas de la page.

PREMIÈRE PARTIE

—

DIEU, CRÉATION.
GLOBE TERRESTRE, SA FORMATION.
APPARITION DE LA VIE SUR LA TERRE.
L'HOMME.

CHAPITRE Ier.

Dieu.

Qu'est-ce que Dieu ? Création.

Formation du globe terrestre, sa distance au Soleil, sa forme, ses divisions, son étendue, ses deux mouvements principaux : rotation et translation ; exemple et figure.

Le jour et la nuit. Inclinaison de l'axe terrestre, équinoxes et solstices ; figure.

L'Atmosphère : sa hauteur moyenne, son volume, son poids, ses phénomènes : nuages, brouillards, rosée, pluie, neige, grêle, grésil. La foudre ; ce qui la produit.

Paratonnerres : leur fonction ; dans quelles conditions ils doivent être établis.

Arc-en-ciel et **Couronne** : conditions nécessaires à la production de ces phénomènes.

Aurores boréales et **australes** : leurs causes.

Trombes : leur formation ; leurs compositions diverses ; leurs effets.

Ouragans, Cyclones et **Tempêtes** : où ils prennent naissance ; ce qui les produit.

Région des étoiles filantes.

La **Lune** : son volume, son double mouvement ; sa distance de la Terre ; son influence sur elle.

QU'EST-CE QUE DIEU ?

Il n'est pas donné à notre faible intelligence de le concevoir. La raison nous indique qu'il est une cause première, cause éternelle à laquelle tout se rapporte ; la conscience voit en elle son principe de justice ; cette cause, nous la nommons **Dieu.**

Nous pouvons édifier des systèmes, bâtir hypothèses sur hypothèses, notre entendement ne saurait aller au-delà. Cette cause existe ; et bien que ce mot d'éternité laisse du vague dans notre esprit, nous ne pouvons la concevoir autrement qu'éternelle ; il est d'une nécessité absolue qu'il en soit ainsi.

Nul n'a pu sérieusement nier cette cause ; d'ailleurs tout nous y ramène, depuis l'atome, que nous ne pouvons expliquer, jusqu'aux mondes infinis qui gravitent dans l'espace, esclaves d'un tout harmonique qui dénote une intelligence ordonnatrice unique, entité pour les uns, abstraction pour les autres ; loi immuable pour tous, qui se manifeste à nous par tous les phénomènes de la nature.

Au début de la vie, l'homme, dans sa naïve ignorance, obligé de reconnaître une puissance supérieure à la sienne, l'a tour à tour adorée sous différentes formes, lui prêtant ses passions et ses vices. Et même de nos jours, nos civilisations avancées, donnant à Dieu une forme physique, le font à notre image en disant qu'il nous a créés à la sienne. L'homme rayonne le divin, sans doute ; mais l'insecte, le brin d'herbe, l'atome, quoique à des degrés moindres, rayonnent aussi le divin.

Comment synthétiser la divinité en une figure ? C'est là toujours du vieux paganisme, c'est prendre l'attribut pour le sujet, l'effet pour la cause. Tout est en Dieu, rien n'est en dehors de lui, et notre intelligence, tout comme notre vue, est trop bornée pour embrasser le cosmos.

Renonçons donc à nous créer une image de cette **Unité universelle** qui, pour si belle qu'une imagination humaine pourrait la concevoir, resterait toujours fort éloignée de la réalité. Contentons-nous de l'admirer dans ses œuvres sublimes et rapprochons-nous de sa perfection en devenant meilleurs chaque jour ; étudions ses lois et, en nous y soumettant, faisons les converger à notre bénéfice.

CRÉATION.

« Dieu créa, au commencement, les cieux et la Terre ; » dit la Genèse, ch. i, vers. 1.

Laissons aux livres sacrés la tâche difficile de déterminer la création sidérale ; nous n'avons à nous occuper ici que du Globe que nous habitons, auquel la chronologie officielle n'accorde que 6,000 ans environ d'existence ; mais la science moderne plus généreuse, lisant dans les couches géologiques qui sont les véritables feuillets des annales terrestres, ne craint pas de faire remonter son origine à plusieurs centaines de millions d'années [1].

GLOBE TERRESTRE.

La Terre, planète moyenne du système solaire, est située entre Vénus et Mars, à la distance moyenne de 37 millions de lieues du Soleil (A), plus exactement 148,250,000 kilomètres. Sa forme est celle d'une sphère légèrement déprimée vers les pôles. Cette dépression est d'environ 21 kilomètres (B).

Afin de pouvoir se reconnaître, des points de repère ont été fictivement établis sur le globe terrestre. Ils sont au nombre de 360 principaux, et divisent la Terre en autant

[1] Voir Zaborowski-Moindron, 2e partie, page 228.

de parties : ce sont les degrés (c). Les uns, allant d'un pôle à l'autre, sont les degrés de longitude (*longus* long) (D) ; les autres, ceignant le globe dans le sens de l'équateur (B), sont les degrés de latitude (*latitudo* largeur) (E).

La Terre a 10,000 lieues de circonférence. Le degré étant la 360me partie de cette circonférence, la distance d'un degré à l'autre est de 27 lieues et demie, ou, plus exactement, 111 kilomètres ; reste une fraction indivisible.

C'est sur cette division de la circonférence du globe que l'unité de mesure décimale a été prise : le mètre (*metron*, mesure) est la 40 millionième partie de cette circonférence.

Notre globe a donc 40 millions de mètres de circonférence à l'équateur, ou 40,000 kilomètres, ou 10,000 lieues.

Son diamètre moyen est de 12,732,000 mètres, ou 12,732 kilomètres, ou 3,183 lieues.

Sa surface est, d'après les données et les calculs les plus récents, de 509,990,553 kilomètres carrés, dont les trois quarts sont occupés par les mers.

La Terre est animée de deux mouvements principaux, l'un de rotation et l'autre de translation. Son mouvement de rotation s'effectue d'Occident à l'Orient dans l'intervalle de 23 heures 56 minutes 4 secondes : c'est le jour sidéral ; c'est-à-dire que pendant ces 23 heures 56 minutes 4 secondes la Terre accomplit une révolution complète sur son axe de rotation ; mais comme en même temps qu'elle tourne sur elle-même elle tourne aussi autour du Soleil et par conséquent se déplace, elle doit, en outre de sa révolution complète sur elle-même, continuer de tourner encore pendant 3 minutes 56 secondes pour accomplir son mouvement diurne (*dies* jour) ou jour solaire ; c'est-à-dire

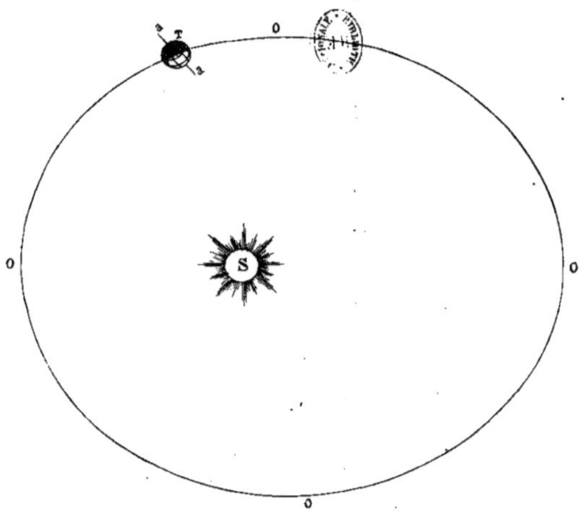

N.-B. — *La proportion des astres n'est pas gardée dans cette figure. La Terre, vu la dimension restreinte donnée au Soleil, serait invisible, même au microscope, car le volume du Soleil surpasse celui de la Terre de douze cent soixante-dix-neuf mille fois.* (Flammarion, *Les Terres du Ciel*, page 265.)

que toutes les 24 heures la Terre présente au Soleil exactement la même longitude.

Son mouvement de translation s'opère, autour du Soleil, en 365 jours 6 heures 9 minutes 10 secondes; ce qui constitue notre année.

Exemple : Etablissez par la pensée un orbe (1) ou anneau ; si mieux vous aimez, un chemin de forme elliptique (Pl. I) : -o- représente l'orbe ou chemin supposé. Placez dans l'un des foyers de cet orbe une lumière qui figurera le Soleil -S-. Prenez une orange, qui représente assez bien le Globe terrestre -T-; traversez-la avec une aiguille à tricot dans sa partie aplatie en passant par le centre -a-, saisissez cette aiguille par ses deux extrémités, comme vous le feriez autour d'une table en la présentant contre son bord, faites parcourir à l'orange (la Terre) l'orbe elliptique supposé. A mesure qu'elle tournera, les diverses parties de sa surface seront éclairées en passant devant la lumière (le Soleil), ce sera le jour ; celles qui se trouveront noyées dans la pénombre représenteront, l'une l'aurore ou naissance du jour, l'autre le crépuscule ou approche de la nuit , et celles entièrement dans l'ombre, la nuit.

Il est bon de faire observer, avant de poursuivre, que l'atmosphère, enveloppe gazeuse qui entoure la Terre, et de laquelle il sera question plus loin, joue un grand rôle dans les phénomènes de l'aurore et du crépuscule : l'air dont elle est pourvue fait dans ce cas fonction de réflecteur. En effet, nous voyons à l'aurore la clarté'des rayons solaires bien avant que l'astre du jour se montre à l'horizon;

---

(1) *De orbis* cercle : espace que parcourt un astre dans sa révolution autour d'un autre astre ; par exemple la Terre autour du Soleil.

et nous la voyons encore au crépuscule bien après qu'il a disparu.

Si l'atmosphère disparaissait, la nuit, par une transition subite, succèderait immédiatement au jour, comme les ténèbres suivent immédiatement la clarté dans une salle hermétiquement close où l'on éteint la seule lumière qui l'éclaire ; le jour succèderait de même à la nuit.

Chaque tour que l'orange fera sur son axe, elle accomplira son mouvement diurne, c'est-à-dire son jour et sa nuit : c'est le mouvement de rotation (*rota*, roue). Lorsqu'elle aura répété 365 fois ce même mouvement, elle aura parcouru son orbe en entier, qui n'a pas moins de 233 millions de lieues, et aura accompli son année ; c'est le mouvement de translation.

La Terre se mouvant exactement comme cet exemple vient de l'indiquer, il n'y aurait plus de saisons ; la même température existerait constamment à sa surface, selon les latitudes ; ainsi telle contrée aurait, du 1er janvier au 31 décembre, 50 degrés de chaleur, telle autre n'en aurait que 40, d'autres 30, 20, et ainsi de suite.

Il n'en est pas ainsi : son axe faisant un angle de 23 degrés et demi environ (c) avec le plan de l'écliptique (orbite que la Terre décrit en un an autour du Soleil, Pl. II, é), nous donne quatre saisons différentes.

Dans cette planche, -S- représente le Soleil, -T- la Terre, -a- son axe, -e- son équateur, -é- l'écliptique ou orbe elliptique que la Terre parcourt en entier chaque année ; -ë- la rencontre de l'écliptique avec l'équateur, ce qui a lieu deux fois par an, alors que le Soleil, en venant du Sud, traverse la ligne équatoriale pour passer au Nord ; et lorsque venant du Nord, il la traverse pour passer au Sud ; ce qui produit les équinoxes (*œqualis*, égal ; *nox*,

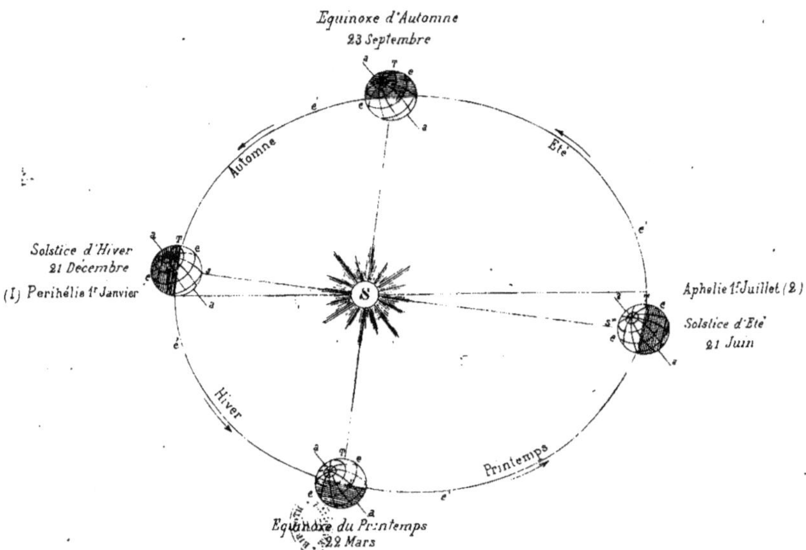

*N.-B. — Voulant garder la proportion des astres, il eût fallu
donner au Soleil un diamètre de près de huit centimètres et demi
pour représenter la Terre de la grosseur d'un simple petit point (.)
Rien n'eût pu être démontré avec une réduction pareille.*

(1) Distance de la Terre au Soleil, à son périhélie : 145,500,000 kilomètres.

(2) Distance de la Terre au Soleil, à son aphélie : 150,500,000 kilomètres.

La distance moyenne est de 148 millions de kilomètres. (Flammarion,
Les Terres du Ciel, page 274.)

nuit) : équinoxe de Printemps le 22 mars ; équinoxe d'Automne le 23 septembre ; c'est-à-dire époques pendant lesquelles les jours sont égaux aux nuits pour la durée sur toute la Terre.

La Terre, pour aller d'un équinoxe à l'autre, passe par les solstices (*Sol*, Soleil; *statio*, station) : solstice d'Eté le 21 juin et solstice d'Hiver le 21 décembre.

Ces solstices sont produits, de même que les équinoxes, par l'inclinaison de l'axe terrestre dont le côté nord reste constamment fixé — à l'écart d'un degré près — vers la dernière étoile -*a*- de la queue de la *Petite Ourse*, que nous nommons, précisément à cause de cela, *Etoile Polaire* (F).

Partant du solstice d'Hiver (21 décembre), Pl. II, *s*, où elle reçoit alors les rayons solaires verticalement à la hauteur du tropique du Capricorne, la Terre arrive le 1er janvier à son perihélie (*peri*, autour; *helios*, Soleil), c'est-à-dire au point où elle est le plus près du Soleil ; elle s'éloigne ensuite en suivant l'écliptique et arrive le 22 mars à l'équinoxe de Printemps : les rayons du Soleil tombent alors verticalement sur son équateur. Puis, continuant son ascension, elle voit le Soleil passer alors de son émisphère Sud à l'émisphère Nord ; et le 21 juin elle atteint son solstice d'Eté : *s̈*; le Soleil lui envoie alors ses rayons verticaux à la hauteur du tropique du Cancer (F). Passant alors par son Aphélie (*apo* loin, *helios* Soleil) le 1er juillet, elle arrive le 23 septembre à l'équinoxe d'Automne ; et, continuant sa marche descendante, elle voit le Soleil passer de son émisphère Nord à l'émisphère Sud ; et elle arrive enfin le 21 décembre au solstice d'hiver pour recommencer la même marche dans l'espace et dans les siècles.

De ces diverses positions de la Terre résultent, on le voit, les saisons et l'inégalité des jours et des nuits.

Les figures 1, 2, 3 et 4 qui suivent, plus grandes que celles qui précèdent, donneront une idée plus nette de ces effets.

Fig. 1. — SOLSTICE DU 21 DÉCEMBRE.

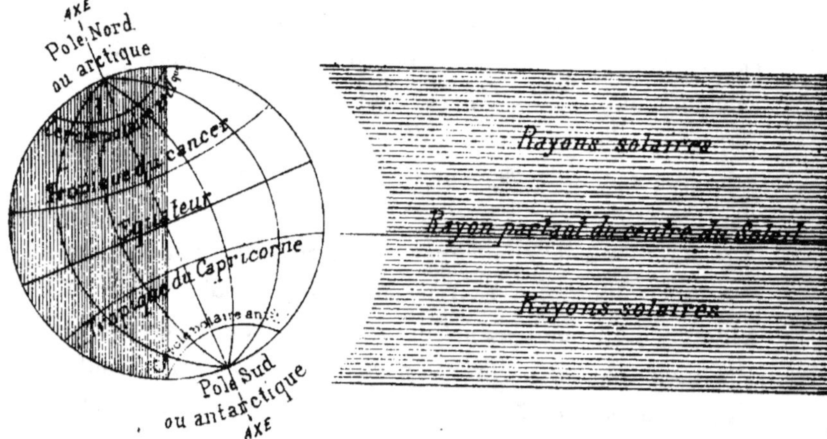

Fig. 1. — Position de la Terre au solstice du 21 décembre : Le centre du Soleil se trouvant alors à la hauteur du tropique du Capricorne, toute la partie de la Terre, à partir du pôle Austral jusqu'au cercle polaire Arctique, se trouve éclairée ; c'est alors le point culminant des six mois de jours du pôle Austral, et symétriquement des six mois de nuits du pôle Boréal. Pour les autres contrées de la Terre, les jours vont en augmentant quand on se rapproche du pôle Austral, et en diminuant du côté du pôle Boréal.

Du 21 décembre au 22 mars est la saison d'Hiver pour l'émisphère Nord, et la saison d'Été pour l'émisphère Sud.

Fig. 2. — **Equinoxe du 22 mars.**

Fig. 2. — Position de la Terre à l'équinoxe du 22 mars :
Le centre du Soleil se trouvant à la hauteur de l'équateur
terrestre, la moitié de la Terre, d'un pôle à l'autre, se
trouve alors éclairée ; de là l'égalité des jours et des nuits
sur toute la Terre.

Du 22 mars au 21 juin est la saison de Printemps pour
l'émisphère Nord, et d'Automne pour l'émisphère Sud.

Fig. 3. — **Solstice du 21 juin.**

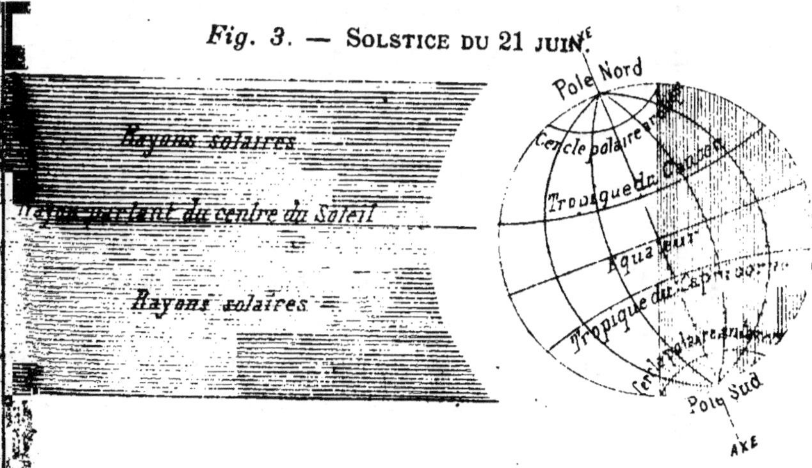

Fig. 3. — Position de la Terre au solstice du 21 juin :
Le centre du Soleil se trouvant à la hauteur du tropique du
Cancer, la partie de la Terre comprise entre le pôle Boréal
et le cercle polaire Antarctique se trouve éclairée ; c'est
alors l'inverse de ce qui a lieu le 21 décembre : le pôle
Nord est au point culminant de ses six mois de jours, et le
pôle Sud de ses six mois de nuits.

Du 21 juin au 23 septembre est la saison d'Été pour
l'émisphère Nord, et la saison d'Hiver pour l'émisphère
Sud.

Fig. 4. — Equinoxe du 23 Septembre.

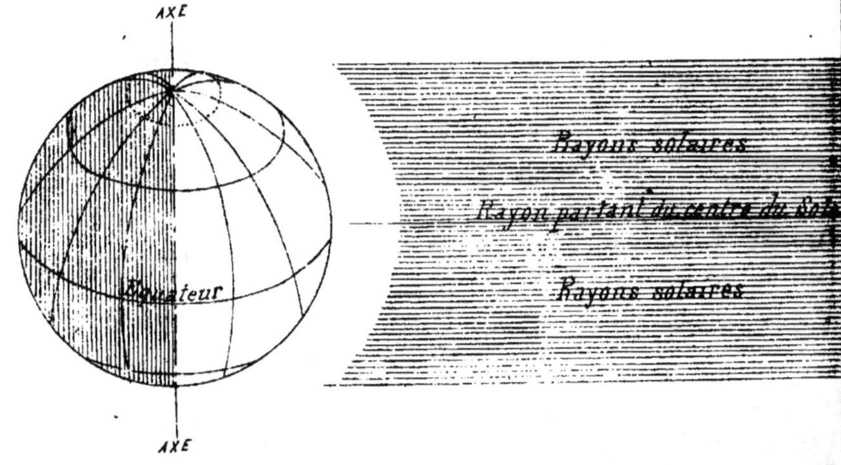

Fig. 4. — Position de la Terre à l'équinoxe du 23 septembre : Comme à l'équinoxe du 22 mars, le centre du
Soleil se trouvant à la hauteur de l'équateur terrestre, la
moitié de la Terre, d'un pôle à l'autre, se trouve éclairée,
et les nuits sont égales aux jours sur toute la Terre.

Du 23 septembre au 21 décembre est la saison d'Automne

pour l'émisphère Nord, et la saison de Printemps pour l'émisphère Sud (1).

L'ATMOSPHÈRE (2).

La Terre est entourée d'une atmosphère ou enveloppe gazeuse de la hauteur moyenne de 16 à 17 lieues. Son volume est environ la vingt-neuvième partie de celui du Globe terrestre, et son poids les 43 millièmes.

C'est dans cette atmosphère que se passent les principaux phénomènes de la nature : formation des nuages, de la rosée, des brouillards, de la pluie, de la neige, de la grêle, du grésil, de la foudre, des trombes, des ouragans, des cyclones, des tempêtes, etc.

Afin de dissiper plusieurs erreurs répandues à ce sujet, il est utile de donner ici quelques détails sur la production de ces phénomènes.

Peu de personnes ignorent que l'eau exposée à l'air se vaporise. Cette vaporisation se produit à toutes les températures, mais son activité s'accroît en raison de la chaleur. On peut aisément s'en rendre compte en observant attentivement un vase d'eau mis à chauffer.

Les nuages ne sont pas autrement formés. Les eaux des ruisseaux, des rivières, des fleuves, des lacs et des mers, avec le puissant concours de la chaleur solaire, se

____

(1) Pour plus amples détails que ne comporte pas le cadre de ce livre, voir *Le Ciel*, par Amédée Guillemin, pages 304 à 322.

(2) Consulter *L'Atmosphère*, par Camille Flammarion, page 10 et suivantes.

vaporisent et s'élèvent dans l'atmosphère où elles subissent diverses transformations, selon les courants qu'elles traversent où dans lesquels elles séjournent.

Cette vapeur en suspens dans l'air, alors qu'à la surface du sol et à une faible hauteur elle est traversée par un courant froid, se resserre, se condense en petites vésicules plus ou moins serrées selon le degré de froid, et produit le brouillard.

C'est principalement dans les vallées et sur les bords des cours d'eau que le brouillard se produit, et c'est dans les contrées froides qu'il est le plus intense.

Cette même vapeur, par les nuits calmes, lorsque pas un souffle ne vient agiter les feuilles des arbres, lorsque rien ne vient empêcher la radiation du sol, c'est-à-dire la chaleur du Soleil reçue pendant le jour de s'élever dans l'atmosphère, cette même vapeur, appelée par le froid de la surface à se condenser, se dépose en gouttes de rosée sur les herbes et les plantes dont le feuillage rase la terre, en plus ou moins grande abondance selon la nature du végétal.

Ces gouttes de rosée, dans les saisons froides, sont tranformées en petits cristaux ou glaçons et forment le givre, la gelée blanche.

Tant qu'elle ne rencontre pas d'obstacles, la vapeur s'élève jusqu'à ce que le froid soit assez vif pour la condenser et former les nuages ordinaires qui, superposés et vivement poussés par les vents, finissent par se résoudre en pluie.

Ces nuages occupent l'espace compris entre 500 mètres et 3 kilomètres d'élévation.

Au-delà de cette hauteur est la région des nuages de neige et des nuages de glace.

Ces deux sortes de nuages ont une physionomie toute particulière ; on les distingue parfaitement des mille formes capricieuses que revètent les nuages ordinaires. Le nuage de neige est uniforme et très-étendu ; la lumière en le traversant lui donne une teinte jaunâtre.

La neige se forme naturellement par l'ascension de la vapeur d'eau dans les régions froides de l'atmosphère. Elle en descend pour se répandre sur la terre, protéger nos récoltes et alimenter nos sources, alors que son degré de condensation la rend plus pesante que le volume d'air qu'elle déplace, et lorsque le calme règne dans les parties de l'atmosphère qu'elle doit traverser.

Le nuage de grêle a sa base unie et coupée horizontalement ; son sommet semble surmonté de nombreux panaches ; il a l'aspect d'une forèt aérienne ; sa couleur est toujours d'un gris cendré bien caractérisé.

C'est dans les saisons chaudes et par un temps orageux que la grêle se forme et s'abat sur la Terre.

Les vents, soufflant avec violence et dans diverses directions, produisent un refroidissement de température tel, que les gouttes échappées des nuages se gèlent instantanément, et dans leur course vagabonde se grossissent des vapeurs vésiculaires qui, à peine formées, passent à l'état de glace.

Les nuages de grêle ne sont jamais bien étendus ; mais ils parcourent de grandes distances avec une vitesse prodigieuse, portant le ravage et la destruction dans les champs où ils crèvent et s'abattent.

Le grésil est une sorte de petite grêle qui tombe princilement au printemps.

LA FOUDRE.

En même temps que la vapeur d'eau, le fluide électrique s'élève dans l'atmosphère où il va contribuer à la formation des nuages, de la neige et de la grêle.

Il y a deux sortes d'électricités, l'électricité positive et l'électricité négative.

Deux électricités de même nature se repoussent, mais deux électricités contraires s'attirent : ainsi deux nuages chargés d'électricité positive se rencontrant ne produisent aucun effet ; il en est de même de deux nuages électrisés négativement. Mais lorsque deux nuages, l'un chargé positivement et l'autre négativement, se trouvent en présence, il y a choc, l'éclair jaillit, la foudre éclate.

Le même phénomène a lieu lorsque l'électricité positive d'un nuage se précipite sur le sol électrisé négativement ; on dit alors vulgairement que le tonnerre est tombé.

Pour dégager l'atmosphère en temps d'orage et préserver les édifices et les maisons sur terre, les navires sur mer des atteintes de la foudre, on y établit des paratonnerres sur les parties les plus élevées.

Tout le monde sait ce qu'est un paratonnerre : une tige de fer terminée au sommet par une pointe en or ou en platine, afin qu'elle ne soit pas émoussée par la rouille, et pourvue à sa base d'un conducteur métallique qui, terminé en plusieurs pointes ou racines, va aboutir dans un endroit du sol *constamment* humide, ou mieux dans un puits *suffisamment* alimenté ; et pour les navires, naturellement dans la mer.

Les paratonnerres préservent un rayon de trois ou

quatre fois la hauteur de leur tige de la pointe à la toiture :
ainsi une tige de quatre mètres préserve tout au plus un
rayon de seize mètres autour d'elle.

Toutes les pointes attirent l'électricité, les pointes mé-
talliques surtout. Cette découverte date de 1750 ; elle est
due à un Américain, le physicien *Franklin*.

L'électricité, ce fluide impondérable que l'on ne connait
que par ses effets, semble être le grand moteur de la vie ;
on la rencontre partout : c'est elle qui met tout en mouvement ; sans elle hommes, animaux et plantes n'exis-
teraient pas ; les mondes eux-mêmes s'arrèteraient dans
leur marche harmonique et l'Univers entier ne serait plus
qu'une immense nécropole.

ARC-EN-CIEL & COURONNE.

Souvent, après un orage, on voit apparaître l'arc-en-
ciel, qu'il est inutile de décrire parce que tout le monde le
connait. Ce phénomène est dû à la réfraction et à la
réflexion du Soleil sur une innombrable quantité de gout-
telettes d'eau échappées d'un nuage supérieur.

Les conditions nécessaires à la production de l'arc-en-
ciel sont : d'abord la présence des gouttes d'eau, ensuite
celle du Soleil ; et, en dernier lieu, la position de l'observateur, qui doit être entre les deux et tournant le dos au
Soleil.

Les choses ainsi établies, le Soleil envoie ses rayons sur
ces microscopiques sphères liquides qu'il pénètre, et, par
le double effet de la réfraction et de la réflexion, ces
rayons sont renvoyés à l'observateur chargés des sept
couleurs du prisme : violet à l'extérieur, indigo, bleu,

vert, jaune, orangé et rouge à l'intérieur. Bien des personnes ont vu, les conditions étant les mêmes, des jets d'eau produire le même effet.

Un phénomène qui a quelque analogie avec les arcs-en-ciel, bien qu'il soit produit d'une manière toute différente, se montre assez souvent autour de la Lune sous forme de cercle, affectant les mêmes couleurs mais transposées : rouge à l'extérieur, orangé, jaune, vert, bleu, indigo et violet à l'intérieur.

Ce phénomène a lieu par diffraction, la clarté de la Lune ayant, pour arriver à l'observateur, à traverser un nuage formé de vapeurs vésiculaires. Ces anneaux aux couleurs prismatiques prennent le nom de *Couronne*. Une condition indispensable à leur production est que la majeure partie des vésicules ou sphérules qui composent le nuage soit de la même grosseur ; sans cela le phénomène n'aurait pas lieu.

On peut artificiellement produire ce même phénomène en examinant une lumière à travers un verre qu'avec l'haleine on a légèrement humecté de vapeurs.

Le même phénomène se produit aussi, mais plus rarement, autour du Soleil ; encore est-il difficile à observer à cause de l'intensité des rayons de cet astre.

AURORES BORÉALES.

Quelquefois il arrive, mais rarement cependant dans nos régions tempérées, que nous voyons pendant la nuit l'horizon se teinter de diverses couleurs disposées en fragments de cercle ayant tous le même centre, et paraissant reposer sur un sombre nuage horizontalement coupé : c'est le commencement d'une Aurore boréale.

L'on voit ensuite s'échapper comme de cette ligne noire, et semblables à des rayons disposés en éventail, des gerbes lumineuses et nuancées de couleurs diverses. Ce météore, qui a pour cause l'écoulement de l'électricité atmosphérique, atteint les plus vastes proportions dans les régions polaires où, les orages étant presque inconnus, l'électricité de l'atmosphère vient chercher paisiblement celle du sol, et le mariage s'effectue sans la moindre détonation.

Les longues nuits polaires sont fréquemment éclairées par ces splendides feux.

Lorsque par un temps orageux, avant cependant que la foudre gronde, nous jetons la nuit nos regards vers la pointe d'un paratonnerre, nous voyons une aigrette de flamme bleuâtre se former à ce sommet ; c'est en petit le même phénomène qui se produit : c'est l'électricité atmosphérique qui s'écoule paisiblement dans le sol.

On donne généralement la qualification de *boréales* à ces aurores, bien que le même phénomène se produise également et simultanément au pôle Austral. Ces dernières prennent cependant le nom d'aurores *australes* ; elles ne diffèrent des premières que par la couleur plus pâle de leurs feux.

Lorsqu'une aurore boréale se produit, en même temps a lieu une aurore australe ; les deux pôles de la Terre sont en communication constante par le fluide qui circule dans l'atmosphère et dans tout le globe.

LES TROMBES.

Une trombe, ainsi que son nom l'indique (*strombos*, tourbillon) est une colonne d'air ou d'eau tourbillonnant, pivotant sur elle-même.

Ce météore doit sa formation principalement à l'action de l'électricité. S'échappant d'un épais nuage sous la forme d'un immense entonnoir, la pointe tournée en bas, la trombe en s'allongeant vient raser le sol, quelquefois sans l'atteindre, d'autrefois arrachant, démolissant, brisant ou inondant tout.

Les trombes ont en général une marche assez lente, trainées par le nuage auquel elles adhèrent toujours, jusqu'à ce qu'elles crèvent ou qu'elles se replient sur elles-mêmes.

Quelques-unes, chargées de matières bitumineuses, vomissent des flammes et grillent tout sur leur passage. D'autres renversent les maisons, découvrent les édifices, arrachent ou brisent les arbres et en éparpillent au loin les débris. D'autres enfin, chargées d'une énorme quantité d'eau, inondent les lieux où elles crèvent. Leur force d'aspiration, causée par leur violent mouvement giratoire, est tellement puissante, qu'on a vu des rivières tarir quelques instants sur leur passage. Dans les déserts elles soulèvent des montagnes de sable.

Tant à craindre sur terre, elles sont plus encore à redouter sur mer ; aussi les marins, lorsqu'ils s'en voient menacés, emploient-ils le canon dont les ébranlements parviennent à les détruire.

On ne saurait mieux donner une idée de la configuration d'une trombe et de ses allures — toutes proportions gardées, bien entendu, et l'opacité exceptée, car les trombes sont ordinairement transparentes — qu'en la comparant à une trompe d'éléphant cherchant quelque chose sur le sol.

OURAGANS, CYCLONES & TEMPÊTES.

Il n'est personne qui n'ait remarqué que le lever du Soleil est toujours accompagné d'un vent plus ou moins fort, selon les conditions du sol et de l'atmosphère. L'air frais de la nuit, chauffé par les rayons du Soleil qui le traversent, dilate ses molécules qui, devenant plus légères par l'expansion, s'élèvent dans les régions supérieures absolument comme le fait la vapeur d'eau, mais avec une vitesse bien plus considérable. Le vide fait par l'ascension de ces molécules est immédiatement comblé par l'air froid que le Soleil n'a pas encore atteint et qui se précipite avec force dans cet espace laissé libre. Cet air échauffé à son tour s'élève aussi et il est remplacé par d'autre, et ainsi de suite, jusqu'à ce que tout l'air compris dans la zône d'observation se soit élevé à la même température ; alors le vent cesse, le calme se rétablit, à moins que de l'air venu d'une zone plus froide ne continue à alimenter ce courant.

Tel est le principe unique de tous les vents, depuis les plus légers jusqu'aux plus impétueux.

Ce phénomène, que nous voyons journellement se produire dans les pays accidentés de nos climats tempérés, se montre dans des proportions autrement considérables dans les immenses déserts plats de l'Afrique, et généralement dans les contrées tropicales. Là, les courants ascensionnels, favorisés par les chaleurs brûlantes d'un Soleil vertical et alimentés par des courants partant des pôles, suivent une marche régulière, les uns venant du pôle Nord, les autres du pôle Sud, pour se joindre vers les tropiques dans une commune ascension, et forment ce que l'on appelle les vents *alizés*.

Ces màsses d'air échauffé, après s'être élevées à une certaine hauteur dans l'atmosphère, se divisent et, se condensant dans leur trajet à travers les régions froides, s'abaissent progressivement en se dirigeant, les unes vers le pôle Nord, les autres vers le pôle Sud : ce sont les *contre-alizés*.

Ainsi s'établit ce va-et-vient des pôles aux tropiques et des tropiques aux pôles.

Ces grands courants suivraient une marche régulière, s'ils n'étaient dans leur parcours heurtés par des courants contraires auxquels ils donnent eux-mèmes naissance à travers les régions supérieures, par leur rencontre dans la zone équatoriale, et qui se produisent avec intensité; surtout à l'époque des équinoxes. D'autres obstacles aussi, tels que les continents, les îles et les montagnes, en un mot, tous les reliefs du globe, les font dévier ou les modifient. Ces rencontres et ces chocs, comme la rencontre de deux courants d'eau allant en sens divers, ou un obstacle qui se trouve sur leur passage, produisent des remous qui s'en vont tourbillonnant et déroulant leurs vastes anneaux en spirales.

C'est sur l'océan Indien et sur l'océan Pacifique que ce météore acquiert les plus grandes proportions; il prend alors le nom d'ouragan (de l'indien *arancan*, orage, lequel à son tour dérive de *ora*, vent), ou mieux, de cyclone (*cuclos*, cercle).

Assez souvent il arrive que la pluie et la grêle viennent ajouter à l'intensité du phénomène ; c'est alors la tempête.

Les tempètes que nous avons en Europe nous viennent des côtes de l'Amérique, traversant l'Atlantique en remontant un peu vers le Nord ; celles du Pacifique quittent toujours les côtes de Chine se dirigeant vers celles du Japon [1].

Lorsque les éléments déchaînés brisent et anéantissent tout sur leur passage, l'homme se demande pourquoi ces grandes perturbations atmosphériques ; pourquoi la nature, inconsciente de son œuvre, détruit en peu d'instants ce qu'elle a lentement édifié, car rien n'est épargné par le terrible météore.

Ce conflit des éléments, loin d'être un agent uniquement destructeur, est chargé de porter la richesse à la surface du globe, en disséminant les innombrables nuages qui doivent fertiliser la terre, après avoir balayé et assaini l'atmosphère.

Tout est prévu et sagement ordonné dans la nature ; l'homme seul quelquefois met obstacle à l'accomplissement de ses plans harmoniques. Telle contrée, par exemple, de fertile qu'elle était est devenue stérile par le déboisement des montagnes et des collines voisines ; telle source, abondante autrefois, s'est tarie, parce que la fraîcheur entretenue par cette végétation, fraîcheur qui même était un appel aux nuages, a disparu sous la cognée du bûcheron, devant une grossière erreur de calcul.

Ce qui a lieu en grand dans les régions tropicales, nous le voyons se reproduire avec de moindres proportions dans notre zone tempérée.

Ainsi, deux choses sont nécessaires à la production du vent : le chaud et le froid.

Les habitants des côtes peuvent remarquer ce curieux phénomène que, à part les grandes tourmentes dont il vient d'être question, le jour le vent se dirige de la mer vers la terre, et la nuit de la terre vers la mer.

(1) Revue scientifique du *Siècle* ; 14 Mars 1880.

Voici l'explication du phénomène : la terre reflétant les rayons solaires bien mieux que ne le fait l'eau, échauffe l'air qui s'élève et est remplacé par l'air plus frais qui vient de la mer. La nuit, la terre perd sa chaleur par la radiation, tandis que la mer conserve celle, quoique moindre, qu'elle a reçue dans le jour. L'air donc qui se trouve à sa surface s'élève et appelle pour le remplacer celui plus froid de la terre.

Avant de terminer ces explications, il est bon d'ajouter que ce qui se passe sur terre se produit également à la surface des mers.

Sans entrer dans des détails qui élargiraient beaucoup trop le cadre de ce modeste ouvrage, il est utile de mentionner pourtant les grands courants équatoriaux, et d'en expliquer leur cause. En jetant les yeux sur une mappemonde ou sur une sphère terrestre, on voit qu'à part l'Afrique, l'Amérique et quelques îles plus ou moins conséquentes, toute la ligne équatoriale est occupée par le grand océan Pacifique, l'océan Atlantique et l'océan Indien.

Dans ces contrées brûlantes le Soleil, dardant verticalement ses rayons, absorbe, ou plutôt vaporise une immense quantité d'eau qui s'élève dans l'atmosphère. Comme l'eau tend toujours à prendre son niveau, ce vide est rempli par celle qui vient des contrées plus froides. Ainsi prennent naissance ces grands courants qui partent, d'un côté, de l'océan glacial Arctique, et de l'autre, de l'océan glacial Antarctique, pour aller, après mille détours et remous dans les golfes, se joindre à la zone torride ou équatoriale, et combler les vides faits par l'évaporation.

Mais revenons à l'Atmosphère.

Plusieurs savants de nos jours émettent l'opinion qu'une seconde atmosphère, uniquement composée des gaz les plus légers, existe au-dessus de celle dans laquelle nous vtvons. Cette atmosphère, de la hauteur de 80 lieues, serait la région des étoiles filantes.

En dehors de cette atmosphère existe, si l'on peut s'exprimer ainsi, un espace neutre au-delà duquel se trouve la Lune, notre fidèle satellite, astre 49 fois plus petit que la Terre, lequel accomplit autour de nous son double mouvement de rotation et de translation, comme la Terre autour du Soleil, à la distance moyenne de 76,723 lieues, en 29 jours 12 heures 44 minutes 2 secondes ; c'est le mois lunaire.

La Lune (de *lux*, lumière), à plus d'un égard, ne saurait nous être indifférente : elle éclaire nos nuits d'abord, et c'est surtout par elle, sur laquelle est profilée notre image la nuit, que nous avons découvert la sphéricité de notre globe.

Bien qu'elle soit plus petite que la Terre, la Lune n'est pas sans influence sur elle ; par la puissance de son attraction, elle force la mer, pendant certaines heures, à sortir de son lit et à s'étendre au-delà des rivages — c'est le *flux* — pour rentrer de nouveau dans ses limites lorsque cesse cette influence — c'est le *reflux*.

Selon les diverses phases de la Lune, sa puissance d'attraction est plus ou moins grande ; par conséquent les marées sont plus ou moins fortes : nouvelle lune et pleine lune, marées hautes ; premier et dernier quartiers, marées basses ; marées hautes et marées basses plus fortes lorsque la Lune est à son périgée (*péri*, autour ; *gé*, terre), c'est-à-dire est le plus près de la Terre ; et plus faibles lorsqu'elle est à son apogée (*apo*, au loin ; *gé*, terre), c'est-à-dire le plus loin.

CHAPITRE II.

. Formation du Globe terrestre, son âge d'après ses différentes assises : hypothèse de Laplace, expérience qui la confirme.

Eaux thermales, leur source ; cause des tremblements de terre et des éruptions volcaniqnes.

Apparition de la vie à la surface du Globe ; végétaux ; formation des continents ; origine des houillères ; animaux rudimentaires.

Décadence de l'espèce végétale.

Comment le Globe que nous habitons a-t-il été formé?

Voilà le point d'interrogation qui a occupé les savants et les philosophes de tous les temps.

Les observations géologiques démontrent aujourd'hui que ce n'est que par de nombreuses révolutions que la Terre est arrivée à son état actuel.

Il est généralement admis, par une interprétation erronée des textes, dont à tort on prend le sens littéral, que la création date de 6,000 ans [1] ; mais la géologie, lisant dans le grand livre de la nature (les assises du Globe), peut raisonnablement accorder à la Terre des centaines de millions d'années d'existence.

Plusieurs versions tendent à expliquer les révolutions de la surface du Globe : les unes veulent que l'eau en ait été le principal agent ; d'autres veulent que ce soit le feu.

[1] Le mot *création* peut signifier plus justement que l'humanité est née à l'intelligence, a commencé à se connaître, à avoir conscience d'elle-même.

Il est aujourd'hui démontré, d'une manière évidente, que ces deux éléments ont simultanément concouru à la formation de notre Globe.

D'après l'hypothèse de Laplace [1], généralement adoptée comme étant la meilleure, la plus vraisemblable de celles connues, la Terre n'aurait été à son début qu'une masse gazeuse échappée de l'équateur solaire sous la forme d'un immense anneau incandescent. Cet anneau, tournant sur lui-même, ayant à son centre le Soleil, se rompit, et continuant de tourner sur lui-même et autour de son point de départ, prit peu à peu la forme d'une boule.

De cette boule en fusion s'échappèrent des gaz pour former l'atmosphère et l'eau.

Disons en passant que la Lune notre satellite fut formée par la Terre de la même manière, selon l'universelle loi qui régit les astres.

La plupart des auteurs qui traitent de cette matière se plaisent à citer l'expérience faite par M. Platau, savant ingénieur belge, qui démontre d'une manière palpable, à l'aide d'un simple et ingénieux appareil, ce qu'a dû être la formation astrale. Voici en quoi consiste cette expérience : on verse dans un verre un mélange d'alcool et d'eau qui ait exactement la même pesanteur que l'huile à volume égal ; ensuite, à l'aide d'un tube, on introduit au miliéu de ce mélange une goutte d'huile. Cette goutte, soustraite à l'action de la pesanteur, prend immédiatement la forme d'une boule. On traverse cette boule par une tige de métal, puis, avec l'aide d'un petit mécanisme adapté à cette tige, on lui imprime un mouvement rotatoire. L'on

---

(1) Laplace, célèbre mathématicien né en 1749, mort en 1827, a laissé plusieurs ouvrages dont le principal est *la Mécanique Céleste.*

voit d'abord cette boule — qui représente un monde en voie de formation — se déprimer peu à peu vers son axe (les pôles) et se renfler vers le milieu (l'équateur) sous l'action de la force centrifuge (*fugere* fuir, *centrum* le centre). L'expérience se poursuivant, on voit un anneau se détacher de la partie renflée, se rompre en divers endroits et former autant de boules qui se mettent à tourner autour de leur point de départ tout en tournant sur elles-mêmes.

Voilà la théorie de Laplace pleinement confirmée par l'expérience et passée en quelque sorte de l'hypothèse à la démonstration. Si elle n'est pas l'entière vérité, on peut du moins affirmer que, jusqu'à ce jour, rien d'aussi vraisemblable n'a été annoncé.

Revenons à la terre que nous avons laissée en fusion, pourvue de son atmosphère et d'eau.

Par son mouvement de rotation, comme dans l'exemple de la goutte d'huile, ses pôles se déprimèrent et son équateur se renfla. L'énorme quantité d'eau suspendue sur elle s'abaissa peu à peu à mesure qu'elle se refroidit, jusqu'à ce qu'enfin, s'épanchant en pluies torrentielles, elle vint contribuer à la formation de la croûte terrestre.

Plusieurs preuves sont à l'appui de l'état liquide et igné primitif du Globe et de son refroidissement progressif; ce sont d'abord l'aplatissement des pôles et le renflement de l'équateur.

Il est en effet démontré que toute sphère liquide ou pâteuse prend cette forme, si on la fait tourner sur elle-même. Ensuite, par les sondages artésiens et en creusant les puits des houillères, on a reconnu un accroissement de température qui est généralement de 1 degré par 33 mètres.

Suivant cette gradation, on doit trouver à 4 kilomètres

de profondeur toutes les eaux en ébullition — de là viennent nos eaux thermales —; et à 48 kilomètres ou 12 lieues,
tous les minéraux en fusion; à moins qu'à ces profondeurs
il existe des matières qui nous soient inconnues.

Ces masses incandescentes, soit — selon l'opinion de
plusieurs savants — qu'elles ne forment actuellement encore qu'un seul bloc, soit, — comme d'autres le pensent, —
qu'elles soient divisées et séparées par des matières soli-
difiées, des blocs rocheux, sont la source des volcans et
des tremblements de terre.

Les filtrations d'eau, à la suite des pluies ou des fontes
de neige, se massant dans les canaux souterrains et se
précipitant ensuite par diverses fissures sur ces matières
en fusion, se transforment immédiatement en vapeurs qui,
par leur force d'expansion, compriment ces mêmes matières et les forcent à s'ouvrir une issue pour arriver à se
dégager à la surface du sol. De là les tremblements de
terre lorsqu'il y a explosions souterraines et ruptures, ou
simplement éruption volcanique lorsque l'issue est toute
ouverte.

La croûte terrestre, avant d'atteindre cette épaisseur,
qui n'est cependant, selon la première hypothèse, qu'environ la centième partie du rayon du globe, eut à subir de
nombreuses et importantes révolutions.

Cette mer de feu, qu'enserrait une pellicule si mince à
sa formation, souleva et rompit plusieurs fois son enveloppe; de là le commencement des inégalités du globe.

Plus tard, lorsque par le refroidissement cette croûte se
solidifia en devenant plus compacte, plus épaisse, les
éruptions devinrent moins fréquentes; alors la vie fit sa
première apparition.

Les plantes et puis les animaux les plus élémentaires se

montrèrent çà et là. L'eau, continuant à tomber en abondantes pluies, occupait une grande partie du globe et contribuait puissamment à son refroidissement. Les parties soulevées formaient la terre solide qui n'était qu'un immense archipel. Ces îles, plus tard reliées entre elles par les grands soulèvements ou affaissements qui changèrent le lit des mers, soit encore par le lent dépôt des eaux, formèrent, les unes les continents, tandis que d'autres disparurent submergées.

De ces terrains préparés par les dépôts des eaux surgit une végétation luxuriante telle que nos plus gigantesques plantes actuelles, voire même celles des tropiques, ne peuvent donner une faible idée.

L'air chargé de vapeurs d'eau et d'acide carbonique, si propre à la formation des végétaux [1], déposait, au milieu de cette température brûlante, d'énormes couches de charbon en bancs tourbeux au pied des plantes qui concouraient à le produire.

Ces dépôts furent plus tard submergés, et les eaux se retirant ensuite, laissèront sur eux des couches de dépôts

---

(1) On a cru pendant longtemps que les végétaux, à l'inverse des animaux et de l'homme, aspiraient du carbone et rendaient de l'oxygène. Il est aujourd'hui acquis à la science que l'oxygène est aussi indispensable à la vie végétale qu'à la vie animale : les végétaux aspirent de l'oxygène et rendent du carbone. Voici la cause qui a donné lieu à la croyance contraire : la partie verte des végétaux est formée de globules verts microscopiques que l'on nomme *chlorophylle* (*chloros*, vert; *phullon*, feuille); pendant le jour, sous l'action des rayons solaires, la chlorophylle s'empare du carbone de l'air et l'emmagasine pour former du charbon (partie résistante des végétaux, le bois); mais à l'abri des rayons solaires, la nuit ce phénomène cesse, et la plante, comme l'animal, aspire de l'oxygène et expire du carbone.

divers ; telle est l'origine des mines de houille que nous exploitons aujourd'hui.

Lorsque un peu de calme se fut établi, l'espèce animale fit son apparition , débutant par les espèces rudimentaires ou zoophytes (*zoon*, animal; *phyton*, plante) telles que le corail, les éponges, etc., qui tiennent de l'animal et du végétal, se modifia et devint plus parfaite à mesure que l'état du globe le permit. Commençant par les espèces rudimentaires, elle parcourut d'une manière ascendante tous les degrés de l'échelle animale, zoophytes, infusoires, poissons, insectes, quadrupèdes, pour arriver jusqu'à l'homme, l'être le plus parfait de la création. Et si nous devons en croire la loi immuable du progrès qui s'accomplit lentement mais sûrement dans la nature, les espèces existant aujourd'hui se transformeront à leur tour ; et qui sait si l'homme lui-même ne prendra pas un organisme plus parfait?

L'inverse s'est produit pour l'espèce végétale, et cela se conçoit : les éléments nécessaires à la formation de l'une sont nuisibles à l'autre. A mesure que les plantes s'emparaient de l'acide carbonique, l'air s'en débarrassait et devenait ainsi plus favorable à la vie animale.

CHAPITRE III.

Division des terrains ou assises du Globe : terrains primitifs de cristallisation, intermédiaires ou de transition, secondaires, tertiaires, quaternaires.

Période glaciaire, ses causes présumées. Déluge.

Apparition de l'homme, son antiquité ; l'homme fossile.

Terrains volcaniques. Origine des terrains métallifères.

Les géologues (*gé*, terre, *logos*, discours) avaient d'abord partagé en trois périodes principales la formation de la croûte terrestre ; mais cette division trop sommaire étant insuffisante, on a nouvellement partagé en six classes les couches de terrain qui la composent.

Ces diverses couches ne sont autre chose que les feuillets du grand livre où est écrite l'impartiale histoire de la Terre. Les moindres révolutions, les plus petits bouleversements sont notés avec exactitude ; les époques de calme sont indiquées par la régularité des dépôts qui forment les diverses couches ou assises.

Les terrains primitifs comprennent les roches granitiques qui forment la charpente du Globe ; les roches de compositions diverses ou gneiss ; les marbres grenus ; les roches quartzeuses d'où l'on tire la pierre à feu ; le cristal de roche employé en joaillerie et en optique après qu'il a subi les opérations de la taille ; les améthystes ou cristal violet ; les topazes ou cristal jaune, rosé ; l'agate ; le jaspe ; l'opale et la pierre qui sert à faire les meules à moudre le grain ; les roches calcaires employées en lithographie et qui, cuites au four, produisent la chaux ; les schistes ou roches à texture feuilletée : schiste ardoisé, schiste argileux, schiste bitumeux, schiste marneux qui, transformés à la suite des siècles par les divers agents atmosphériques, et aussi par l'action des forces et des émanations souterraines et le concours des matières organiques (végétaux et restes d'animaux), ont produit l'ardoise, les grès, le bitume, les huiles minérales (schiste, pétrole) et la terre de culture.

Ces couches, dues presque exclusivement à l'action du feu, ont reçu le nom de terrains de cristallisation.

Viennent ensuite les terrains intermédiaires ou terrains de transition, dus à l'action des eaux qui, à cette époque, envahirent le Globe. Ces terrains se composent de roches déposées arrangées par couches alternant avec des matières sablonneuses et le grès dont on tire les meules à repasser, lequel, mélangé avec de la terre glaise, forme la pâte qui sert à faire les briques.

On y trouve aussi quelques débris de plantes et même d'animaux élémentaires, et quelques minces couches de houille de mauvaise qualité.

La période secondaire a vu se former, par l'action de l'air saturé de carbone et des végétaux qui étaient alors en grande abondance, ces riches mines de houille qui sont aujourd'hui d'un si puissant secours pour l'industrie, la navigation, l'éclairage et même nos besoins particuliers.

Les terrains secondaires comprennent aussi les grès rouges, les grès et les calcaires coquilliers qui, ainsi que leur nom l'indique, contiennent une grande quantité de coquilles, et les grands dépôts de craie dans lesquels on trouve en nombre considérable des restes d'animaux : reptiles, poissons; et même de quelques espèces d'oiseaux.

Les terrains tertiaires comprennent le nouveau grès, des calcaires, des argiles, des bancs de soufre et de sel, quelques couches de houille sèche.

Le caractère particulier de ces terrains est la grande quantité d'ossements d'oiseaux et de mammifères qu'on y découvre, mammifères dont la famille des quadrupèdes compose la majeure partie.

Cette époque pourrait à bon droit être appelée le règne des quadrupèdes.

C'est des terrains de formation tertiaire qu'ont été extraits tous les calcaires qui ont servi à la construction de presque tous les monuments anciens du midi de la France.

Les terrains quaternaires ou diluviens sont formés de sable produit par la désagrégation, la pulvérisation des roches sous l'action des eaux , de gravier ou sable grossier mélangé de petits cailloux , de cailloux roulés ou débris de roches arrondis par le frottement en roulant poussés par les eaux diluviennes ; et de blocs erratiques ou blocs transportés par les glaciers de l'époque glaciaire, que généralement on attribue à l'oscillation de l'axe terrestre ou à l'altitude des montagnes qui était alors de beaucoup supérieure à celle d'aujourd'hui, car tous les sommets ont été rongés par le temps.

Ce phénomène de refroidissement est fort difficile à expliquer ; on a émis l'hypothèse (peu probable sans doute) de l'interposition d'un corps opaque, tel qu'un amas de matière cosmique , entre le Soleil et la Terre, qui aurait produit une longue éclipse de Soleil [1].

La cause la plus probable, dit Bouillet, réside sans doute dans les soulèvements et affaissements successifs subis par la Terre à l'époque quaternaire.

[1] L. Simonin, *Histoire de la Terre*, page 89.

Ces soulèvements et ces affaissements pouvaient bien, en effet, en changeant l'équilibre de la Terre, faire osciller son axe, ce qui seul aurait suffi à produire ces grands froids.

A l'époque de la formation quaternaire, la Terre, amincie dans certaines parties de son écorce par le travail du feu intérieur, eut des effondrements, tandis que d'autres parties s'exhaussèrent. De là le déplacement des eaux qui produisit le déluge. De là aussi le nom de terrains diluviens donné aux terrains quaternaires qui ont été formés presque exclusivement par l'action des eaux diluviennes.

C'est à cette époque qu'est placée l'apparition de l'homme sur la Terre.

Plusieurs géologues (1) la font remonter même jusqu'à l'âge tertiaire. Ils invoquent comme preuve la présence, dans les terrains qui appartiennent à cet âge, de divers objets qui attestent son travail, tels que racloirs en silex, têtes de flèches, ossements incisés, etc.

La question de l'homme fossile, longtemps controversée, a été définitivement résolue d'une manière affirmative par la géologie. Il est aujourd'hui hors de doute que l'homme existait déjà à l'époque quaternaire ; les deux périodes qui se rattachent à cette époque (diluviale et alluviale) ont été désignées sous le nom d'âge anthropolithique ou âge de la pierre.

Les preuves abondent qui affirment l'ancienneté de l'homme : dans les environs d'Abbeville, à une profondeur de 20 à 30 pieds et tout près de la craie, qui est de formation secondaire, parmi des ossements d'animaux disparus : Mammouth, grand Ours des cavernes, Rhinocéros, etc., en 1836, M. Boucher de Perthes découvrit des haches de

---

(1) Zaborowski-Moindron, « *De l'Ancienneté de l'Homme*, » première partie, page 59.

silex grossièrement taillées, dont la coloration spéciale dénotait une haute antiquité, et les empêchait d'être confondues avec les pierres polies appelées *celtœ* (Zaborowski, 1re partie, p. 65).

Comme cette découverte entamait quelque peu la légende de la création, M. Boucher de Perthes eut l'honneur d'une critique à fond de train ; les démentis les plus formels, les plus gratuits, ne lui manquèrent pas. Mais aussi, comme fort de la vérité qu'il avançait et confiant dans l'avenir, il poursuivait ses recherches, que très-souvent couronnait le succès, force fut à ses détracteurs incrédules ou intéressés de vérifier enfin la chose de plus près.

En 1850, M. Rigollot, un de ses obstinés adversaires, voulant se rendre compte par lui-même, se rendit à Amiens ; il y découvrit en quatre ans, dans ses environs, plusieurs centaines d'échantillons en silex (page 66). Il fallut bien se rendre à l'évidence.

Le 15 septembre 1855, le président de la société géologique de Londres, sir Charles Lyell, en assemblée, se déclara partisan de l'homme quaternaire.

En 1859 il découvrit lui-même, dans les graviers des pentes de la vallée de la Somme, qui appartiennent aux plus anciens dépôts quaternaires, en l'espace de quelques jours, 70 outils en silex (page 67).

L'impulsion était donnée; on fit de nombreuses recherches qui firent découvrir, dans les strates quaternaires et même tertiaires (1), des haches en silex de toutes formes,

---

(1) M. Reboux, dans 49 carrières des environs de Paris, découvrit plus de 1,000 instruments. Les plus anciens de ces instruments, « qui gisaient sous le sol sous-jacent (la craie) étaient mêlés à des débris de Trogontherium, mammifères de l'époque tertiaire. » (*Compte rendu de l'Académie des Sciences*, août 1869), (même ouvrage, page 72).

des couteaux, des pointes de flèches, des grattoirs, des pointes de lances, etc.

Des fouilles faites en Angleterre amenèrent les mêmes résultats. On se rappela avec regrets à ce sujet qu'en 1715, dans une carrière de Londres, des haches furent extraites avec des os d'éléphants ; ne sachant ce que ce pouvait être, elles furent abandonnées ; une seule a pu être conservée (page 71).

D'après un calcul de sir J. Lubbok, plus de 3,000 haches en silex ont été ramassées en France seulement et dans le midi de l'Angleterre (page 74).

De semblables découvertes ont été faites non-seulement en France et en Angleterre, mais encore dans toute l'Europe, en Asie, en Afrique et en Amérique; dans la Nouvelle-Zélande même, partout en un mot où l'on a cherché.

On n'en finirait pas s'il fallait tout citer ; il faut s'en tenir aux faits qui, par la notoriété qu'ils ont acquise, consacrent cette vérité scientifique.

Les plus obstinés, les intéressés surtout, soutinrent longtemps, malgré l'évidence, que ce pouvait être là le travail de la nature ; mais ils durent se taire devant de nouvelles preuves qui, si elles n'étaient pas plus convaincantes que les précédentes pour l'observateur impartial, ne laissaient plus aucun prétexte à la mauvaise foi.

Le 28 mars 1863, dans la carrière de Moulin-Quignon, près d'Abbeville, à 30 centimètres seulement de la craie sous-jacente — qui est de formation secondaire — et à la profondeur de 4 mètres 70 centimètres d'un terrain non remanié, dans lequel étaient plusieurs dents humaines et plusieurs haches en silex, M. Boucher de Perthes découvrit une machoire humaine remontant au moins à l'âge quaternaire.

Procès-verbal de cette découverte fut dressé et envoyé à l'Académie des Sciences.

Comme quelques doutes furent émis sur l'authenticité de cette machoire : une commission de savants, composée de vingt membres Français et Anglais, fut constituée.

On scia la machoire qui, après un examen très-minutieux, fut déclarée, à l'unanimité, être véritablement fossile et avoir été extraite par M. Boucher de Perthes lui-même, le 28 mars, de son banc vierge et non remanié.

Un procès-verbal constatant cette déclaration fut dressé et signé par tous les membres de la commission (page 83).

Après cet acte concluant, il est inutile de mentionner les nombreuses découvertes faites précédemment, et celles que firent encore M. Boucher de Perthes, M. E. Lartet et mille autres savants de tous les pays.

De ces faits définitivement acquis à la science, il ressort que l'origine de l'homme sur la Terre remonte très-loin. Si, se basant sur l'espace de temps nécessaire pour la formation des couches au milieu desquelles les traces de son industrie et ses restes ont été trouvés, on voulait déterminer son âge, c'est par *centaines de mille ans*, et pas moins, qu'il faudrait compter.

Voilà qui laisse bien loin notre pauvre chronologie officielle !

Ainsi, à l'époque quaternaire vivaient, comme l'indiquent leurs restes trouvés dans ces terrains, les grands mammifères : l'éléphant chevelu ou mammouth, le grand ours, le renne, le cheval, le bœuf primitifs, etc., et l'homme.

Enfin, les terrains volcaniques composent la sixième classe. Ils sont formés de roches de natures diverses : roches trachytiques, qui renferment des cristaux formés par dépôts, par filtrations, et rejetés tout formés par les éruptions volcaniques ; des grenats ; du mica friable ou foliacé ; friable, à teinte brune, verte, noirâtre, argentée ou dorée dont les bureaucrates se servent pour saupoudrer le papier ; foliacé, qui sert pour le vitrage et a l'avantage de n'être point cassant comme le verre.

Ces roches renferment aussi du minerai de fer, etc.

Roches basaltiques ou roches plus ou moins serrées, compactes, de teinte noire, grise, rougeatre, bleuâtre ou verdâtre, selon les métaux qui entrent dans leur composition. On trouve le basalte auprès de presque tous les volcans.

Les laves, dont la composition chimique est à peu près la même dans tous les volcans, entrent en grande partie dans la composition de ces terrains.

La pouzzolane, espèce de lave formée d'une matière pulvérulente de ce nom, dont on trouve des carrières près de Pouzzoles (Italie). Mélangée avec de la chaux, la pouzzolane forme ce que l'on appelle le ciment romain. Ce nom de pouzzolane est donné à toutes les productions volcaniques du même genre.

La pierre ponce est aussi comprise dans les formations volcaniques ; mais on ne peut rien affirmer à ce sujet parce qu'on ne la rencontre pas partout où il y a des volcans. Il est pourtant un fait qui atténue cette objection, c'est la différence sensible des couches géologiques d'une contrée à l'autre, et quelque fois de la même contrée.

On trouve aussi parfois du plomb dans les produits volcaniques. Les métaux : or, platine, argent, cuivre, fer, étain, plomb, zinc, etc., se trouvent d'ailleurs en quantité plus ou moins grande dans toutes les couches géologiques ; en voici la cause :

Lors de la formation première de la croûte terrestre,

alors que le Globe était tout en fusion, les métaux, étant plus lourds que les autres matières se tenaient au-dessous. Par l'action de l'atmosphère et la condensation de ses vapeurs, qui s'abattirent en pluies torrentielles sur la Terre, le refroidissement de la surface se fit pendant que les métaux restaient encore en fusion.

Cet océan de feu, renfermé dans une mince enveloppe qui ne laissait aucune issue à l'expansion de ses gaz, aux vapeurs qu'il dégageait, la rompit plusieurs fois dans diverses périodes, et, par ces fissures, furent projetés les métaux qui se répandirent dans toutes les couches géologiques.

Telle est l'origine des filons métallifères. Plus tard, des mines se formèrent par dépôts ; les eaux traversant les cavités formées par l'action des gaz pendant le refroidissement, se chargèrent de parcelles de métal qu'elles déposèrent en bancs plus ou moins étendus.

Les mines d'or de l'Amérique, de l'Asie centrale, de l'Océanie, qui sont les plus riches de celles connues, ont été formées ainsi.

CHAPITRE IV.

Sa composition chimique. Objections contre l'hypothèse d'une sou-
che unique de l'humanité terrestre.
   Débuts de l'homme dans la vie terrestre ; ses premières années.
   Ce que nous sommes, d'où nous venons, où nous allons.

Par l'analyse, la chimie a découvert que le corps humain
est composé (en chiffres ronds) de 13 pour 100 d'oxygène,
17 pour 100 d'azote, 7 pour 100 d'hydrogène et 63 pour 100
de carbone — gaz qui se trouvent dans l'atmosphère, et
par la combinaison desquels sont produits la chair, le sang
et tout le reste — et d'un peu de substance terreuse qui
entre en majeure partie dans la composition des os (1) ;
tout — à l'exception des os et des dents, ces dernières
à partir de l'âge adulte — se renouvelant sans cesse par
l'alimentation au moyen de la circulation du sang qui, par
ses ramifications infinies, porte la vie dans tous les organes.

Dire comment se sont groupés ces divers éléments, est,
quant à présent, chose impossible ; mais ce que l'on peut
affirmer sans crainte, c'est qu'alors que le moment et le
milieu ont été favorables, l'homme, type supérieur de la
création terrestre, est venu prendre possession de son
domaine.

(1) Gélatine, phosphate et carbonate de chaux.

Un seul homme est-il venu d'abord, lequel aurait été la souche de toute l'espèce humaine , ou bien plusieurs hommes qui auraient formé les diverses races, lés divers types, sont-ils venus en même temps ?

Cette dernière hypothèse, qui est aujourd'hui presque. une vérité acquise [1], est bien plus admissible, tant en raison des modifications qui se sont produites simultanément sur diverses parties du globe, qu'à cause de la diversité des races et des types. Il est en effet certain, d'après les données scientifiques, que la Terre ne s'est pas refroidie en un seul point d'abord, et successivement sur les autres ensuite ; que l'atmosphère ne s'est pas débarrassée de ses gaz méphitiques pareillement.

Il paraît aussi peu probable que la même souche ait produit tant de types si différents , non-seulement par la couleur, par la taille, qui pourraient à la rigueur être attribués à l'influence climatérique, mais encore par la forme ; ce qui, en un mot, constitue ce que nous appelons le type.

Il est difficile de croire que la race noire , par exemple , transportée dans nos climats tempérés, pourrait, même à la suite des siècles, ne se reproduisant qu'entre individus de la même race , se modifier au point de perdre sa forme primitive. Elle perdrait sa couleur sans doute, mais elle garderait toujours son même type.

(1) Les divers types fossiles découverts dans les terrains quaternaires, nous sont une preuve de la pluralité des races : type *Brachycéphale* (tête courte), découvert par M. Reboux, dans la carrière de Clichy ; type *Dolichocéphale* (tête allongée), qui est le type principal de l'époque primitive ; type *Dolichoplaticéphale* (tête allongée à face plate), découvert à Neanderthal, au mois d'août 1856 ; type *Kumbécéphalique* (tête en forme de bateau), des tumuli de la Grande-Bretagne, type de transition qui semble rallier l'espèce simienne à l'homme. (Zaborowsky, pages de 110 à 116 et 120 de la 1re partie ; et 53, 69 et 70 de la 2e).

Quelle que soit d'ailleurs la vérité sur ce sujet, que nous importe? nous n'en sommes pas moins tous frères pour cela ; les éléments qui constituent notre être étant puisés à la même source et groupés de la même manière dans les parties essentielles qui constituent l'espèce, il en résulte que l'esprit, l'âme qui anime les hommes de toutes les races émanant du même foyer, possède sinon la même intelligence, mais du moins les aptitudes, les organes nécessaires à son développement. Que faut-il de plus pour établir entre nous ce lien d'étroite parenté ?

Sans doute les uns sont instruits, d'autres sont ignorants ; les uns sont libres, d'autres sont esclaves ; les uns sont civilisés, d'autres mangent encore leurs semblables.

A ceux qui possèdent la lumière d'éclairer les autres ; à ceux qui sont en avant de tendre la main à qui les suit ; le bonheur de l'humanité entière est à ce prix.

Nous sommes tous solidaires les uns des autres ; l'humanité est un vaste corps dont chaque Etat est l'un des membres, et chaque individu un des organes de ces membres ; si ces organes souffrent, le corps entier s'en ressent ; et, selon le degré d'intensité, il y a perturbation dans l'organisme. De là les guerres de toutes sortes, civiles et entre peuples.

Plus tard, sans doute, alors que l'expérience aura appris aux hommes à se défaire de ce mesquin esprit d'égoïsme, d'orgueil, de vanité sotte, toutes ces choses disparaîtront pour faire place à un état de choses meilleur, plus harmonique.

L'homme, au début de la vie, dut instinctivement songer à sa propre conservation ; il eut à disputer le sol et la nourriture aux animaux. Son intelligence lui fournit promptement les moyens que la force physique lui avait refusés pour soumettre tout à sa domination.

Nous le voyons, dès le début, utiliser ce qui lui tombe sous la main ; tailler la pierre, de laquelle il se fait une arme redoutable pour attaquer l'ennemi qui doit lui servir de nourriture et lui fournir le premier vêtement. A mesure que son intelligence se développe, il perfectionne et polit cet instrument primitif que, plus tard, il remplacera par le bronze, et enfin par le fer, que, pendant une longue série de siècles, dans son fatal aveuglement, il tournera contre lui-même.

Il fut d'abord chasseur et se nourrit de la chair des animaux qu'il tuait. Plus tard, habitué au carnage, il fit la guerre à son semblable et en vint même à manger son ennemi vaincu, ce qui de nos jours existe encore dans certaines contrées de l'Océanie.

Ainsi s'écoula l'enfance de l'humanité. Bien des siècles après, lassé de cette vie errante et agitée, l'homme songea au repos ; il organisa alors la famille et devint pasteur, après avoir traversé une période où, selon toute probabilité, régnait la promiscuité dans les sexes.

Là, dans la paix des champs, le calme de la nature, les splendeurs de l'immensité, il se prit à rêver, se demandant quel pouvait être l'auteur de toutes ces merveilles que sa naïve intelligence ne pouvait encore comprendre.

Mais laissons de côté ces points de notre histoire entièrement dans l'ombre ; tout ce qui pourrait en être dit ne serait qu'hypothèses plus ou moins probables.

Ici trois points d'interrogation se dressent devant nous :

Que sommes-nous et pourquoi sommes-nous ?

D'où venons-nous ?

Où allons-nous ?

QUE SOMMES-NOUS ?

Un composé d'hydrogène, d'oxygène, d'azote, de carbone
et d'un peu de poussière, dit l'école matérialiste. L'intelligence n'est que le produit de la matière ; la combinaison
de ces divers éléments est la vie. Après leur désagrégation,
rien ne persiste ; tout retourne au grand collecteur : l'hydrogène à l'hydrogène, l'oxygène à l'oxygène, l'azote à
l'azote, le carbone au carbone, la poussière à la terre, et
tout est fini là ; l'esprit disparaît, puisqu'il est le produit de
ces éléments combinés, jusqu'à ce que le hasard, ou
plutôt une loi qui nous est inconnue encore, vienne grouper
de nouveau ces éléments.

A cette peu attrayante théorie — c'est une vieille habitude qui nous la fait ainsi qualifier — malgré la brutalité
des faits résultant de l'expérimentation, le spiritualisme a
toujours reproché son manque de logique et la violation du
principe de justice.

Nous n'essaierons pas de trancher cette question ; la
science n'a pas dit son dernier mot là-dessus.

Pour le moment, les deux camps sont aux prises : Où
est l'âme ? dit le positivisme : nous voyons ce que vous
appelez de ce nom émerger de la matière s'impression-
nant elle-même ; mais nous ne trouvons rien au-delà.

Dites-nous exactement où vous prenez le mouvement ?
répond le spiritualisme.

Lequel l'emportera ? C'est à l'avenir de répondre ; il y a
tout lieu de croire pourtant que ces deux doctrines faites
pour se compléter l'une l'autre — le spiritualisme se faisant *expérimental* — se fondront en une seule, laquelle,
quelque nom qu'on lui donne, sera la démonstration par la
science des phénomènes psychiques dont nous ignorons

encore les lois, mais qui très-certainement ne sortent pas du cadre des lois naturelles, car rien n'est au-dessus de la nature , pas même Dieu.

Formés d'un peu tous les éléments cosmiques empruntés à notre Globe, nous sommes donc une sorte de microcosme (petit univers).

ET POURQUOI SOMMES-NOUS ?

Nous sommes incontestablement nés pour apprendre, pour progresser et contribuer ainsi, chacun pour notre part, au tout harmonique ; d'ailleurs tout nous y pousse. D'où vient que nous soyons si promptement lassés d'un genre d'existence monotone ? Pourquoi la vue d'un objet quelconque, quelque admirable qu'il soit, mais toujours le même, finit-elle par nous laisser indifférent et puis nous fatiguer, et enfin par nous déplaire ? Pourquoi, en somme, l'amour du changement est-il partie intégrante de notre nature, si ce n'est que l'idée créatrice, dans sa sage prévoyance, a mis en nous le désir, le besoin, la passion de connaître, de nous instruire, de progresser en un mot ; et cela jusqu'à ce que nous ayons atteint la plénitude, indéfinie pour nous, de la connaissance des choses dont l'enchainement entre elles, dans ses rapports harmoniques, constitue la loi naturelle, universelle ou créatrice.

La vie humaine est bien courte sans doute pour arriver à ce but ; mais en admettant même l'anéantissement de notre être au terme d'une courte existence terrestre, ne bénéficierons-nous pas , au moins durant cette même existence, des progrès accomplis ? Et puis les générations futures et nos propres enfants, en lesquels tout au moins nous revivons, ne profiteront-ils pas de nos propres progrès ?

La théorie contraire est sans doute plus attrayante, et
nous trouverions plus juste et plus logique une succession
indéfinie d'existences dans lesquelles notre personnalité,
toujours la même, pourrait poursuivre son développement
constant et marcher hardiment à la conquête de cet idéal
de perfection que nous entrevoyons à peine ; mais le
souvenir qui nous permettrait de reconstituer, en-deçà de
la tombe, notre identité personnelle d'une manière irréfu-
table, en faisant intervenir le témoignage de nos sens, nous
fait absolument défaut, et pour cause ; seules, les aptitudes,
qui peuvent témoigner d'un état antérieur, nous restent ;
mais ne les tenons-nous pas de nos parents ? Il est vrai
qu'assez souvent il arrive que des êtres doués d'une intelligence très-ordinaire donnent naissance à d'autres êtres
supérieurement doués, et vice-versâ ; cas d'*atavisme*, peut-
on objecter, facultés que possédaient l'aïeul, le bisaïeul
peut-être, demeurées à l'état latent chez le père, chez la
mère, et développées chez l'enfant.

En définitive, nous n'avons aucune certitude et prêtons
ainsi le flanc à l'ennemi, c'est-à-dire à ce qui contrarie
ce qui nous plait le mieux.

D'où venons-nous ?

L'homme terrestre a-t-il débuté dans la vie sous sa forme
actuelle ?

Abstraction faite de toute légende, cela ne saurait être
raisonnablement admis.

Jetons un regard rétrospectif, descendons quelques
degrés de l'échelle des êtres, et voyons s'il ne se pourrait
que le roi de la création terrestre ait débuté par une condition plus humble que la sienne aujourd'hui.

Cependant, pour ne point trop blesser les sentiments de

dignité chatouilleuse de ceux qui bondissent à la seule pensée de compter des singes parmi leurs ancêtres, arrêtons-nous seulement aux derniers degrés de l'animalité ; ce sera un peu difficile peut-être, tant la transition est insensible de la plante à l'animal.

Les anthropologistes sont divisés, sur cette question, en deux camps principaux : les partisans du *transformisme*, qui admettent la transformation continue, par sélection, des espèces, même en d'autres espèces, et leurs adversaires, qui veulent la fixité des espèces, mais qui sont obligés de déclarer qu'ils ignorent le secret de leur formation.

S'abstenant de toute affirmation hasardée et s'appuyant sur les faits acquis, il n'est point interdit de conjecturer ce qui, dans le principe, a pu être.

Si l'être humain n'a dû subir aucune transformation pour arriver à sa forme actuelle, comment est-il venu ? D'où est-il sorti ? On ne saurait invoquer l'éternité de son existence, étant parfaitement acquis que la Terre a un commencement ; tout le monde d'ailleurs est d'accord en cela. Peut-on admettre qu'il soit tombé des nues ou qu'il ait poussé du sol armé de toutes pièces comme Minerve jadis s'échappa tout armée de la tête de Jupiter ? Ou bien préfère-t-on, prenant à la lettre la création biblique, accepter un Adam tout formé sorti des mains d'un créateur anthropomorphe comme un vase des mains d'un potier ?

Laissons là les légendes que trop peu de gens comprennent, et poursuivons la vérité par les voies les plus droites.

La raison peut concevoir sans trop d'efforts, bien que le principe lui en échappe, le groupement d'une substance vivante (*plasma*) génératrice des premiers organes (*cellules*), qui à leur tour donnent naissance aux premiers êtres organisés (*protozoaires*), lesquels, contenant en substance les éléments d'un état supérieur, arrivent progressivement, par des transformations successives, aux êtres les plus parfaits.

Nous sommes obligés d'admettre cela, sous peine de tomber dans l'absurde; car d'où serait sorti le germe du premier, ou des premiers êtres, en admettant qu'il ait donné tout d'abord la forme humaine?

Il se pourrait bien que les êtres élémentaires qui ont concouru à la formation de l'homme ainsi que des autres espèces animales, n'aient pas été ce que sont actuellement nos protozoaires; mais comment concevoir la formation des espèces autrement que comme de la matière vivante s'agrégeant en une forme élémentaire d'abord et, de génération en génération, se développant sans cesse jusqu'au point de former successivement les espèces : les êtres les mieux doués passant, par développement et par des types de transition — aujourd'hui disparus — à la série suivante, et ainsi successivement jusqu'à l'homme?

Les espèces ainsi formées, chacune, se repliant sur elle-même, aurait concentré toute sa puissance en son type pour n'en plus sortir, car si, comme le veut le transformisme, les espèces continuaient à se transformer au point d'abandonner leur série, nous trouverions bien aujourd'hui quelqu'un de ces types de transition comme en ont révélé les temps quaternaires.

Mais je crois que vainement on chercherait, de nos jours, l'équivalent de l'homme de Neanderthal, à face profondément simienne, dont parle M. Zaborowsky [1], et que la science a reconnu être un type de race humaine; type de transition, sans nul doute, de même que ceux kumbécé-

(1) *De l'ancienneté de l'homme*, 1re partie, pages 113 et suivantes.

phaliques des tumuli de la Grande-Bretagne, dont parle le même auteur, lesquels sont disparus depuis de longs siècles.

Ce qui est très-vraisemblable, c'est, une fois formées, les espèces se modifiant peu à peu, à mesure que se modifiaient les conditions climatériques, perdant des organes devenus inutiles, en même temps qu'elles en acquerraient d'autres, ou plutôt que de nouveaux organes qu'elles contenaient à l'état de germe, en prévision de modifications futures, se développaient : tels étaient l'éléphant velu et à crinière, le grand ours des cavernes des temps quaternaires, etc., et les types humains dont nous venons de parler, souches probables des races de nos jours. Et qui sait si l'homme actuel, par des modifications successives, de génération en génération n'arrivera pas un jour, sans sortir de son espèce, à un état supérieur ? Pour peu qu'il le veuille, la génération présente se débarrassant du fatras de toutes ses sottises et faisant bénéficier celle qui suit de ses acquisitions, tout nous porte à le croire.

Ou allons-nous ?

Si l'on ne peut rien affirmer touchant l'avenir de la personne humaine en deçà de l'existence actuelle, nous pouvons tout au moins préjuger par les progrès que nous voyons s'accomplir que l'humanité marche vers des jours meilleurs ; car les hommes commencent à comprendre ce que vaut l'esprit de solidarité, et les meilleurs en font déjà l'essai.

Sans doute il y a lutte, lutte acharnée entre l'esprit du passé ou l'erreur qui ne veut pas mourir et les idées nouvelles qui veulent vivre ; mais qu'importe, ces idées vivront malgré tout, car l'avenir est à la vérité ; une idée doit fournir sa course ; on ne l'arrête pas plus dans sa marche, lorsqu'elle est viable, qu'on ne fait remonter un fleuve vers sa source ; on peut l'entraver, on ne l'arrête pas.

Voilà pour l'avenir terrestre.

Si, nous lançant dans les spéculations hypothétiques, nous jetons nos regards au-delà, dans les brumes d'outre-tombe, nous ne pourrons conjecturer qu'un perfectionnement continu qui va — peut être à travers les mondes de l'espace sans fin, si toutefois le matérialisme a tort — toujours nous rapprochant de l'idéal de perfection, que nous nommons divin, pour s'identifier avec lui tout en conservant pourtant l'identité propre.

Notre entendement, dans ses spéculations les plus hardies, n'arrive, quant à présent, qu'à grand peine à cette conception ; car pour lui, les mots de *commencement*, de *fin* et d'*éternité* sont et menacent de rester longtemps encore une indéchiffrable énigme.

Où en sont, en résumé, la science et la philosophie au sujet de cette question toujours pendante des causes finales ? Le voici en quelques mots :

On peut à la rigueur définir l'impulsion musculaire des organes de la vie végétative en l'empruntant au grand moteur universel que l'on rencontre partout, mais qui échappe à l'analyse, que l'on ne reconnaît qu'à ses effets.

On se rend aussi sommairement compte du mécanisme des organes de la vie intellectuelle, de leur fonctionnement, de la manière dont ils reçoivent et transmettent les impressions à leurs partenaires ; mais ce qui dépasse toute conception, ce que l'on ne peut s'expliquer, ce que l'on ne peut saisir clairement, c'est cet inconnu au moyen duquel la succession des impressions arrive à constituer le phénomène de conscience, cette puissance qui se rend compte de ses acquisitions, de leur coordination ; qui crée, en un mot, le *moi* individuel, la personnalité propre, vulgairement *l'esprit, l'âme.*

Les impressions se succédant de proche en proche et se fixant naturellement, c'est-à-dire laissant leur image dans les centres nerveux où elles sont envoyées, suffisent-elles, après s'être accumulées en quantités innombrables nettement et parfaitement coordonnées, suffisent-elles seules à constituer le *moi conscient* pensant, comparant, calculant, combinant, agissant de par sa propre volonté ? Je ne sais ; pourtant cela paraît possible ; l'inconnu, dans ce cas, serait purement imaginaire, un simple idéal.

Mais ce qui est inaccessible à notre entendement c'est le principe de vie, cet autre inconnu bien plus difficile à saisir qui toujours nous échappe.

D'effets en causes et de causes en causes on peut, par la pensée, entrevoir la possibilité de s'élever indéfiniment à la connaissance des lois qui régissent le monde ; mais en admettant, à la fin de siècles entassés les uns sur les autres, la plénitude de ces connaissances acquises, nous nous trouverons en présence d'une loi harmonique, palpable, tangible, indiscutable, nous demandant qui a voulu cette loi ?

Nous serons alors forcés de conclure à l'*éternité* des choses !

Q'est-ce que l'éternité ? Ce qui toujours a été, ce qui sera toujours.

Cela satisfait-il ? Non.

C'est là un cercle vicieux et sans issue possible.

Nous en sommes là pour le moment ; pourrons-nous un jour franchir l'obstacle ? Je passe la plume à de plus hardis que moi.

Revenons à notre sujet.

Jeté ici-bas, comme tout ce qui existe sur notre Globe, avec le germe du bien et du mal à l'état latent, ce n'est que par l'expérience et par la force de la raison que l'homme, en possession de son libre arbitre, est parvenu à dégager l'un de l'autre, comme les éléments se sont dégagés du chaos par leur propre force.

L'homme, à son début, effrayé des grands mouvements qui s'accomplissaient dans la nature, mouvements que sa naïve ignorance ne lui permettait pas de comprendre, ayant conscience de sa faiblesse, fut poussé à chercher un appui en dehors de lui-même ; alors il rendit hommage à ces forces dont il ignorait la source. Plus tard, leur prêtant une figure enfantée par l'impression que ces forces produisaient en lui-même, il les adora et leur offrit des sacrifices qui varièrent de la plante à la bête, et de la bête à l'homme même, selon le degré de développement de ses facultés intellectuelles et morales. De là naquit la première religion.

DEUXIÈME PARTIE

—

RELIGIONS & INSTITUTIONS ANCIENNES

CHAPITRE Ier.

Considérations touchant les religions. Races primitives. Civilisation
égyptienne : Ménès ; Memphis ; Moïse, sa légende. Légende de
Saryoukin, premier roi d'Agané. Moïse sauve les Hébreux. Décalogue. Les Hébreux dans le désert. Dieux de Babylone. Genèse de
Sankhoniathon. Législation attribuée à Moïse. Mort de Moïse. Josué,
gouvernement des Juges. Les Rois. Salomon. Captivité de Babylone.
Dispersion des Juifs.

Les religions, comme toutes les autres institutions, ont
été fondées par des hommes de génie, pour les besoins de
l'époque et selon les milieux. Si quelques-uns ont usé de
subterfuge en affirmant en avoir reçu l'ordre direct d'une
divinité quelconque, c'est afin de donner plus de créance à
leur doctrine et la faire accepter plus facilement par les
foules ignorantes, auxquelles il faut du merveilleux, pour
les frapper et opposer ainsi un frein à l'emportement de
leurs passions.

Est-ce à dire que dans un temps, plus ou moins éloigné,
devant le développement de l'intelligence humaine, toutes
les religions devront disparaître ? Non, les religions ne
devront pas disparaître, mais elles devront se modifier
jusqu'à ce qu'elles aient atteint le dernier degré de perfection dont une institution humaine est susceptible. Alors
elles n'en formeront plus qu'une seule, et ce sera la véritable : religion toute de morale, basée sur les grands et
éternels principes de **devoir**, de **droit** et de **justice**.

Mais laissons là l'humanité dans ses premiers tâtonnements ; faisons un sommeil de quelques siècles , afin de trouver en nous éveillant des données à peu près certaines sur nos vieilles croyances d'autrefois.

Il est pourtant utile, avant d'aborder l'histoire des civilisations diverses, de donner la généalogie probable de l'humanité terrestre.

RACES PRIMITIVES

A une époque dont la date nous est inconnue, mais certainement fort reculée , les Proto-Scythes se répandirent dans le nord de l'Orient et formèrent divers peuples.

Plus tard, la race Indo-Européenne envoya ses premières colonies : Celtes, Germains, Proto-Grecs, etc., peupler l'Asie occidentale et l'Europe [1].

La race Sémite (type dolichocéphale distingué) de la fin de l'âge du renne (environ 100,000 ans avant J.-C.), qui donna naissance aux Egyptiens, se répandit dans le nord de l'Afrique et même dans les îles Canaries, alors sans doute unies au continent, puis gagna l'Espagne et le Midi de la France ; c'est d'elle que descendent les Basques, les Ibères (Espagnols), les Pélasges (Grecs et Italiens) [2].

Bien avant l'an 24000 avant J.-C. — première date historique — la race noire (type brachycéphale des bas niveaux quaternaires) habitait le Midi de l'Afrique , dont les immenses plaines sablonneuses actuelles étaient probablement alors recouvertes par les eaux de la mer [3], et

[1] Rodier, *Antiquité des races humaines,* page 386.

[2] Zaborowsky, *De l'ancienneté de l'homme,* 2e partie, page 194.

[3] Les couches de sel gemme, que l'on trouve dans le sol à une faible profondeur, en sont la preuve.

s'étendait au continent aujourd'hui disparu, dont l'Australie et les îles Océaniennes paraissent être des restes.

La race jaune occupait l'Asie, peut-être même l'Europe et l'Amérique, et aussi l'Atlantide, continent qui, selon quelques-uns, en s'affaissant, a fait place à l'Océan Atlantique (1).

La débâcle des glaces du pôle Nord chassa, vers l'an 24000, de l'Asie primitive, la famille des Arias, souche des Indous et des Iraniens (2).

L'origine des Egyptiens se perd dans la nuit des temps ; ce n'est que par l'analogie des types qui constituent les races que l'on peut remonter vers les époques anté-historiques.

Contrairement à l'opinion des auteurs anciens, qui font dériver ce peuple de la race Kushite qui habitait l'Ethiopie, il est aujourd'hui prouvé par les figures des monuments anciens, ainsi que par l'étude anatomique des momies, que les Egyptiens se rattachent aux races blanches de l'Europe et de l'Asie occidentale (3), issues elles-mêmes de la race Sémite qui, nous l'avons déjà vu, remonte à 100,000 ans avant notre ère.

Ce qui a causé l'erreur des auteurs anciens, c'est que, lorsque les Proto-Sémites vinrent d'Asie par l'isthme de Suez pour se fixer en Egypte, ils trouvèrent établie sur les bords du Nil la race noire des Kushites, qu'ils refoulèrent dans l'Ethiopie (4).

(1) Rodier, pages 174 et 175.
(2) Rodier, page 386.
(3) Maspero, *Histoire ancienne des peuples de l'Orient*, page 15.
(4) Maspero, page 17.

CIVILISATION EGYPTIENNE, MOSAISME.

C'est entre les années 24000 et 21778 avant J.-C. que l'Egypte ébaucha sa civilisation.

Ses premiers hommages furent adressés à Phta — Vulcain — Dieu du feu, qui présida à ses destinées durant cette période pendant laquelle elle ne savait point encore supputer le temps. Elle institua pourtant la division de la semaine en sept jours.

Les périodes principales qui suivirent sont celle de Phré — le Soleil — (21778) ; à cette époque, déjà la civilisation était avanéée.

Celle d'Osiris et Isis — principes du bien — (19564), marquée par de pacifiques conquêtes en Ethiopie et en Asie , et par l'échange de relations avec les Indous.

Celle d'Horos (18790), pendant laquelle la puissance monarchique est sapée par les prêtres, qui finissent par s'emparer définitivement du pouvoir pour le partager, à l'époque de Thot — Hermès-Trismegiste — (17932) entre divers petits princes, simples lieutenants du pouvoir sacerdotal [1]

Enfin celle des Nekuas ou héros (11466), régime théocratique qui dura jusqu'en 5853.

Ménés, que l'on croit être Mesraïm, fils de Cham et petit-fils de Noë, lequel fut déifié après sa mort, abolit cette institution sacerdotale et y substitua la royauté héréditaire [2].

(1) Rodier, p. 202.

(2) Pendant très-longtemps, à partir de Ménès, les rois ses descen_dants furent déifiés comme fils du soleil, et les femmes issues de lui avaient elles-mêmes cet honneur ; et les héritiers mâles venant à manquer, nul être humain, quel que fût son rang, ne pouvait régner sans épouser l'une d'elles. (Maspero, page 58).

Il fut le premier roi d'Egypte et fonda la ville de Memphis (1), dans le voisinage de laquelle se trouvent tant de monuments. élevés pour la plupart dans le double but de servir de sépulture aux puissants de l'époque et de parer aux invasions des sables. Parmi ces monuments, on y remarque entre autres le Sérapeum, que précédait une avenue de six cents Sphinx ; et le Sphinx, cette colossale figure taillée en entier dans un roc gigantesque.

Memphis était célèbre par ses temples, au nombre desquels le plus beau était consacré au bœuf Apis, principale divinité de l'époque, que les Egyptiens croyaient être l'incarnation d'Osiris (le Soleil). Ce taureau était noir et portait une tache blanche triangulaire sur le front, la figure d'un croissant de même couleur sur l'épaule gauche, et un scarabée sur la gorge.

Lorsqu'il mourait — ce qui devait être avant sa vingtième année, à défaut de quoi ses prêtres le noyaient — son âme passait, selon leur croyance, dans le corps d'un autre taureau portant les mêmes signes.

A sa mort, toute l'Egypte prenait le deuil et ne le quittait que lorsqu'un nouvel Apis était trouvé. Les prêtres seuls étaient admis à constater l'identité des signes. Les rois étaient sacrés dans son temple.

Ménès fit de grands travaux pour contenir et diriger les eaux du Nil, et donna des lois au peuple égyptien.

Après lui, plusieurs dynasties de Pharaons se succédèrent.

Quelques siècles plus tard, l'Egypte perdit son indépendance, qu'elle essaya vainement de reconquérir, et passa sous la domination des Perses, puis successivement sous

---

(1) Memphis, aujourd'hui *Mannower*, — la bonne place ; autrefois *Ha-ka-Phta* (demeure de Phta), duquel les Grecs ont dérivé Egypte. (Maspero, 55).

des dominations diverses qui modifièrent ses croyances religieuses premières. Chacune d'elles apportant son lot de superstitions, un amalgame de déités de toutes sortes en fut le résultat, lorsque vers l'an 1705 avant J.-C. naquit un réformateur parmi les Hébreux, petit peuple issu d'Abraham.

Tout le monde connaît l'histoire de Joseph vendu par ses frères à des marchands ismaélites, qui le vendirent à leur tour à Putiphar, officier du Pharaon Apophis. Joseph, grâce à ses mérites personnels et à diverses circonstances qui favorisèrent son élévation, arriva bientôt à la dignité de premier ministre du royaume. Il appela alors son père Jacob, petit-fils d'Abraham, et ses onze frères, qu'il établit dans la terre de Gessen ; ce fut là la souche du peuple hébreu.

Moïse — tel était, d'après la tradition juive, le nom du réformateur — était, d'après cette même tradition, fils du lévite Amram. La légende — tous les réformateurs en ont une — dit que sa mère, pour le soustraire au sort de tous les nouveaux-nés mâles que le Pharaon régnant avait ordonné d'exterminer, dans la crainte que la trop grande multiplicité des Hébreux ne portât par la suite atteinte à son pouvoir, le plaça dans une corbeille enduite de bitume et le confia aux eaux du Nil, à l'endroit où se baignait la fille du Pharaon. Celle-ci, frappée par la beauté de l'enfant, l'adopta et le nomma Moïse, qui, en égyptien, signifie : sauvé des eaux.

La sœur de Moïse, qui de loin le surveillait, s'approcha et reçut mission de lui chercher une nourrice ; elle rendit l'enfant à sa mère (1).

____

(1) Cette légende est assez semblable à celle de Saryoukin, premier roi d'Aganê, qui vivait trente-trois siècles avant notre ère, ou environ 1700 ans avant Moïse. Elle a aussi certains rapports avec celle de Jé-

Moïse, devenu grand, fut instruit dans les sciences des Egyptiens. Apprenant plus tard le secret de sa naissance, il quitta la cour de Pharaon pour aller vivre avec les Hébreux auxquels il s'attacha profondément, et qu'il résolut de délivrer du joug des Egyptiens, qui les condamnaient aux plus rudes travaux et les traitaient durement.

sus. Voici l'inscription que portait à sa base la statue de Saryoukin, dans la ville d'Agané: « Saryoukin, le roi puissant, le roi d'Agané, c'est moi. *Ma mère ne connut point mon père ;* mais ma famille appartenait aux maîtres du pays. En la ville d'Azpiranni, qui est située sur les bords de l'Euphrate, ma mère me conçut : elle me mit au monde dans une place secrète. *Elle me déposa dans une corbeille de joncs dont elle ferma le couvercle avec du bitume, et me jeta ainsi au fleuve dont l'eau ne put pénétrer jusqu'à moi.* La rivière m'entraîna : elle m'emporta jusque vers Akki, l'ouvrier tireur d'eau. Akki, l'ouvrier tireur d'eau, dans la bonté de son cœur, me recueillit ; Akki, l'ouvrier tireur d'eau, m'éleva comme son propre fils ; Akki, l'ouvrier tireur d'eau, m'établit comme jardinier ; (dans ma profession) de jardinier, Istar me fit prospérer ; (au bout de ..) ans, je m'emparai du pouvoir royal ». (Maspero, page 195).

Les personnages sont changés, mais le fond reste le même. Il n'existe d'ailleurs pas dans l'antiquité de fondateur de religion ou d'empire qui n'ait sa légende plus ou moins calquée sur une légende précédente; c'est une des conséquences fâcheuses de l'ignorance des masses, qui se plaisent dans l'admiration du merveilleux et dans l'adoration de ce qu'elles ne comprennent pas.

Cette légende de Moïse est celle donnée par la tradition juive. La tradition égyptienne en fournit une autre toute différente, mais qui cependant, débarrassée du côté quelque peu merveilleux, concorde avec celle des Juifs dans ses points essentiels, c'est-à-dire en ce qui concerne la position que Moïse occupa au milieu du peuple hébreu et l'influence qu'il exerça sur lui.

D'après la tradition égyptienne (voir Maspero, pages 260 et 261), le roi Amenophis eut la fantaisie de contempler les dieux comme avait fait Horos, un de ses ancêtres. Un voyant, qu'il consulta à cet égard, lui répondit qu'il devait avant tout délivrer le pays des lépreux et autres

Doué de génie, Moïse, par l'éducation qu'il reçut, développa considérablement ses brillantes facultés naturelles. Il avait alors quarante ans ; il épousa une Madianite, Séphora, fille du prêtre Jethro, duquel il garda les troupeaux, tout en mûrissant ses projets dans la méditation.

Alors qu'il jugea le moment favorable, il se mit à l'œuvre.

Dans son langage figuré, la Bible nous apprend (1) que Dieu lui apparut au milieu d'un buisson ardent et lui ordonna de délivrer son peuple du joug des Egyptiens, en l'emmenant dans la terre de Canaan.

Moïse dut avoir recours à plusieurs prétendus miracles, connus sous le nom de dix plaies d'Egypte (2), pour vaincre la résistance de Pharaon. Celui-ci se décida enfin à laisser partir les Hébreux ; puis, se ravisant, il se mit à leur pour-

hommes impurs ; sur quoi il fit rassembler au nombre de quatre-vingt mille tous les Egyptiens affligés de vices corporels et les jeta dans les carrières de Tourah. Il y avait parmi eux des prêtres, et ce sacrilège irrita les dieux : le voyant, craignant leur colère, écrivit une prophétie dans laquelle il annonçait que certaines gens s'allieraient avec les impurs et domineraient l'Egypte pendant treize ans, puis se tua. Le roi finit par avoir pitié des proscrits et leur concéda la ville d'Avaris, demeurée déserte depuis le temps des pasteurs. Ils s'y constituèrent en corps de nation sous la conduite d'un prêtre d'Héliopolis, Osarsyph ou Moïse, qui leur donna des lois contraires aux coutumes égyptiennes, les arma en guerre et conclut une alliance avec les débris des pasteurs réfugiés en Syrie depuis plusieurs siècles. Tous ensemble attaquèrent l'Egypte et l'occupèrent sans combat. Aménophis se rappela la prédiction du voyant, rassembla les images des dieux et s'enfuit en Ethiopie avec son armée et une multitude d'Egyptiens ».

(1) Exode, chap. III et suivants.

(2) Eau changée en sang ; grenouilles ; moucherons ; grosses mouches ; peste ; sauterelles ; ténèbres de trois jours ; mort des premiers nés.

suite et les atteignit au moment où, profitant du retrait des eaux, ils traversaient la mer à pied sec : les Hébreux arrivèrent à temps ; mais Pharaon fut englouti avec son armée par le retour des eaux [1].

Au milieu des éclairs et des tonnerres, Moïse reçut sur le Sinaï les articles fondamentaux de la loi (Décalogue) qu'il transmit à son peuple.

« Je suis Jahveh [2] ton Dieu, y est-il dit, qui t'ai retiré du pays d'Egypte, de la maison de servitude.

» Tu n'auras pas d'autres Dieux devant ma face.

» Tu ne prendras pas le nom de Jahveh ton dieu en vain ; car il ne tiendra point pour innocent celui qui aura pris son nom en vain.

» Souviens-toi du jour du repos pour le sanctifier.

» Tu travailleras six jours et tu feras toute ton œuvre, mais le septième jour est le repos de Jahveh, ton Dieu.

» Tu ne feras aucune œuvre ce jour-là, ni toi, ni ton fils, ni ta fille, ni ton serviteur, ni ta servante, ni ton bétail, ni l'étranger qui est dans tes portes.

» Honore ton père et ta mère, afin que tes jours soient prolongés sur la terre.

» Tu ne tueras point.

» Tu ne commettras pas adultère.

» Tu ne déroberas point.

» Tu ne porteras pas de faux témoignage contre ton prochain.

» Tu ne convoiteras pas la maison du prochain ; tu ne convoiteras pas la femme du prochain, ni son serviteur, ni

(1) Effets de marée sans doute.

(2) Les mots Adonaï, Elohim, servaient à désigner Jahveh, dont, par respect, on ne prononçait pas le nom ; on fit d'abord Yehova, puis Jehovah ; on l'appela ensuite l'Eternel.

sa servante, ni son bœuf, ni son âne, ni aucune chose qui soit au prochain » (1).

Les Hébreux remontèrent ensuite vers le Nord, traversant le désert sur la lisière de Canaan, afin de reconnaître le pays avant de s'y établir.

C'était alors l'époque des grandes guerres de Ramsès III ; effrayés, ils rebroussèrent chemin vers la mer Rouge ; et durant trente-huit années ils errèrent dans le désert, s'exerçant au métier des armes et élaborant une constitution.

Bien que réunis dans la même adoration, les Hébreux étaient déjà divisés en douze tribus ou petites républiques indépendantes les unes des autres, qui avaient chacune leurs lois et étaient administrées par des chefs (les anciens) qui s'assemblaient en conseil dont les décisions étaient souveraines.

Un certain nombre de ces tribus se réunissaient parfois entre elles et formaient ainsi une petite confédération.

Une treizième tribu (celle de Lévi), en dehors de toute vie politique, était exclusivement vouée au sacerdoce.

Plusieurs fois, les Hébreux se trouvèrent en contact avec des peuples dont les croyances et les mœurs offraient avec les leurs un contraste frappant ; ils adoraient bien le même Dieu, mais sous des dénominations et par des pratiques toutes différentes, dont quelques-unes, barbares ou licencieuses, inspiraient un invincible dégoût à leurs prophètes dont les mœurs pures ne s'écartaient pas de la loi, et surtout de celle qui protégeait la famille ; Babylone, sous la pression d'une classe sacerdotale puissante, rendait ses hommages à Baal (maître souverain). Moloch,

(1) Exode, ch. xx, 2-17.

auquel les Phéniciens rendaient hommage, exigeait des sacrifices humains et voulait que l'on brûlât des enfant devant lui. La voluptueuse et guerrière Astarté (Astoreth), avait pour prêtresses des courtisanes sacrées (kedeshoth). Toutes les femmes, à Babylone comme en Phénicie et à Chypre, devaient, au moins une fois dans leur vie, s'enfermer dans l'enceinte du temple et s'y offrir au premier venu ; le prix de leur infamie appartenait au trésor de la déesse.

Citons en passant une sorte de genèse que composa vers cette même époque un prêtre phénicien du nom de Sankoniahton, œuvre évidemment calquée sur la genèse brahmanique ; la voici :

« Au commencement était le chaos (*bohou*), et le chaos était plein de ténèbres et troublé, et le souffle (*rouah*), flottait sur le chaos. Et le chaos n'avait pas de fin, et il fut ainsi des siècles et des siècles. Mais alors le souffle se prit d'amour pour ses propres principes et il se fit un mélange, et ce mélange fut nommé désir (*khephets*) ; or le désir fut le principe qui créa tout, et le souffle ne connut pas sa propre création. Le souffle et le chaos se mêlèrent et *môt* (le limon) naquit, et de *môt* sortit toute semence de création, et *môt* fut le père de toutes choses ; or, *môt* avait la forme d'un œuf. Et le soleil, la lune, les étoiles et les grandes constellations brillèrent. Il y eut des êtres vivants privés de sentiment, et de ces êtres vivants naquirent des êtres intelligents, et on les appela *Tsophésamim* (contemplateurs des cieux). Or l'éclat du tonnerre, dans la lutte de ces éléments qui commençaient à se séparer, éveilla ces êtres intelligents comme d'un sommeil, et alors les êtres mâles et les êtres femelles commencèrent à se mouvoir (et à se rechercher) sur la terre et dans la mer. » (Maspero, pages 286 à 289).

A part quelques expressions telles que « Dieu jaloux qui punit l'iniquité des pères sur les enfants », qu'il faut bien se garder de prendre au sens littéral, le Décalogue est une œuvre excellente et d'une belle morale.

En outre de cette œuvre, qui probablement est celle de Moïse, on lui attribue, sinon comme texte, au moins comme fond, mais à tort peut-être, le Pentateuque, c'est-à-dire les cinq premiers livres de l'Ancien Testament.

Bornons-nous à esquisser, en traits rapides, la doctrine du législateur, qui prend soin d'abord de proscrire les sacrifices humains : « Tu ne donneras point de tes enfants pour les faire passer par le feu à l'honneur de Moloch, etc. » (Lev. ch. xviii, 21) (1).

Et puis, pour éviter tout retour au culte des idoles : « Vous ne tournerez point, dit-il, vers les idoles, et vous ne ferez aucuns dieux de fonte » (ch. xix, 4). Et plus loin : « Vous ne ferez point d'idoles, et vous ne dresserez point d'image taillée ni de statue, et vous ne mettrez point de pierre figurée dans votre pays pour vous prosterner devant elle. »

Mais cette législation, belle à plus d'un égard, manque en général de charité et porte en elle un germe fatal : « Et quand quelque homme, disent les versets 19 et 20, chap. xxiv du même livre, aura fait un outrage à son prochain, on lui fera comme il a fait : fracture pour fracture, œil pour œil, dent pour dent ; on lui fera le même mal qu'il aura fait à un autre homme ».

---

(1) Moloch (roi), divinité des Phéniciens, plus tard des Carthaginois et ensuite des Juifs, représenté sous la forme d'un buste humain, ayant les bras étendus et surmonté d'une tête de veau.

Ce buste était creux et divisé en plusieurs compartiments dans lesquels on mettait les objets des sacrifices. Des enfants étaient sacrifiés à cette idole, que l'on croit être la représentation du mythe Saturne.

C'est la loi des représailles sans fin.

S'étant donné mission de constituer le peuple hébreu, Moïse dut tout d'abord faire des lois qui protégeassent la famille : aussi vit-on l'adultère condamné à être lapidé, l'inceste subir la même peine, et tout attentat à la pudeur, lorsqu'il n'encourait pas la peine de mort, entraînait au moins l'expulsion définitive.

Pour établir l'esprit de solidarité parmi son peuple, il décréta, en ce qui concernait les ventes, qu'une année de délai serait laissée au vendeur pour racheter la chose vendue ; ce n'est qu'après ce laps de temps que l'acheteur entrait en pleine possession jusqu'à l'année du jubilé, où chacun reprenait ce qui lui avait appartenu, son champ, sa maison, etc.; et l'esclave même recouvrait sa liberté [1].

Il était ordonné encore au plus proche parent du vendeur de racheter ce qui avait été vendu, en tenant compte toutefois des années écoulées depuis le jubilé.

La polygamie, à cette époque très en usage, ne fut que tolérée, et les alliances entre proches parents rigoureusement interdites et considérées presque comme un crime.

Le séducteur était contraint d'épouser celle qu'il avait séduite, et le divorce, qui du reste s'obtenait très-difficilement, lui était interdit.

La partie hygiénique est sagement ordonnée : le sabbat ou jour du repos est d'obligation rigoureuse. Les purifications du corps, des vêtements, des maisons, et pour l'alimentation le choix des viandes saines, ce que l'on doit prohiber, tout cela est détaillé avec soin.

Contrairement à tous les fondateurs de religion, Moïse,

---

[1] Jubilé vient de *Jobel* (corne de bélier) qui, comme une trompette, servait à annoncer l'année sainte qui revenait tous les cinquante ans.

dans sa législation, fait tout se rapporter au monde présent. Nulle part il n'est question d'un avenir extra-terrestre. Cette lacune prouve clairement que Moïse n'avait qu'un seul but : celui de faire des Hébreux un peuple matériellement fort, qu'il pût employer à l'accomplissement de ses desseins.

Son Dieu exclusif, fort et jaloux, menace constamment, et si parfois il fait des promesses, elles se bornent à la satisfaction matérielle. '

Moïse mourut l'an 1585 avant J.-C., à l'âge de 120 ans. Josué lui avait déjà succédé dans le commandement, et ce fut lui qui commanda et dirigea, vers l'an 1605, l'expédition des Hébreux dans la terre promise ou de Chanaan, que Moïse avait préparée.

Josué arrêta, dit-on, le soleil, afin d'exterminer un plus grand nombre d'ennemis à la conquête du pays desquels il marchait. Ce fait, matériellement impossible, ne saurait être pris que figurativement, comme voulant indiquer un immense carnage.

Josué acheva en six ans la conquête de ce pays. Les Hébreux s'y établirent définitivement, et y demeurèrent pendant trois cents ans sous le gouvernement des Juges, qui vinrent après Josué.

A ces derniers succédèrent les Rois, dont Saül fut le premier et Salomon le dernier.

Sous le règne de Salomon, le peuple juif avait atteint le plus haut point de sa civilisation.

Salomon régna de 949 à 929 av. J.-C. (1). Les commencements de son règne furent plus brillants que la fin ; il bâtit le temple de Jérusalem, où furent prodiguées toutes les richesses de l'Orient. Monarque fastueux et sensuel, il

____

(1) Rodier, p. 401.

épuisa ses Etats pour satisfaire ses ruineux caprices. Il édifia des villes, de somptueux palais qu'il peupla de femmes de toutes les contrées : on lui prête jusqu'à sept cents femmes et trois cents concubines. Il se livra, pour leur plaire, à l'adoration d'une foule de déités étrangères. Sa science lui acquit une réputation de sagesse qui s'étendait au loin. Il ne parvint, malgré cela, qu'à dissiper les immenses richesses acquises par son commerce avec les pays éloignés, à épuiser son peuple qu'il surchargeait d'impôts, et à disloquer son royaume qui, après sa mort, fut divisé en deux : le royaume d'Israël et celui de Juda.

Le premier fut détruit par les Assyriens, et Nabuchodonosor détruisit celui de Juda, duquel il emmena les habitants captifs à Babylone.

Après soixante-dix ans de captivité, ils furent rendus à leurs lois.

Tour à tour libres ou tributaires, ils rétablirent de nouveau la royauté. Et enfin, vers l'an 70 de J.-C., ils furent détruits et dispersés par les Romains, sous la domination desquels ils étaient.

Mille persécutions, bien souvent odieuses, suscitées par le fanatisme intolérant, longtemps les poursuivirent. Aujourd'hui, la raison dominant les doctrines vieillies, ils sont en possession de leurs droits de citoyens; ils ont, comme toutes les créatures humaines, leur place au banquet de la civilisation moderne ; c'est là un des fruits de notre immortelle révolution de 1789.

CHAPITRE II.

CIVILISATION INDIÈNNE & IRANIENNE.

Considérations préliminaires. Les *Vèdas*. Base de la religion indoue. Hymnes au Soleil. Création selon les Vèdas. Pluralité des existences.

Les Indous et les Iraniens, détachés de la même souche, partis du même principe, formèrent par la suite deux civilisations distinctes et de tendances entièrement opposées.

INDOUS.

Toute la théogonie ancienne est basée sur le même principe : la personnification des astres, et principalement du Soleil : Phré, Osiris, Hor, etc., en Egypte ; Brâhma dans l'Inde, étaient la représentation du Soleil.

Eh ! mon Dieu, les vases sacrés du catholicisme ne représentent-ils pas cet astre radieux.

Les Vèdas sont les premiers livres sacrés des Indous ; ils sont au nombre de trois principaux et d'une haute antiquité ; ce sont :

Le *Rig-Vèda*, qui tire son origine du feu ;

Le *Yadjour-Vèda*, de l'air ;

Le *Sama-Vèda*, du Soleil [1].

(1) Pauthier, *Livres sacrés de l'Orient*, page 308.

C'est sur ces livres que repose la religion indoue, qui a pour base une trinité divine (*trimourti*) : *Brâhma*, le créateur ; *Vichnou*, le conservateur ; *Siva*, le destructeur.

Toutes les autres divinités sont des émanations de cette trinité, qui est aussi une émanation de Brâhma lui-même, Dieu ou la grande âme nommée aussi le Soleil, cause première de tout.

Les Vèdas sont, en même temps qu'un corps de doctrine, des recueils de prières (*mantras*) et d'hymnes sacrés.

L'hymne au Soleil, que voici, est le fond même de la doctrine védique, *l'absorption finale* dans Brâhme.

« O Soleil ! nourricier du monde ! solitaire anachorète, dominateur et régulateur suprême ! fils de Pradjâpati ! écarte tes rayons éblouissants, retiens ton éclatante lumière, afin que je puisse contempler ta forme ravissante et devenir partie de l'Etre divin qui se meut dans toi ! Puisse mon souffle de vie (mes esprits vitaux) être absorbé dans l'âme moléculaire et universelle de l'espace ! Que ce corps matériel et périssable soit réduit en cendres ! » [1]

L'hymne suivant révèle, en même temps que la nature sensualiste de ce peuple, sa croyance en la pluralité des mondes, chose de laquelle bien des gens doutent encore aujourd'hui, et sur laquelle un plus grand nombre encore n'a pas la moindre des notions.

« Nous t'offrons ce nouvel et excellent éloge de toi, ô splendide, joyeux Soleil ! Accueille avec satisfaction ces paroles que je t'adresse ; viens visiter cette âme qui te désire comme un homme plein d'amour désire une femme ! Puisse ce Soleil qui contemple *tous les mondes* être notre protecteur » [2].

(1) Pauthier, page 330.
(2) Pauthier, page 315.

Passons les temps antérieurs à la création, qui ne nous apprendraient pas grand'chose, et arrivons à sa définition d'après le principal des Vèdas, le *Rig- Vèda.*

« Originairement cet univers n'était qu'*A me* ; rien autre chose n'existait d'actif ou d'inactif. *Lui* (l'être suprême) eut cette pensée : *Je veux créer des mondes* ; c'est ainsi qu'il créa ces mondes divers : l'eau, la lumière, les êtres mortels et les eaux. Cette eau est la région au-dessus du ciel, que le ciel soutient ; l'atmosphère contient la lumière ; la Terre est mortelle, et les régions au-dessous sont les eaux.

» Lui eut cette pensée : *Voilà donc des mondes ; je veux créer des gardiens des mondes.* Ainsi il tira des eaux et forma un être revêtu d'un corps. *Il* le vit, et de cet être ainsi contemplé la bouche s'ouvrit comme un œuf ; de la bouche sortit la parole, de la parole procéda le feu. Les narines s'étendirent ; par les narines le souffle de la respiration passa ; par le souffle de la respiration l'air fut propagé. Les yeux s'ouvrirent ; des yeux sortit un rayon lumineux ; de ce rayon lumineux fut produit le Soleil. Les oreilles se dilatèrent ; de ces oreilles vint l'ouïe : de l'ouïe, les régions de l'espace. La peau s'étendit ; de la peau sortit le poil ; du poil furent produites les herbes et les arbres. La poitrine s'ouvrit ; de la poitrine procéda l'esprit, et de l'esprit la Lune. Le nombril s'épanouit ; du nombril vint la déglutition ; de celle-ci la mort. L'organe de la génération apparut ; de cet organe s'écoula la semence productive ; de là les eaux tirent leur origine.

» Ces déités étant ainsi formées, tombèrent dans ce vaste océan, et elles vinrent à *Lui* avec soif et faim, et elles s'adressèrent ainsi à *lui : Accorde-nous une dimension plus petite, dans laquelle dimension habitant, nous puis-*

sions manger des aliments. Lui leur offrit la forme d'une vache. Elles dirent : *Cela n'est pas suffisant pour nous. Il* leur montra la forme humaine ; elles s'écrièrent : *Très-bien ! oh ! admirable !* C'est pourquoi l'homme seul est déclaré être bien formé. »

Viennent ensuite, sur la procréation, des détails que, par égard pour les chastes oreilles, il est bon de passer sous silence.

Voici qui a trait à la pluralité des existences de l'âme : « Ce second lui-même (l'enfant est le second lui-même du père) devient son représentant dans les saints actes ; et cet autre lui-même, ayant rempli ses obligations et complété ses périodes de vie, meurt. Parti de ce monde, *il renaît de nouveau sous quelque autre forme*, et telle est la troisième naissance. »

Il est inutile d'entrer dans de plus amples détails sur les Vèdas, que nous aurons l'occasion de retrouver fréquemment dans les lois de *Manou*, desquelles ils sont d'ailleurs le point de départ.

CHAPITRE III.

LOIS DE MANOU (MANAVA-DHARMA-SASTRA).

Période des Manouantaras (*antou*, période ; *ontara*, moyenne de Manou) 19337 avant J.-C.

Antiquité de la civilisation indoue. Considérations sur l'authenticité de Manou. Création selon Manou. Formation des castes ; leurs attributions. La révélation. La tradition. Baptême, initiation ou communion. Immunités ou indulgences. Enfer de Manou. Femmes que l'on doit choisir ou éviter. Origine des rois ; leurs rapports avec les Brâhmanes. Justice ; cour de Brâhma. Partialités à l'égard des Brâhmanes. Définition de l'Etre suprême et béatitude finale.

La haute antiquité de la civilisation Indoue ne saurait être mise en doute, et la date assignée au premier Manou, quelque reculée qu'elle paraisse, habitués que nous sommes à resserrer la création dans de fort étroites limites, n'a rien qui doive nous surprendre ; ce n'est point un chiffre pris au hasard ; il est mathématiquement prouvé. A cette époque, déjà les descendants des Arias avaient en astronomie certaines connaissances assez précises ; c'est ce qui nous permet aujourd'hui, en calculant le déplacement apparent des astres qu'ils avaient choisis comme points de repère, de déterminer, la plupart du temps avec exactitude, l'époque à laquelle ces repères ont été choisis. C'est ainsi que nous savons que l'ère du premier Manou commença au solstice d'été de l'an 19337 (1).

(1) Rodier, pages 189, 387 et 421.

C'est alors que parut le *Manava-Dharma-Sastra* ou lois de Manou, sorte de bible et de code tout à la fois, qui comprend les institutions civiles et religieuses des Indous.

Cette doctrine, on le sent dès le début, avec ses castes qu'elle prend soin d'établir, et cette foule d'expédients employés pour mener à la superstition, ne fut poussée dans cette voie par le corps sacerdotal que pour s'emparer de la domination.

Nous verrons plus tard combien large fut la part qu'il se tailla dans le pouvoir et dans les bénéfices.

D'après la légende indoue, le premier Manou *Swayambhouva* (nom qui signifie : issu de l'être existant par lui-même), déifié par la suite, reçut ces lois de Brâhma lui-même, et un *Richi* (saint personnage) les promulgua.

Il est certains commentaires qui établissent des rapprochements entre Manou et Menès, premier roi et législateur de l'Egypte, et puis encore Minos, fils de Jupiter et d'Europe, roi et législateur des Crétois ; mais ils sont inadmissibles, car Menès régnait en Egypte seulement 5853 ans avant notre ère, et Minos en Crète, beaucoup plus tard encore, en 1400.

Quoi qu'il en soit, que Manou soit un personnage réel ou purement imaginaire, peu importe la personnalité, le nom n'est qu'une étiquette ; voyons la législation.

Le livre premier ouvre par la création (1) :

1. « Manou était assis ayant sa pensée dirigée vers un seul objet ; les Maharchis (saints personnages) l'abordèrent, et, après l'avoir salué avec respect, lui adressèrent ces paroles :

2. » Seigneur daigne nous déclarer, avec exactitude et

____

(1) Pauthier, page 333.

suivant l'ordre, les lois qui concernent toutes les classes primitives (1) et les classes nées du mélange des premières (2).

3. » Toi seul, ô maître, connais les actes, le principe et le véritable sens de cette règle universelle existante par elle-même, inconcevable, dont la raison humaine ne peut pas apprécier l'étendue, et qui est le Vèda.

4. » Ainsi interrogé par ces êtres magnanimes, celui dont le pouvoir est immense, après les avoir tous salués, leur fit cette réponse : Ecoutez, leur dit-il.

5. » Le monde était plongé dans l'obscurité ; imperceptible, dépourvu de tout attribut distinctif, ne pouvant ni être découvert par le raisonnement, ni être révélé, il semblait entièrement livré au sommeil.

6. » Quand la durée de la dissolution fut à son terme, alors le Seigneur existant par lui-même, et qui n'est pas à la portée des sens externes, rendant perceptible ce monde avec les cinq éléments et les autres principes, resplendissant de l'éclat le plus pur, parut et dissipa l'obscurité, c'est-à-dire développa la nature.

7. » Celui que l'esprit seul peut concevoir, qui échappe aux organes des sens, qui est sans parties visibles, éternel, l'âme de tous les êtres, que nul ne peut comprendre, déploya sa propre splendeur.

8. » Ayant résolu, dans sa pensée, de faire émaner de

(1) Les classes primitives sont :

1º La classe sacerdotale, ou *Brâhmanes*.

2º La classe militaire et royale, ou des *Kchatriyas* ;

3º La classe commerçante et agricole, ou des *Vaisyas*.

4º La classe servile, ou des *Soudras*.

(2) Ces classes, très-nombreuses, forment elles-mêmes, par leur mélange, d'autres classes en très-grand nombre et qui leur sont inférieures.

sa substance les diverses créatures, il produisit d'abord les eaux dans lesquelles il déposa un germe.

9. » Ce germe devint un œuf brillant comme l'or, aussi éclatant que l'astre aux mille rayons, et dans lequel l'être suprême naquit lui-même sous la forme de Brâhma, l'aïeul de tous les êtres.

10. » Les eaux ont été appelées Nârâs, parce qu'elles étaient la production de Nara (l'esprit divin); ces eaux ayant été le premier lieu de mouvement de Nara, il a été, en conséquence, nommé Narâyâna (celui qui se meut sur les eaux).

11. » Par ce qui est, par la cause imperceptible, éternelle qui existe *réellement* et n'existe pas *pour les organes*, a été produit ce divin mâle, célèbre dans le monde sous le nom de Brâhma.

12. » Après avoir demeuré dans cet œuf une année de Brâhma (3,110,400,000 de nos années), le Seigneur, par sa seule pensée, sépara cet œuf en deux parts.

13. » Et de ces deux parts il forma le Ciel et la Terre; au milieu il plaça l'atmosphère (1), les huit régions célestes (2) et le réservoir permanent des eaux.

Négligeons les stances suivantes qui — à part quelques mots se rapportant à la création astrale — ne sont qu'une nomenclature détaillée des attributs dont Brâhma a gratifié les humains, et arrivons aux stances 28ᵉ et 29ᵉ qui forment une des bases de la doctrine.

28. » Lorsque le souverain maître *a destiné* d'abord tel ou tel être animé à une occupation quelconque, cet être

(1) On entend ici par *atmosphère* l'espace compris éntre la Terre et le Soleil.

(2) Ou les quatre points cardinaux : Nord, Sud, Est, Ouest; et les quatre points intermédiaires : Nord-Est, Sud-Ouest, Nord-Ouest, Sud-Est.

l'accomplit de lui-même *toutes les fois qu'il revient au monde.*

29. » Quelle que soit la qualité qui lui ait été donnée en partage au moment de la création, la méchanceté ou la bonté, la douceur ou la rudesse, la vertu ou le vice, la véracité ou la fausseté, cette qualité vient le retrouver spontanément dans les naissances qui suivent. »

A côté de l'immortalité — thème sur lequel, à de rares exceptions près, toutes les religions ont plus ou moins brodé, chacune à sa manière et selon ses caprices — à côté de l'immortalité, dis-je, ou plutôt en compagnie de la pluralité des existences, nous voyons apparaître la tendance fataliste de cette doctrine, qui naturellement doit donner naissance à des castes diverses, sorte de théorie de la grâce que ne manqueront pas d'exploiter dans l'avenir les doctrines qui s'inspireront de son esprit.

31. « Cependant, pour la propagation de la race humaine, de sa bouche, de son bras, de sa cuisse et de son pied, il produisit le Brâhmane, le Kchatriya, le Vaisya et le Soudra. »

Nous assistons là à la formation des castes. Au Brâhmane la meilleure part : la bouche, le produit, il a la parole ; le Kchatriya vient ensuite, produit par le bras, il porte le glaive ; le Vaisya, produit par la cuisse, est destiné au travail ; et au Soudra, engendré par le pied, échoient les occupations serviles.

32. « Ayant divisé son corps en deux parties, le souverain Maître devint moitié mâle et moitié femelle ; il engendra Viradj. »

Le récit biblique ne manque pas d'analogie avec la création de Viradj :

Le créateur se fait homme et femme.

Dieu crée Adam, lui prend une côte et forme la femme.

Adam et Eve (*hovah*, la vie), extraite de lui-même, deviennent la souche du genre humain.

33. « Apprenez, nobles brâhmanes, que celui que le divin mâle, appelé Viradj, a produit de lui-même, en se livrant à une dévotion austère, c'est moi, Manou, créateur de tout cet univers.

34. » C'est moi qui, désirant donner naissance au genre humain, après avoir pratiqué les plus pénibles austérités, ai produit d'abord dix savants éminents seigneurs des créatures. »

Suit la nomenclature de ces personnages.

36. « Ces êtres tout-puissants créèrent sept autres Ma-nous, les dieux et leurs demeures, et des Maharchis (saints personnages) doués d'un immense pouvoir, etc. »

Les stances 39ᵉ et 40ᵉ comprennent la création de l'homme et de tous les animaux.

41. « Ce fut ainsi que, d'après mon ordre, ces magna-nimes sages créèrent, par le pouvoir de leurs austérités, tout cet assemblage d'êtres mobiles et immobiles, en se réglant *sur leurs actions.* »

C'est-à-dire qu'en raison de leurs actes antérieurs, ces êtres naissaient, ou plutôt renaissaient dieux, hommes ou bêtes.

Il ne faut pas oublier que la métempsycose était en faveur chez les Indiens ; leur venait-elle de l'Egypte, ou bien l'Egypte la leur avait-elle empruntée ?

51. « Après avoir ainsi produit cet univers et moi, celui dont le pouvoir est incompréhensible disparut de nouveau, absorbé dans l'âme suprême, remplaçant le temps de la création par le temps de la dissolution. »

Cette figure ne représente-t-elle pas exactement ce que nous appelons la mort, soit des êtres, soit des mondes ?

Franchissons maintenant d'une enjambée les détails de peu d'importance, et arrivons aux intéressantes attributions de chaque caste.

88. « Il donna aux Brâhmanes l'étude et l'enseignement des *Védas*, l'accomplissement du sacrifice, la direction des sacrifices offerts par d'autres, le droit de *donner* et celui de *recevoir*.

89. » Il imposa pour devoirs au Kchatriya de protéger le peuple, d'exercer la charité, de sacrifier, de lire les livres sacrés, et de ne pas s'abandonner aux plaisirs des sens.

90. » Soigner les bestiaux, donner l'aumône, sacrifier, étudier les livres saints, faire le commerce, prêter à intérêt, labourer la terre, sont les fonctions allouées au Vaisya.

91. » Le Souverain maître n'assigna au Soudra qu'un seul office, celui de servir les classes précédentes, sans déprécier leur mérite.

93. » Par son origine, qu'il tire du membre le plus noble, parce qu'il est né le premier, parce qu'il possède la Sainte-Ecriture, le Brâhmane est de droit le seigneur de toute cette création.

98. » La naissance du Brâhmane est l'incarnation éternelle de la justice ; car le Brâhmane, né pour l'exécution de la justice, est destiné à s'identifier avec Brâhme (l'être suprême).

99. » Le Brâhmane, en venant au monde, est placé au premier rang sur cette terre ; souverain seigneur de tous les êtres, il doit veiller à la conservation du trésor des lois *civiles* et *religieuses* ».

Eh ! eh ! si on laissait faire les Brâhmanes de nos jours...

100. » Tout ce que ce monde renferme est en quelque sorte la propriété du Bráhmane ; par sa primogéniture et par sa naissance *éminente*, il a droit à tout ce qui existe.

101. » Le Bráhmane ne mange que sa propre nourriture, ne porte que ses propres vêtements, ne donne que son avoir ; c'est par la générosité d'un Bráhmane que les autres hommes jouissent des biens de ce monde ».

Comme on le voit, le Bráhmane s'était fait une assez large part, la part du lion. Par droit de naissance, il était souverain seigneur de tous les êtres ; tout ce que renferme ce monde était sa propriété. A lui le droit de faire des largesses selon son bon plaisir ; et de plus, avec un soin jaloux, il s'était réservé le droit de « veiller à la conservation du trésor des lois *civiles* et *religieuses* » ; et nul autre que lui n'avait le droit de les interpréter (st. 103 ci-après).

On eût pu, sans exagération, appeler **Monseigneur** un Bráhmane, et même le traiter d'**Eminence** ; il l'était de fait par sa naissance *éminente*.

102. « Pour distinguer les occupations du Bráhmane et celles des autres classes, dans l'ordre convenable, le sage Manou, qui procède de l'être existant par lui-même, composa ce code des lois.

103. » Ce livre doit être étudié avec persévérance par tout Bráhmane instruit, et expliqué par lui à ses disciples, mais jamais par aucun autre homme d'une *classe inférieure* ».

Passons au livre second.

8. « Le sage, après avoir entièrement examiné ce système complet des lois avec l'œil du savoir pieux, doit, reconnaissant l'autorité de la révélation, se renfermer dans son devoir ».

L'autorité de la révélation ? D'abord, qu'est-ce que la révélation ?

La révélation est le produit du travail intellectuel qui s'opère en nous, par lequel nous percevons plus ou moins nettement, selon le développement de notre intelligence, les grands principes — ou lois universelles — desquels découle l'harmonie ; ainsi la connaissance, plus ou moins exacte, des principes de devoir, de droit, de justice, est de la révélation, plus ou moins parfaite selon la richesse de l'organisme d'où elle émerge. La révélation d'aujourd'hui vaut mieux que celle d'hier ; et celle de demain, à moins qu'il y ait décadence, sera supérieure à celle d'aujourd'hui. L'homme se perfectionne, s'éclaire ; ses conceptions s'élargissent et s'approchent d'autant de la perfection.

La révélation ne porte donc pas un caractère qui doive la faire accepter sans examen ; son autorité devient dès lors contestable.

9. » Il faut savoir que la révélation est le livre saint (Veda), et que la tradition est le livre des lois ; *l'une et l'autre ne doivent être contestées sur aucun point*, car le système des devoirs en procède tout entier.

La tradition, pas plus que la révélation, n'a droit à une croyance absolue, à l'abri de tout examen, de tout contrôle ; car assez souvent, pour ne pas dire toujours, il lui arrive, après avoir traversé un espace de temps relativement fort court, de n'être plus ce qu'elle était au point de départ ; quelquefois même d'être le contraire.

11. » Tout homme des trois premières classes qui, embrassant les opinions des livres sceptiques, méprise ces deux bases fondamentales, doit être exclu de la compagnie des gens de bien comme un athée et un contempteur des livres sacrés. »

Le *Syllabus* de la Rome moderne est bien plus vieux qu'uu vain peuple le pense.

Avec la meilleure volonté du monde, il serait difficile au théiste même le plus convaincu, de comprendre que l'auteur de toutes les créatures ait édicté ces lois : comment admettre en effet qu'à l'homme, créé libre, — puisqu'il obtient récompense ou punition selon ses actes, ce fait implique la liberté, car qui n'est pas libre n'est pas responsable — en possession d'une conscience qui lui fait apprécier ses actes, il soit interdit, sous peine d'exclusion — ce qu'aujourd'hui on nomme excommunication — de faire usage de cette même conscience ? La contradiction est frappante ; toujours, par quelque endroit, la supercherie montre le bout de l'oreille.

La religion de Manou, comme presque toutes celles du passé, et bon nombre de celles qui s'en vont, ne demandait guère qu'une chose : la foi en tout et malgré tout ; avec cela il est facile de mener où l'on veut le troupeau des croyants.

Du temps de Manou, tout comme de nos jours, on apportait en naissant la tache originelle qu'une sorte de baptême, précédé et suivi de cérémonies diverses, était chargé de laver [1].

Après le baptême, la communion ou l'initiation : le Bráhmane était initié de cinq à seize ans, le Kchatriya de six à vingt-deux, et le Vaisya de huit à vingt-quatre. D'abondantes ablutions avaient lieu dans toutes les cérémonies.

Comme de tout temps l'homme a été faillible, le législateur prévoyant avait eu soin, pour éviter ou atténuer le

[1] Pauthier, *Lois de Manou*, st. de 27 à 33, liv. ii.

châtiment, de créer certaines immunités — aujourd'hui indulgences — applicables à soi-même, aux vivants ou aux morts ; exemple :

37. (Livre III) « Le fils né d'une femme mariée suivant le mode de Bràhma (1), s'il se livre à la pratique des œuvres pies, délivrera du péché dix de ses ancêtres, dix de ses descendants, et lui-même le vingt-et-unième. »

38. « Celui qui doit le jour à une femme mariée selon le mode divin (2) sauve sept personnes de sa famille dans la ligne ascendante et dans la ligne descendante ; celui qui est né d'un mariage selon le mode des saints (3) en sauve trois ; et celui qui provient de l'union conjugale célébrée d'après le mode des créatures (4) en rachète six. »

275. (Liv. IV) « Une oblation quelconque faite, selon les règles, par un mortel dont la foi est parfaitement pure, procure à ses ancêtres, dans l'autre monde, une joie éternelle et inaltérable. »

Les Bràhmanes étaient en outre tenus, chaque mois, le jour de la nouvelle lune, de faire la Sràdha, cérémonie qui avait pour but de faire arriver au ciel les âmes de

(1) Suivant le mode de Bràhma : ou issu d'un père vertueux et versé dans la Sainte-Ecriture, marié légalement et avec honneur (*Lois de Manou*, livre III, st. 27),

(2) Suivant le mode divin : ou issu d'un père légalement marié pendant la célébration d'un sacrifice ou lui-même étant officiant (*Lois de Manou*, liv. III, st. 28).

(3) Suivant le mode des saints : ou issu d'un mariage légal contracté après que le père de la fille a reçu du prétendu deux couples d'animaux pour l'accomplissement d'une cérémonie religieuse (*Lois de Manou*, liv. III, st. 29).

(4) Suivant le mode des créatures : ou issu d'un mariage simplement légal, le père de la fille ayant dit aux conjoints : « Pratiquez ensemble les devoirs prescrits » (*Lois de Manou*, liv. III, st. 30).

ceux en mémoire desquels cette cérémonie etait faite ; sans cela, ces âmes eussent rodé ici-bas comme des âmes en peine. Cette cérémonie était précédée d'une offrande dont les restes devenaient, comme dans tous les sacrifices, la propriété du Bràhmane (1).

Manou avait à sa disposition un enfer (Tamisra), duquel il usait et abusait quelque peu ; mais nous devons à sa louange de dire qu'il n'était que temporaire, jamais éternel ; une sorte de purgatoire un peu dur, il est vrai, mais assez rationnel dans son sens figuré, où les coupables allaient se purger de leurs fautes. Ainsi, « le Dwidja (2) qui se précipite sur un Bràhmane dans l'intention de le blesser, mais qui ne le *frappe pas*, est condamné à tourner pendant cent années dans l'enfer appelé Tamisra. » Et « pour l'avoir, par colère et à dessein, frappé rien qu'avec un brin d'herbe, il doit renaître pendant vingt et une transmigration dans le ventre d'un animal ignoble » (3).

La peine était bien un peu sévère en égard au délit ; mais nous savons qu'en ce temps déjà il était avec le ciel des accommodements.

Manou donne à ses initiés d'utiles et charmants conseils pour les guider dans le choix de leur femme. Après l'énumération de divers défauts de conformation à éviter chez la femme, dont plusieurs seraient décemment difficiles à vérifier : « que le Dwidja (initié), dit-il, n'épouse pas une fille ayant des cheveux rougeâtres, ou ayant..... ou souvent malade, ou nullement..... ou trop..... ou — pardon, mesdames, la vérité m'y oblige — insupportable par son bavardage, ou ayant les yeux rouges (4).

(1) *Lois de Manou*, liv. iii, st. 122.
(2) *Lois de Manou*, liv. iv, st. 165.
(3) *Lois de Manou*, liv. iv, st. 166.
(4) *Lois de Manou*, liv. iii, st. 8.

Qu'il prenne une femme bien faite, dont le nom soit agréable, qui ait la démarche gracieuse d'un cygne ou d'un jeune éléphant, dont le corps soit revêtu d'un léger duvet, dont les cheveux soient fins, les dents petites et les membres d'une douceur charmante » (1).

C'est charmant de poésie !... peu mystique.

Nous trouvons dans le livre vii des détails très-instructifs au sujet de l'origine des rois et de la conduite qu'ils ont à tenir à l'égard des Brâhmanes. On ne saurait mieux faire que citer le texte.

4. « Le seigneur créa un roi en prenant des particules. éternelles de la substance d'Indra, d'Anila, de Yama, de Sourya, d'Agni, de Varouna, de Tchandra et de Couvera.

5. » Et c'est parce qu'un roi a été formé de particules tirées de l'essence de ces principaux Dieux, qu'il surpasse en éclat tous les autres mortels.

8. » On ne doit pas mépriser un monarque, même encore dans l'enfance, en se disant : « C'est un simple mortel » ; car c'est une grande divinité qui réside sous cette forme humaine.

32. » Qu'il (le roi) se conduise dans son royaume selon la justice, qu'il châtie avec rigueur ses ennemis, qu'il soit toujours franc avec ses amis, affectionné et *plein douceur à l'égard des Brâhmanes.*

37. » Après s'être levé à l'aube du jour, le roi doit *témoigner son respect aux Brâhmanes* versés dans la connaissance des trois livres saints et dans la science de la morale, et *se gouverner par leurs conseils.*

58. » Mais qu'il délibère *avec un Brâhmane* d'un haut savoir, et le plus habile de tous ses conseillers, sur l'im-

---

(1) *Lois de Manou*, liv. iii, st. 10.

portante résolution qu'il a prise relativement aux six articles principaux.

Ces articles principaux sont : de faire des traités de
paix ou d'alliances, d'entreprendre la guerre, de se mettre
sous la protection d'un monarque etc., toutes choses capi-
tales pour un Etat.

De cette façon, le roi régnait et les Bráhmanes gouvernaient. Il en est encore de nos jours qui voudraient exhumer et faire revivre ce système.

Que la manie de vouloir dominer, imposer ses caprices,
est une drôle de chose ! C'est une aberration de l'esprit
humain. Cela procure-t-il du bonheur? J'en doute; et pour
ma part, je plains du fond du cœur ceux qui sont atteints de
cette infirmité.

Si nous n'avions déjà vu dans le principe l'établissement minutieux et jaloux des castes et leurs fâcheuses et
inévitables conséquences, ce seul livre septième suffirait à
nous édifier sur la valeur de cette doctrine de la plus dan-
gereuse autocratie, celle sacerdotale qui ne souffre aucun
contrôle, et dont le principal moyen de domination est
l'abètissement des masses.

Nous ne saurions rien de plus en apprenant de quelle
manière on rendait la justice. Choisissons cependant quelques articles du code qui caractérisent cette institution.

Un taureau symbolisait la justice.

Le tribunal se composait : du roi, et de trois Bráhmanes
ou de quatre Bráhmanes à défaut du roi. Ainsi composé, on
l'appelait : cour de Bráhma à quatre faces.

Les Bráhmanes, les Kchatriyas, les Vaisyas même,
étaient admis à interprèter la loi ; mais cela était formel-
lement interdit aux classes serviles, Soudras etc.

Un Bráhmane découvrant un trésor avait le droit de

se l'approprier en entier, comme seigneur et maître de tout ce qui existe (1).

Le roi découvrant un trésor en devait *la moitié au Brâhmane* (2).

Un Brâhmane dans le besoin pouvait, en toute sûreté de conscience, s'emparer du bien d'un Soudra son esclave, l'esclave ne possédant rien dont son maître ne puisse s'emparer (3).

Le Brâhmane meurtrier d'un autre Brâhmane, avec préméditation, ou coupable d'avoir bu des liqueurs fermentées, volé de l'or à un autre Brâhmane, ou souillé sa couche par l'adultère, devait être exclu du royaume, mais il pouvait *prendre avec lui ses effets et sa famille* (4).

Mais des hommes des autres classes ayant commis, avec préméditation, ces mêmes crimes, *devaient perdre tous leurs biens et être mis à mort* (5).

Singulière logique : le pauvre paria, coupable d'ignorance parce qu'on lui avait refusé les moyens de s'instruire, payait de ses biens et de sa vie la faute ou le crime que l'homme instruit purgeait par un simple bannissement !

Le prince ne devait point s'approprier le bien de ce coupable, il devait l'offrir à Varouna (6) ou bien à un *Brâhmane vertueux* (7).

Le roi sentant approcher sa fin devait *donner aux*

(1) *Lois de Manou*, livre VIII, st. 37.
(2) *Lois de Manou*, liv. VIII, st. 38.
(3) *Lois de Manou*, liv. VIII, st. 417.
(4) *Lois de Manou*, liv. IX, st. 235 et 241.
(5) *Lois de Manou*, liv. IX, st. 242.
(6) Varouna : dieu des eaux, punisseur des méchants qu'il retenait au fond des abîmes attachés avec des liens formés de serpents.
(7) *Lois de Manou*, liv. IX, st. 243 et 244.

Brâhmanes toutes les richesses provenant des amendes légales, laisser le soin du royaume à son fils, etc. (1).

Ces bons Brâhmanes, comme ils professaient également le désintéressement du pouvoir, le mépris et l'abandon des richesses !

Citons enfin, pour terminer, la définition de l'Etre suprême, que donne le douzième et dernier livre de la loi de Manou.

122. « Mais il (le Brâhmane) doit se représenter le grand Etre comme le souverain maître de l'univers, comme plus subtil qu'un atome, comme aussi brillant que l'or le plus pur, et comme ne pouvant être conçu par l'esprit que dans le sommeil de la contemplation la plus abstraite.

123. » Les uns l'adorent dans le feu élémentaire, d'autres dans Manou, Seigneur des créatures ; d'autres dans Indra, d'autres dans l'air pur, d'autres dans l'éternel Brâhme.

124. » C'est ce Dieu qui, enveloppant tous les êtres d'un corps formé des cinq éléments, les fait passer successivement de la naissance à l'accroissement, de l'accroissement à la dissolution, par un mouvement semblable à celui d'une roue.

125. » Ainsi l'homme qui reconnaît dans sa propre âme l'*Ame Suprême*, présente dans toutes les créatures, se montre le même à l'égard de tous, et obtient le sort le plus heureux, *celui d'être à la fin absorbé dans Brâhme.* »

Cette dernière stance en dit plus et vaut mieux à elle seule que tout le reste.

(1) *Lois de Manou,* liv. IX, st. 323.

CHAPITRE IV.

IRANIENS.

Considérations sur leur doctrine. Leur scission avec les Indous.
Leurs prophètes et rois. Zoroastre : sa légende, sa doctrine.

Le Arias Iraniens (aujourd'hui les Perses), à l'inverse des Arias Indous, s'attachant par dessus tout à fortifier le pouvoir sacerdotal, s'appliquèrent dès le début à dévelop- per les principes d'une morale saine.

Voici quelques données que l'on trouve dans leurs anciens livres.

« L'essence de Dieu est incompréhensible; lui seul peut la connaître.

» Sa science embrasse tout en même temps. Tout ce qu'il fait est bon.

» Il a créé l'univers visible et invisible (la série des êtres corporels et celle des êtres spirituels).

» L'homme, doué d'une âme dont l'excellence le rap- proche des anges, tandis que par son corps il tient aux substances élémentaires, décide par ses actions de son sort futur. Il a reçu de Dieu le *libre arbitre,* et c'est par ses œuvres bonnes ou mauvaises qu'il se rapproche du ciel.

» Dieu ne saurait être l'auteur du mal et n'a rien de commun avec lui » (1).

(1) Rodier, page 198.

C'est probablement en 13901 qu'eut lieu la scission entre les Indous et les Iraniens ; et il est à supposer que ces derniers furent chassés des rives de l'Indus, et qu'ils se retirèrent dans la Parthie et dans l'Asie Eriène ou Iran proprement dit.

Un second prophète (Dji-Afram) compléta les lois qu'ils avaient reçues de Manou.

Un troisième prophète (Shai-Keliv) ne changea rien à la doctrine, mais un quatrième (Yasam) y introduisit l'usage de la prière aux anges, aux génies des divers éléments, et surtout au feu, que les Iraniens vénéraient comme la plus belle image de Mazdan Dieu (1).

Vers l'an 3488 à 6260, plusieurs prophètes et rois se succédèrent, pendant les règnes desquels les croyances de ce peuple subirent de notables modifications en même temps que s'étendait sa domination.

Sous le huitième de ces rois prophètes, lequel employait tous ses efforts à combattre l'idolâtrie, naquit une nouvelle secte : le Sabéïsme, culte des astres, ou plutôt des génies qui, pensait-on, les dirigent.

Cette doctrine, d'abord prêchée par Boudasp, se répandit rapidement dans le midi de la Perse, dans l'Inde, dans le midi de l'Arabie.

Le monarque suivant entreprit d'appliquer la division par caste des Indous, mais sans cependant mettre entre elles de barrières infranchissables (2).

Enfin, en 6260, parut un prophète nouveau, s'annonçant comme chargé par Dieu de réformer la religion : Zoroastre (3), dont la naissance, s'il faut en croire la

<hr>

(1) Rodier, pages 227 et 228.

(2) Rodier, pages 231 et 232.

(3) Zoroastre : de *Zérétochtro*, astre d'or, Soleil.

légende (1), a de frappantes analogies avec celle du Christ, transforma cette religion, tout en maintenant le culte du Soleil ; il enseigna à cultiver la terre, à nourrir, entretenir et protéger les animaux domestiques.

Zoroastre ne fut pas heureux dans quelques-unes de ses innovations, notamment dans sa conception d'une double puissance régissant le monde : *Auru-Mazdan* (l'Oromazd des Grecs), et *Arimane*, le bien et le mal ; ce dernier pouvoir presque aussi puissant que l'autre et ne devant être vaincu qu'à la fin des siècles.

L'harmonie qui règne dans l'univers aurait dû suffire à lui montrer que le mal, étant une violation des lois de la nature, ne pouvait être que le fait de l'erreur humaine ; mais ces grandes lois n'étaient point encore beaucoup connues alors, et c'est là son excuse.

(1) Comme Jean le précurseur annonça la naissance du Christ, un devin prédit la venue de Zoroastre et sa haute destinée future : sa mère, de même que celle de Jésus, l'enfanta sans douleur ; il vint au monde le sourire sur les lèvres.

Une étoile, qui devait guider les mages (savants) d'Orient, brillait sur l'étable où naquit Jésus.

Le palais de Poroschap, où Zoroastre vit le jour, fut soudain inondé d'une lumière éclatante.

Hérode voulut faire périr Jésus.

Des magiciens ennemis de la société attentèrent à la vie de Zoroastre.

Un bœuf et un âne réchauffaient Jésus de leur haleine.

Deux brebis vinrent présenter leurs mamelles à Zoroastre.

On vit Jésus dans le temple discutant parmi les docteurs.

Zoroastre confondit, en séance publique, le plus fameux de tous les Brâhmes.

Jésus fit des miracles.

Zoroastre en fit.

Jésus marcha sur les flots.

Zoroastre traversa un fleuve à pied sec sur ses eaux (Lachatre, Dict. Univ.)

Zoroastre eut, en outre, le tort de favoriser les unions entre proches, unions que l'appauvrissement de la race, qui en est le résultat, nous montre être contraires aux lois de la nature.

Il ne se mit point assez en garde contre certaines pratiques qui devaient fatalement conduire à l'idolatrie.

A part ces quelques erreurs, la doctrine de Zoroastre était d'une belle morale (1).

(1) Rodier, page 212.

CHAPITRE V.

CIVILISATION CHINOISE (1).

Son antiquité. Lao-Tseu, sa doctrine. Confucius ; quelques mots sur sa philosophie. Le Chou-King. Astronomie chinoise, ses erreurs. Quelques préceptes de sa législation ; la raison sert de base à cette législation. Préceptes. Sacrifices aux ancêtres ; sobriété en matière religieuse. Erreurs : sorts et divination.

Le peuple chinois fait remonter son origine à 80 ou 100 mille ans ; mais rien de positif, jusqu'à ce jour, ne vient appuyer cette assertion. Il y a cependant de grandes probabilités qu'il fut un des premiers peuples, et que sa civilisation fut la contemporaine de celles de l'Egypte et de l'Inde, si elle ne les précéda pas. Son histoire certaine remonte jusqu'à 2600 ans avant l'ère chrétienne (2).

Vers le sixième siècle avant notre ère vivaient deux philosophes et hommes de bien qui, quoique d'âges différents, dûrent probablement se connaitre, Lao-Tseu et Koung-Fou-Tseou (Confucius), tous deux fondateurs de doctrines.

Lao-Tseu, le plus âgé, institua la secte *Tao-Tsé*, qui adorait le créateur sous le nom de *Tao* ou *raison suprême*. Sa doctrine enseignait la métempsycose.

(1) Consulter à ce sujet : *Livres sacrés de l'Orient*, traduction de G. Pauthier.

(2) Pauthier, introduction.

Il composa le *Tao-Te-King* (la raison primordiale), un des livres sacrés de la Chine.

La doctrine de Lao-Tseu fit de nombreux adeptes.

Confucius naquit en 551 à Tséou-y, principauté de Lou, dont son père, descendant du législateur Hoang-ti, était gouverneur. Ses premières années furent consacrées, avec succès, aux emplois publics ; mais, ayant résolu de réformer les mœurs de son pays, il se retira dans la méditation dès l'âge de 24 ans pour s'y préparer.

Confucius rassembla les documents les plus anciens qu'il put recueillir, et les coordonna en un corps de doctrine dans un livre appelé Chou-King (doctrine certaine). Il ne se donna pas pour l'inventeur de cette doctrine, mais il la présenta comme un dépôt traditionnel des sages de l'antiquité, qu'il s'était imposé le devoir de propager et de transmettre aux générations futures ; et l'on peut dire qu'il s'acquitta de ce devoir avec courage et persévérance, malgré tous les obstacles et les déboires qu'il rencontra sur sa route : tour à tour puissant et honoré, pauvre, disgracié et même chassé, il eut toujours pour guide sa conscience et ne changea rien à sa ligne de conduite, qui consistait à l'amélioration de soi-même d'abord, et ensuite à celle des autres hommes.

Un de ses disciples disait : « La doctrine de notre maître est simple : elle consiste seulement à posséder la droiture du cœur et à aimer son prochain comme soi-même. »

La vie de Confucius fut tout entière employée à donner des enseignements aux grands, et à leur montrer leurs devoirs envers leurs sujets et la mission qu'ils ont de les rendre heureux en les gouvernant avec sagesse. Il redoutait si peu la prétendue méchanceté du peuple, qu'avec juste raison il attribuait à l'ignorance du devoir, qu'il disait : « Si je possédais le mandat de la royauté, il ne faudrait pas plus d'une génération pour faire régner partout la vertu de l'humanité » (1).

Les gouvernants ne se conformèrent pas tous à la doctrine de cet ami de l'humanité ; aussi la Chine eut-elle sa phase de décadence.

Vers l'an 246 avant Jésus-Christ, c'est-à-dire 233 ans après la mort de Confucius, un empereur chinois (Hoan-ti) ordonna la destruction de tous les livres. Le Chou-King fut soigneusement caché par les lettrés de la famille de Confucius ; c'est ainsi qu'il put échapper à la destruction générale. Plus tard, et sous un autre règne, il fut retrouvé dans les ruines de l'ancienne maison de ce philosophe.

Parcourons rapidement ce livre remarquable, en nous arrêtant toutefois sur les points principaux, ceux qui caractérisent le mieux cette œuvre, et par conséquent l'époque qui l'a vu naître.

LE CHOU-KING.

Dans le chapitre premier du Chou-King, il n'est question que d'astronomie et de la recherche, par l'empereur Yao, d'un ministre qui l'aide à gouverner et lui succède après sa mort ; car l'hérédité pour les monarques, en Chine, n'est point établie à cette époque : le pouvoir est donné à celui qui en est le plus digne.

Le peuple chinois, très-observateur, patient, calme et réfléchi par nature, devait naturellement s'occuper d'astronomie ; aussi, dès cette époque (2357 ans avant l'ère

(1) Pauthier ; *Lun-yu ou entretiens philosophiques*, ch. XIII, 12.

vulgaire) possédait-il déjà la division de l'année en 365 jours un quart, et en quatre saisons.

Yao envoie quatre ministres aux quatre points cardinaux faire des observations qui leur permettent de rédiger avec exactitude le calendrier. Il s'enquiert ensuite d'un homme possédant les qualités nécessaires, pour l'aider à gouverner et réparer les désastres causés par une grande inondation (1). Son choix s'arrête sur Yu-Chun, homme d'un rang obscur mais très-vertueux, « qui est parvenu à corriger les défauts de sa famille ».

Yao lui donne ses deux filles en mariage, puis l'associe au gouvernement de l'empire et meurt en lui abandonnant entièrement le pouvoir.

Comme son prédécesseur, les premiers soins de Chun sont pour l'astronomie. La stance 5 dit : « En examinant le *Siuen-Ki* et le *Yu-Keng*, (sorte de sphère ornée de pierres, représentant sans doute les planètes), il mit en ordre ce qui regarde les sept planètes » (2).

---

(1) Cette inondation, qui eut lieu vers 2350 avant notre ère, fut causée par un tremblement de terre qui rompit la rive orientale d'une grande mer qui occupait le désert de la Mongolie. Les eaux, s'écoulant violemment dévastèrent tout le nord de la Chine (Rodier page 391).

(2) Ils entendaient par sept planètes : le *Soleil, Mercure, Vénus,* la *Lune, Mars, Jupiter* et *Saturne.* Quant à la *Terre* ils en faisaient le centre du monde. Les astéroïdes ou petites planètes leur étaient inconnus ; l'imperfection de leurs instruments — s'ils en avaient — ne leur permettait pas sans doute de les distinguer ; *Uranus* ne fut découverte qu'en 1781 de notre ère, et *Neptune* ne l'a été qu'en 1846. Leur erreur principale était de placer la terre au centre du monde, à la place qu'occupe le soleil dans notre système planétaire, qui est ainsi disposé : Le Soleil au centre ; Mercure, Vénus, la Terre et la Lune, Mars et ses deux satellites (découverts en 1877 en Amérique), les Astéroïdes ou petites planètes au nombre de plusieurs centaines ; Saturne et ses huit satellites ; Uranus et ses quatre satellites ; Neptune et son satellite, peut-être en a-t-il deux.

Chun visita ensuite l'empire qu'il divisa en douze parties, creusa des canaux pour l'écoulement des eaux, publia des lois pour punir les criminels et en exila quatre qui troublaient la paix ; le pays fut alors tranquille.

11. « Il voulut que les fautes fussent punies, mais qu'on pardonnât celles qui sont commises par hasard et sans malice ; qu'on punît sans rémission les gens incorrigibles et qui pêcheraient par abus de leur force ou de leur autorité. Il recommanda le respect et l'observation des lois ; mais il voulut que les juges, en punissant, donnassent des marques de compassion ».

Voici les conseils qu'il donna à ses ministres :

16. « Il appela les douze *Mou* (bergers) et leur dit : Tout consiste, pour les provisions des vivres, à ne pas prendre le temps des laboureurs. Il faut traiter humainement ceux qui viennent de loin, instruire ceux qui sont près de vous, estimer et faire valoir les hommes de talent, croire et se fier aux gens vertueux et charitables, ne pas avoir de commerce avec ceux dont les mœurs sont corrompues ; par là, on se fera obéir des étrangers (ou des barbares).

Cette qualification de *barbares*, donnée aux étrangers, indique assez que ce peuple tenait à cette époque la tête de la civilisation.

Chun conseillait les Mandarins et veillait sur leur conduite. Tous les trois ans il leur distribuait des récompenses ou punissait leurs délits.

Arrivé au pouvoir à l'âge de trente ans, il gouverna trente autres années avec sagesse, et mourut cinquante ans plus tard, après s'être choisi un successeur parmi les plus dignes.

Ce qui précède suffit pour donner une idée de ce gouvernement qui, malgré son principe monarchique et ses apparences autocratiques, n'était en réalité, vu les conditions qui seules donnaient accès au pouvoir, qu'un gouvernement tout paternel, d'ailleurs le meilleur pour une époque où le peuple ne possédant pas le développement intellectuel, l'éducation nécessaires, n'aurait pu utilement prendre part à la direction des affaires.

Choisissons maintenant quelques stances parmi les beaux préceptes et les utiles conseils dont ce livre est rempli.

6. (Ch. iii). « Hélas ! il faut veiller sur soi-même et ne cesser de se corriger ; ne laissez pas violer les lois et les coutumes de l'Etat ; fuyez les amusements agréables ; ne vous livrez pas aux plaisirs des sens.

7. » La vertu est le fondement ou la base d'un bon gouvernement ; et ce gouvernement consiste d'abord à procurer au peuple les choses nécessaires à sa subsistance et à sa conservation, c'est-à-dire l'eau, le feu, les métaux, le bois, la terre ou le sol et les graines. Il faut enfin le préserver de ce qui peut nuire à sa santé et à sa vie.

15. » Le cœur de l'homme est plein d'écueils ; le cœur du *Tao* ou de la *raison suprême* est simple et caché [1]. Soyez pur, soyez simple, et tenez toujours un juste milieu. »

(1) Le cœur ici doit être pris dans le sens de l'esprit, de l'intelligence, du sentiment, de la conscience ; car le cœur, chose qu'à cette époque on ignorait, le cœur, siège de la vie végétative, ne pense pas, il ne remplit qu'une fonction purement mécanique : celle d'envoyer, par les voies artérielles dans l'organisme, au moyen du torrent circulatoire auquel il donne l'impulsion, les substances assimilables nécessaires à l'entretien des organes ; et à retourner ensuite par les canaux veineux celles devenues inutiles, que les organes abandonnent et que le sang ramasse dans son trajet pour s'en débarrasser ensuite dans les organes excréteurs et les tissus pulmonaires où il se revivifie, en s'emparant en échange, par l'inspiration (vulgairement la respiration), de l'oxygène de l'air. Telle

Ces derniers mots sont la sagesse même ; si nous savions nous tenir à égale distance des extrêmes, c'est-à-dire prendre en toutes choses le moyen terme, nous n'aurions jamais de réaction à redouter. Prenons-nous, par exemple, juste la nourriture qui nous est nécessaire, une nourriture convenable et en harmonie avec nos besoins, notre organisme fonctionne à merveille. Mais si nous absorbons précipitamment et à doses trop élevées une nourriture quoique parfaitement hygiénique, il s'ensuivra des perturbations, dangereuses quelquefois selon les tempéraments.

Il en est de même en politique : si nous savons prendre une moyenne, pour arriver aux améliorations des systèmes administratifs d'un gouvernement quelconque sans transition subite, nulle réaction ne sera possible ; petit à petit nous nous rallierons tout ce qui est honnête, et chaque pas fait en avant sera acquis au progrès. Par ce moyen, jamais de reculades ; toujours marche ascendante, lente il est vrai, mais sûre et certaine. Dans ses transformations, la nature ne nous en fournit-elle pas l'exemple ? *Natura non facit saltum*, a dit un philosophe [1].

Ainsi en France, la République seule étant possible, toutes les oppositions, tôt au tard, seront certainement vaincues par le calme, la modération et aussi la fermeté, c'est-à-dire par la sagesse et la raison. Mais pourquoi ces oppositions ? Pourquoi tous les hommes ne se groupent-ils pas pour débarrasser nos institutions des obstacles dont

est l'unique fonction du cœur, et cette fonction s'accomplit d'une manière *purement mécanique*, sans la participation de l'individu et presque à son insu. A part son impulsion mécanique, le cœur reçoit ses impressions du cerveau, seul et véritable siège de l'intelligence

[1] La nature n'agit pas par saccades.

les vieux systèmes usés les avaient dotées avec tant de prodigalité ? Pourquoi ne pas se donner tous la main, pour achever de relever notre pays du triste état où l'avait jeté la folie d'un homme, auquel il avait eu la légèreté de confier ses destinées ?

Pourquoi ? hélas ! c'est que l'ignorance, le pire de tous les maux, se laisse aller à la remorque d'une poignée d'ambitieux qui représentent, les uns un parti qui ne peut plus vivre que de souvenirs ; les autres, au moyen des coalitions les plus honteuses, s'efforcent de semer le trouble, pour tacher de rattraper un pouvoir qui chaque jour leur échappe, parce qu'ils sont ou font semblant d'être effrayés de ce qu'ils appellent le radicalisme qui, quoique composé d'hommes loyaux et sincères, a eu, au début peut-être, le tort de vouloir pousser un peu trop brusquement la transition.

Combien il serait à désirer que toutes ces craintes réelles ou feintes disparussent, et que la sincérité et la bonne foi vinssent remplacer cette ridicule et triste comédie ! Mais revenons au Chou-King.

Voici quelques instructions qu'un ancien ministre donnait à son nouveau souverain.

5. (Ch. IV) « Votre prédécesseur gardait invariablement les devoirs de l'homme ; il suivait les conseils salutaires qu'on lui donnait ; il écoutait les anciens et se conformait à leurs avis. Devenu maître, il connut parfaitement ceux avec qui il avait à traiter. Tant qu'il ne fut que sujet, il se rendit recommandable par sa droiture. *Avec les autres, il n'exigeait pas une trop grande perfection ; mais en travaillant lui-même à se rendre vertueux, il craignait sans cesse de ne pouvoir y parvenir.* »

Après avoir examiné les principales fautes qui peuvent

être commises par les fonctionnaires publics, la stance 7 termine par cette recommandation : « *Qu'on instruise exactement les jeunes gens.* »

Le Chou-King devrait être cité en entier, tant il abonde en nobles sentiments; mais ce qui en a été dit suffit à faire apprécier sa belle morale, son esprit de justice, son culte élevé de la raison.

Les Chinois sacrifiaient aux ancêtres; seuls les souverains sacrifiaient au Chang-ti (Dieu). Ils sacrifiaient aux esprits comme s'ils étaient présents, et s'attachaient, dans les cérémonies, plutôt au sens qu'à l'apparat, à un vain formalisme.

La conception religieuse de ce peuple n'était, sans doute, point parfaite, mais elle avait pourtant une certaine valeur : tous rendaient hommage à la divinité, que pas mieux que nous ils ne pouvaient connaître, en honorant, par des cérémonies, l'esprit de leurs ancêtres, c'est-à-dire des hommes qui avaient fait le bien pendant leur séjour au milieu d'eux.

Ils étaient, en matière religieuse, d'une sobriété remarquable : « A l'égard des cérémonies aux ancêtres, dit la stance 5 du chap. ix, il ne faut pas *trop fréquemment les répéter.* »

A part quelques sacrifices, ils ne s'occupaient, en somme, presque exclusivement que de morale, et ne tendaient qu'à se procurer une sage administration dans les affaires publiques.

Leurs souverains, choisis parmi les hommes les plus éclairés et les plus sages, étaient, en raison de leur sagesse, tous appelés fils du Ciel.

Mais rien n'est parfait sur notre Terre, et l'erreur toujours quelque part se glisse, même au milieu des institutions les meilleures. Ce peuple, si heureusement administré, avait aussi ses travers : il croyait aux sorts, à la divination. Ajoutons pourtant qu'il n'abusait point, outre mesure, de ces pratiques burlesques, qui probablement étaient entretenues par les devins qui en tiraient profit.

La décadence de la Chine commence avec l'hérédité du pouvoir ; on voit alors se succéder rapidement les révolutions ; et comment en serait-il autrement ? Un homme vertueux et instruit, un sage arrive au pouvoir ; par la bonne direction qu'il imprime aux affaires, il donne la richesse, la prospérité et le bonheur à son pays. Ce monarque a un fils qui, indépendamment de ses aptitudes naturelles qui peuvent être tout le contraire de celles de son père, est élevé, croît et vit dans une atmosphère malsaine pour une intelligence neuve. Entouré de gens dont le principal métier est d'encenser le pouvoir, comment cet enfant devenu homme pourra-t-il avoir soin des besoins du peuple qu'il ne connaît pas, qu'il n'a vu qu'à travers les appréciations de courtisans intéressés à le tromper ? Il laissera le soin des affaires à ces mêmes hommes, qui le mèneront rapidement à sa perte et forceront le pays à faire une révolution. Telle est l'issue fatale de tous les systèmes héréditaires.

CHAPITRE VI.

LA GRANDE ÉTUDE OU TA-HIO.

La raison en est la base. Paroles de Confucius, reproduites par le christianisme. Comment Confucius entendait la justice. Conseils à ses disciples.

Après avoir parcouru le Chou-king, jetons un rapide coup d'œil sur l'œuvre de Confucius lui-même et de son disciple Tseng-tseu : le Ta-Hio ou la grande étude.

Ce livre est peu volumineux ; il ne contient que dix chapitres fort courts, mais dont la valeur supplée à l'exiguité.

Ici encore, ou plutôt ici surtout, tout repose sur le principe fondamental de la raison, base de toute sagesse.

« La loi de la grande étude ou de la philosophie pratique, — dit la stance 1re du chapitre 1er, — consiste à mettre en lumière le principe lumineux de *la raison* que nous avons reçue du ciel, à renouveler les hommes et à placer sa destination définitive dans la perfection ou le souverain bien. »

Voici en substance les stances qui suivent, débarrassées des nombreuses répétitions en usage chez les Chinois à cette époque, répétitions qui, il est vrai, accentuent l'idée émise, mais qui n'apportent rien à la clarté des faits.

« Il faut en toutes choses d'abord envisager le but, et prendre une détermination. On peut ensuite à loisir méditer tranquillement sur l'erreur des choses pour arriver au perfectionnement désiré.

» Les êtres ont une cause et des effets ; les actions humaines ont un principe et des conséquences ; connaître les causes et les effets, les principes et les conséquences, est approcher de la méthode *rationnelle* qui conduit à la perfection. Ceux qui, dans l'Etat, désiraient développer et remettre en lumière le principe lumineux de la *raison que nous recevons du ciel*, s'attachaient à bien gouverner ; pour cela, ils commençaient d'abord par pénétrer et approfondir les principes des actions, agrandir et perfectionner leurs connaissances morales, pénétrer leur âme de droiture et de probité, bien diriger leur propre famille ; ils arrivaient par ce moyen à bien gouverner l'Etat, mettant partout la paix et la bonne harmonie.

» Depuis l'homme le plus élevé en dignité jusqu'au plus humble et au plus obscur, devoir égal pour tous ; corriger et améliorer sa personne, — ou la perfection de soi-même — est la base fondamentale de tout progrès et de tout développement moral.

» Tout indique que l'on doit cultiver sa nature rationnelle et morale. »

Nous trouvons dans le deuxième livre classique (chap. XIII, 3), le philosophe (Confucius,) dit : « Celui dont le cœur est droit et qui **porte aux autres les mêmes sentiments qu'il a pour lui-même**, ne s'écarte pas de la loi morale du devoir, prescrite aux hommes par leur nature rationnelle ; **il ne fait pas aux autres ce qu'il désire qu'il ne lui soit pas fait à lui-même.** »

Comme on le voit, ces sublimes préceptes de morale ne datent pas de nos jours ; deux mille quatre cents ans avant nous ils étaient enseignés et mieux suivis peut-être qu'aujourd'hui ; et notre formule plus moderne : « *Fais aux autres ce que tu voudrais qui te fût fait à toi-même* », n'est que la copie, en d'autres termes, de ces deux préceptes dont l'un est le corollaire de l'autre.

Plus loin, dans la stance 25ᵉ du ch. v (Lun-Yu, 3ᵉ liv. classique), Confucius nous donne sa pensée entière : « Je voudrais, dit-il — répondant à un de ses disciples (Tseou-Lou) — procurer aux vieillards un doux repos ; aux amis et ceux avec lesquels on a des relations, conserver une fidélité constante ; aux enfants et aux faibles, donner des soins tout maternels ».

En effet, dans toute société bien organisée, il devrait en être ainsi. Le repos est bien dû aux vieillards, et les soins tout maternels sont aussi dus aux enfants.

Ce vœu, formulé il y a vingt-quatre siècles, au milieu d'une société bien moins développée que la nôtre, attend encore chez nous son accomplissement ; et cependant nous nous targuons de civilisation !

Pourquoi ne fonde-t-on pas des sociétés sérieuses où chacun, moyennant une faible rétribution mensuelle, serait admis et aurait droit, après un certain nombre d'années qu'il serait facile de déterminer, à une retraite qui lui assurerait le repos pour le reste de ses jours ?

Les assurances ne font pas autre chose, et malgré les charges onéreuses d'un personnel très-nombreux, elles prospèrent toutes.

Dans ces associations, les charges seraient presque nulles : un président et un conseil d'administration gratuits, nommés tous les ans en assemblée générale ; un trésorier, rétribué selon l'importance de la société, chargé, sous les ordres du président, avec la sanction du conseil, du manipulement des fonds, qui devraient toujours être

employés en placements sûrs, soit sur l'Etat ou en obligations diverses ; jamais de jeux de bourse.

Plus tard, la société étant à la tête d'un capital assez
rond, ce qui ne tarderait pas, des établissements seraient
construits avec tout le confortable nécessaire, confortable
qui ne peut se trouver que dans l'association ; et là, dans
ces établissements, les forces de ceux qui seraient encore
valides pourraient être employées, avec rétribution, ce qui
ne ferait qu'accroître leur bien-être.

Il ne serait pas bien difficile de calculer le temps nécessaire pour arriver à ces heureux résultats ; mais ce n'est
pas ici sa place : nous aurons l'occasion d'y revenir et de
développer cette question capitale.

Quant aux établissements pour les enfants, nous y
reviendrons aussi ; il serait bon, en attendant que les associations puissent le faire, que chaque commune en prît,
dès à présent, l'initiative.

Et enfin, la constance dans l'amitié viendrait tout naturellement avec l'éducation morale, qui nous apprendrait à
nous aimer les uns les autres, à faire à nos semblables
ce que nous voudrions qu'ils nous fissent à nous-mêmes,
esprit de solidarité hors duquel nous ne trouverons jamais
le bonheur.

Voici comment Confucius entendait la justice : Quelqu'un lui ayant demandé (ch. xiv, st. 36) ce que l'on doit
penser de celui qui rend bienfaits pour injure, le philosophe répondit : « Si l'on agit ainsi, avec quoi paiera-t-on
les bienfaits eux-mêmes ? »

» Il faut payer par **l'équité**, la haine et les injures ; et
les bienfaits par des bienfaits. »

L'Evangile dit qu'il faut rendre le bien pour le mal.

Le Koran (livre ou bible des Musulmans), empruntant

le « œil pour œil, dent pour dent » du mosaïsme, dit de rendre le mal pour le mal.

Voilà de la justice deux idéals contraires.

Confucius, après avoir dit de rendre les bienfaits par des bienfaits, dit de payer la haine et les injures (ou le mal) par *l'équité*.

On doit poser en axiome que la justice est l'unique base *solide* de toute société humaine. Sans la justice, il n'est plus rien; tout est livré à l'arbitraire qui, le plus souvent, est le contraire du juste ; c'est le chaos, c'est la dissolution, c'est la mort.

Rendre le bien pour le mal parait certainement très-beau, quoique injuste. Agir ainsi, est faire preuve de bons sentiments naturels, mais aussi peut-être d'un peu de faiblesse.

Rendre le bien pour le mal, n'est-ce pas encourager le mal à se perpétuer puisqu'il y trouve son bénéfice? Le mal est l'assouvissement de nos instincts brutaux, de nos penchants purement matériels, de nos passions, sans souci du droit qu'il heurte et froisse sur son passage. Si, au lieu du châtiment mérité, il trouve la récompense, comment cessera-t-il ?

Rendre le mal pour le mal est la barbare loi des représailles; c'est le mal à perpétuité, et toujours en croissant, car la colère s'en mêle, et la colère ne connaît ni bornes ni justice.

Mais rendre bienfaits pour bienfaits — cela va de soi — et payer le mal par la justice est autrement beau.

En effet, quel est le but de celui qui agit ainsi? Faire disparaître le mal. Pas d'esprit de vengeance en lui, pas plus que de faiblesse ; il oppose au mal sa conséquence naturelle : une peine en rapport avec la faute commise comme avertissement de revenir au bien.

Confucius enseignait à ses disciples (ch. xv, st. 14) d'être sévères envers eux-mêmes et indulgents envers les autres afin d'éloigner d'eux les ressentiments :

« L'homme supérieur, leur disait-il (st. 17 à 20, 22), fait de *l'équité et de la justice* la base de toutes ses actions ; la déférence et la modestie le dirigent au dehors ; la sincérité et la fidélité lui servent d'accomplissement.

Il s'afflige de son impuissance à faire tout le bien qu'il désire ; il ne s'afflige point d'être ignoré et méconnu des hommes ; mais il regrette de voir sa vie s'écouler sans laisser après lui des actions dignes d'éloges. « L'homme supérieur ne demande rien qu'à lui-même ; l'homme vulgaire et sans mérite demande tout aux autres. »

Confucius recommandait aussi à ses disciples de s'instruire à fond et d'enseigner les autres : « Ne pas instruire le peuple, disait-il, et le tuer moralement en le laissant tomber dans le mal est une cruauté, une tyrannie » (ch. xx, st. 2.)

Nous trouvons dans le quatrième livre classique (Meng-Tseu, st. 1) une question toute d'actualité pour l'Europe entière, et que feraient bien de méditer les partisans d'annexions imposées contre les vœux des peuples : « C'est pourquoi il est dit : Il ne faut pas placer les limites d'un peuple dans des frontières toutes matérielles, ni la forme d'un royaume dans les obstacles que présentent à l'ennemi les montagnes et les cours d'eau, ni la majesté imposante de l'empire dans un grand appareil militaire. Celui qui ne peut parvenir à gouverner selon les principes de l'humanité et de la justice trouvera peu d'appui..... »

Ce n'est point en effet les armes à la main, n'en déplaise aux puissants qui ont des canons pour appuyer leurs volontés, que l'on poursuit l'agrandissement d'un pays et son unification; on ne réussit par ce moyen qu'à introduire de nouveaux éléments de discorde. Ce qui divise ne saurait unir. Triste instrument que le canon, il ne jette que des notes discordantes dans le concert des nations.

A l'exception des guerres d'affranchissement, d'indépendance, où un peuple est contraint d'arracher ses libertés par la force, le canon n'a jamais rien uni, si ce n'est les vivants avec les morts.

Ce n'est que par la diffusion des lumières que l'unification peut se faire ; mais la diffusion des lumières est incompatible avec la féodalité : celle-ci est le servage, tandis que par l'autre on va droit à l'affranchissement, à la liberté, à la République.

Le Meng-Tseu dit encore (st. 33) : « ..... L'homme supérieur en pratiquant la loi, qui est l'expression de la *raison* céleste, attend avec indifférence l'accomplissement du destin ; et voilà tout (*Fais ce que devras, advienne que pourra*). »

37 « ..... Une fois que cette règle de conduite (la loi) aura été établie comme elle doit l'être, alors la foule du peuple sera excitée à la pratique de la vertu ; alors il n'y aura plus de perversité et de fausse sagesse. »

Ainsi se termine le quatrième et dernier livre classique écrit quatre cents ans avant notre ère.

CHAPITRE VII.

CIVILISATION GRECQUE.

Les sept sages de la Grèce. Pythagore, Anaxagore, Archélaüs, Socrate, Platon et leurs doctrines ; Sparte et ses institutions ; Athènes et ses monuments ; sa gloire et sa décadence. Résumé de ses institutions.

Pendant que se développaient ces civilisations diverses, la Grèce aussi élaborait la sienne, qui devait plus tard briller d'un si vif éclat sur le monde entier.

Thalès, l'un des sept sages, fondateur de l'école Ionienne, enseignait déjà, six cents ans environ avant notre ère, la géométrie, l'astronomie et la philosophie, que, dans ses voyages en Egypte, il avait apprises des prêtres de Memphis.

Il ne reconnaissait qu'un Dieu. Toutes ses sentences sont empreintes de sagesse et de douceur ; il recommandait sans cesse à ses disciples de *s'aimer les uns les autres.*

Solon, à la même époque, abolissait les cruelles lois draconiennes des Athéniens et leur donnait une législation qui fut toujours considérée comme un chef-d'œuvre d'équité.

Bias, philosophe d'un désintéressement remarquable, un demi-siècle plus tard enseignait la morale ; sa philosophie toute positive reconnaissait la divinité, mais n'admettait pas que l'on discutât sur son essence, jugeant les connaissances humaines trop bornées pour cela.

Et puis les autres sages : Chilon, Cléobule, Pittacus, Périandre, propageaient chacun leur doctrine.

Et après eux, Pythagore qui, comme Thalès, avait appris la science en Egypte, allait en Italie et fondait à Crotone un Institut où l'on discutait toutes les sciences.

Son astronomie comptait les mèmes erreurs que l'astronomie chinoise : il reconnaissait la sphéricité de la terre, mais il la plaçait immobile au centre du monde, faisant graviter autour d'elle le soleil, la lune et les autres corps célestes.

Sa doctrine consistait en la croyance en un seul Dieu, principe de toutes choses. Il enseignait aussi la métempsycose, qu'il avait probablement importée de l'Inde (1).

Anaxagore (de Clazomène, maître de Socrate) faisait école à Athènes ; il enseignait l'unité divine, puissance éternellement agissante, créatrice de toutes choses, et la rotation des mondes.

Selon lui, le soleil était aussi grand que le Péloponèse (aujourd'hui *Morée*, presqu'île jointe au continent par l'isthme de Corinthe) ; la lune, un corps opaque et habité. C'était hardi pour cette époque.

Anaxagore fut condamné à mort par les prêtres polythéistes, parce que sa doctrine n'admettait qu'un seul Dieu ; mais un de ses disciples (Périclès) parvint à le sauver.

Archélaüs, son disciple, découvrait que le son se propage par les vibrations de l'air.

Socrate, le plus célèbre des philosophes grecs, enseignait la véritable philosophie, la connaissance de soi-même. Mais, homme courageux et juste, il mourut victime de ses ennemis jaloux, qui l'accusaient de corrompre la jeunesse. Platon, son disciple, fut le plus ardent de ses défenseurs ;

(1) Les uns prétendent que cette doctrine a pris naissance d'abord dans l'Inde ; d'autres veulent que ce soit en Egypte.

mais ce fut vainement qu'il offrit à ses juges iniques sa fortune entière pour sauver les jours de son maître.

Socrate apprit en souriant l'arrêt qui le frappait, et but tranquillement la ciguë que, d'une main tremblante, lui présenta l'exécuteur, en présence de ses disciples et amis consternés.

Après cet attentat contre la philosophie, les disciples de Socrate se dispersèrent. Platon visita diverses contrées pour achever de s'instruire ; et ce ne fut que vingt-deux ans plus tard (338 avant J.-C.) qu'il retourna à Athènes, où il fonda sa célèbre école de philosophie, l'*Académie*.

Platon écrivit de nombreux ouvrages dont le sujet principal fut la morale.

Après Platon vint Aristote, qui quelque temps fut son disciple, puis son antagoniste, parce que, différant radicalement sur certains points de doctrine, il préféra la vérité à tout. Il institua alors une école — le Lycée — dans l'avenue du temple d'Apollon Lycien.

C'était sous les grands arbres de cette avenue qu'il donnait ses leçons ; de là le nom de péripatéticiens (*péripatos* promenade), donné à ceux qui embrassèrent sa doctrine.

Ce vaste génie, que Platon appelait l'*intelligence* de l'école, embrassait toutes les connaissances. Travailleur infatigable, il aborda avec succès toutes les sciences, que le premier il enseigna avec méthode, et fit de nombreuses découvertes.

En morale, il admettait que la vertu, qui consiste à agir selon les lois de la raison et de la justice, seule est capable de procurer le bonheur.

En astronomie, il partageait l'erreur commune de l'immobilité de la terre au centre du monde. Mais sa physique

— la météorologie surtout — dans ce qu'elle embrassait, à quelques différences d'expressions près, ne le cèderait en rien à nos connaissances actuelles.

Naturaliste parfait, mathématicien habile, politique, rhéteur et poète, Aristote composa un grand nombre d'ouvrages. Mais savant plutôt que philosophe, il ne sut pas soustraire son pays au joug et aux conséquences fatales de ce lâche esprit d'ambition égoïste, de sotte vanité et de basse jalousie qui fit condamner Socrate.

La Grèce entière se résume en deux villes principales : Sparte et Athènes.

Sparte [1], ville montueuse et d'une enceinte circulaire de huit kilomètres, était très pauvre et ne possédait que peu de monuments ; elle n'avait ni forteresses ni remparts ; la valeur de ses habitants suffisait à sa défense.

Lycurgue, son premier législateur (de 898 à 870 avant J.-C.), fit de ses habitants un peuple égalitaire et éminemment guerrier. Il partagea entre tous, les terres en portions égales et en interdit l'aliénation ; les repas furent pris en commun. Il remplaça les monnaies d'or et d'argent par du fer, et livra les enfants à l'Etat, qui leur donnait une éducation toute martiale ; les femmes elles-mêmes recevaient une éducation toute virile.

Les enfants, pour les habituer aux ruses de guerre et au pillage, étaient dressés au vol ; mais ils étaient sévèrement punis et fouettés en public lorsqu'ils se laissaient surprendre. Ceux contrefaits ou infirmes à la naissance étaient impitoyablement sacrifiés : on les jetait dans le gouffre de

(1) Sparte, on le présume, fut fondée vers 1880 avant J.-C. par *Sparton* ; on la nomma plus tard Lacédémone, de *Lacédémon* qui la restaura vers 1539 ou 1577 avant J.-C. ; elle reprit ensuite le nom de Sparte.

Barathre (profonde excavation naturelle où l'on précipitait aussi les grands criminels.)

Deux rois — qui présidaient le sénat et accomplissaient les cérémonies religieuses , — dont la puissance était contre balancée par cinq *Ephores* (1), et un sénat, composé de vingt-huit membres tous élus par le peuple, avaient le gouvernement.

L'assemblée générale se réunissait tous les mois pour décider sur les affaires principales : la paix ou la guerre.

L'institution politique de Sparte, malgré son apparence monarchique, était plutôt une institution républicaine et militaire qu'aristocratique.

Mais ce n'était point dans Sparte, malgré la pureté de ses mœurs, que pouvait se produire le génie de la Grèce. Cette vie de luttes continuelles ne laissait aucun temps à la culture de l'esprit; tout était entièrement sacrifié aux exercices qui développent et fortifient le corps. Nul commerce, nulle industrie chez les citoyens ; c'était le lot des Ilotes ou esclaves. Sparte n'était qu'une vaste caserne.

Le rôle civilisateur fut réservé à Athènes. De Sparte, il ne reste aujourd'hui que quelques misérables ruines.

Athènes, sa rivale, aujourd'hui capitale de la Grèce, ville célèbre entre toutes, était à cette époque dans toute sa splendeur ; sa population était de 80,000 habitants. D'innombrables monuments splendides et grandioses étaient disséminés dans son enceinte, et s'étendaient au dehors : temples, théâtres, galeries, etc.

Parmi ses monuments les plus remarquables, on cite le Parthénon, temple célèbre consacré à Minerve. Ce chef-

(1) Ephore (*ephoros*, inspecteur). Les Ephores étaient choisis parmi les sénateurs chaque année par le peuple.

d'œuvre d'Ictinus et de Phidias était bâti sur la partie la plus élevée de la citadelle ; il mesurait 70 mètres de long. La statue de Minerve, sculptée par Phidias, était faite d'or et d'ivoire, les théâtres de l'Odéon, de Bacchus, la Tour des vents : tour octogone dont les bas-reliefs représentaient les vents principaux ; et puis une autre tour où, dit-on, Démosthènes, le célèbre orateur, avait étudié.

Hors de la ville s'élevait le temple de Jupiter Olympien, le plus riche et le plus grandiose des monuments d'Athènes : il mesurait intérieurement près de trois kilomètres de tour.

La colline de Mars où se tenait l'Aréopage (*Arès* Mars, *pagos* bourg). Sur cette colline était une esplanade au milieu de laquelle, adossée contre la montagne, était une tribune taillée dans le roc, où se tenaient les orateurs qui haranguaient les juges et le peuple. Autour, et taillés aussi dans le roc, étaient les sièges des juges.

Là se jugeaient les cas criminels : meurtres, impiétés, débauches. La paresse était aussi considérée comme une chose criminelle, et les lois de Dracon (624 avant J. C.) que Solon abolit plus tard (594 avant J. C.), la punissaient comme telle.

Quarante juges, pris parmi les citoyens les plus vertueux et les archontes intègres (fonction correspondante à peu près à celle de ministre de nos jours), composaient le tribunal ; quelquefois ce nombre était dépassé, mais il ne se réduisait jamais à moins de neuf.

Solon (593) divisa le peuple en quatre classes, d'après les fortunes : les trois premières fournissaient exclusivement les magistrats, et la dernière était admise à voter les lois et à prononcer dans les jugements. Et, pour contrebalancer cette influence, il opposa un sénat de quatre cents membres, et l'ancien tribunal de l'Aréopage où entraient les archontes qui sortaient de charge.

Plus tard, Clisthène compléta les lois de Solon et leur donna un caractère plus démocratique; mais il eut le tort d'établir l'ostracisme (exil de dix ans dont furent frappés presque tous les hommes éminents d'Athènes) (1).

On cite encore, parmi ses plus beaux monuments, le temple de Thésée, demi-dieu qui fut le véritable fondateur d'Athènes, car l'égyptien Cécrops qui, avec quelques-uns de ses compatriotes, vint — environ 1600 ans avant J.-C., plus exactement 1582 ans (2) — s'établir dans ce pays, ne construisit que quelques cabanes éparses. Ce fut Thésée qui, 275 ans plus tard, purifia cette contrée des bêtes qui l'infestaient, et relia entre elles, par de nouvelles et nombreuses constructions, les constructions anciennes.

Thémistocle, et après lui Périclès (disciple d'Anaxagore) achevèrent son œuvre.

Comme science et comme art, Athènes n'eut pas de rivale. Elle occupa le premier rang tant qu'elle fut gouvernée par des hommes sages et vertueux, amis de la justice et de la vérité. Sous Solon et la pléiade des philosophes qui étaient sa gloire, elle brilla d'un vif éclat; mais elle eut après sa phase de décadence qui pour elle fut mortelle : Après Solon, elle tomba sous le joug d'un tyran (Pisistrate) qui, comme tous les aventuriers et les fourbes, s'empara du pouvoir par surprise. Deux fois il fut chassé. Après sa mort, ses deux fils lui succédèrent. L'un d'eux fut tué peu de temps après; et l'autre, pour venger sa mort, commit toutes sortes de cruautés, et se rendit tellement odieux qu'il fut chassé comme son père.

(1) Dauban : *Hist. du moyen âge*, introduction, page 31.
(2) Rodier, page 38.

C'est alors que se place (510 ans avant J.-C.), la période de la démocratie pure, pendant laquelle le pouvoir exécutif était partagé entre neuf archontes : La nomination de ces magistrats et de tous les fonctionnaires importants, le droit de paix et de guerre, le pouvoir de faire les lois appartenaient aux assemblées populaires ; le droit de suffrage était universel ; tout citoyen pouvait siéger à son tour comme juge.

Les habitants étaient divisés en trois classes : citoyens, habitants non citoyens, mais libres ; esclaves (Bouillet).

Quelques années après (environ 500 ans avant J.-C.), commença la décadence d'Athènes. Enfin, un siècle plus tard, dans la guerre du Péloponèse — qui dura 27 ans — elle fut vaincue par Lacédémone (Sparte), sa rivale comme puissance guerrière. Ses murailles furent rasées, son port (*Pirée*) détruit. Un demi-siècle après, elle fut assujettie à la Macédoine ; et 92 ans plus tard, elle tomba, avec toute la Grèce, sous la domination romaine. Elle fut ensuite prise et saccagée par Sylla ; il ne lui resta plus alors de son ancienne splendeur que le dépôt sacré de ses lettres ; mais en 525 de notre ère, Justinien fit fermer ses écoles.

Après avoir appartenu successivement aux Latins, aux Français, à la Sicile, aux Vénitiens et aux Turcs, elle reconquit son indépendance.

La royauté, qui dura de sa fondation à 1132 avant J.-C., fut le premier gouvernement d'Athènes ; elle fut alors remplacée par l'archontat.

En 624, Dracon lui donna sa législation sévère, que Solon modifia en 594. Vinrent ensuite, en 560, les Pisistratides ou gouvernements tyranniques ; et enfin, en 510, la période démocratique.

La nouvelle Athènes est devenue, depuis 1834, la

capitale du nouveau royaume de Grèce; elle ne possède guère plus de 40,000 habitants et ne rappelle en rien l'Athènes d'autrefois que par le reste de ses ruines, qui n'ont elles-mèmes pas été respectées par la rapacité des collectionneurs.

CHAPITRE VIII.

DRUIDISME (VIe SIÈCLE AVANT J.-C.)

Origine des Gaulois ; les Druides ; leurs dieux principaux ; leur
doctrine ; Druidesses. Disparition du Druidisme.

Avant d'aborder le christianisme, il convient de dire
ici quelques mots sur l'ancienne religion des Gaulois et
des anciens Germains (Kymris ou Cimbres, Belges et
Volsques).

Les Gaulois étaient issus des Atlands (1), mot qui signifie
première terre, et par conséquent premier peuple, nom
qu'ils portaient avant ; car le mot *Gaulois,* gals ou coq,
n'est qu'un sobriquet qui leur fut donné par des peuples
voisins à cause de leur humeur batailleuse et fière.

Le Druidisme — du grec *drus* chêne, ou du celte *derwi-*
don gui de chêne, de ce que ses prêtres habitaient les

(1) Les Atlands habitaient, selon quelques-uns, un continent — dont
il a été question dans ce livre — que l'on présume avoir existé, entre
l'Europe et l'Amérique, au lieu où se trouve actuellement l'Océan atlantique, lequel continent se serait affaissé par suite de bouleversements
du globe, bouleversements assez fréquents à cette époque.

Mais cette assertion est assez hypothétique, car rien ne prouve d'une
manière certaine qu'il en ait été ainsi. Ce qui est plus certain, c'est l'em-
piètement de l'Océan qui a détaché — mais à une époque très-reculée
(plusieurs milliers d'années) — l'Irlande et l'Angleterre de notre continent, et qui a recouvert diverses autres terres, principalement sur les
côtes de Bretagnes ; serait-ce ces terres qu'habitait ce peuple ?

forêts et y célébraient leurs sacrifices ; ou encore d'un de leurs dieux qu'ils adoraient sous la forme d'un chêne — était la religion des habitants des Gaules.

Les Druides, leurs prêtres, étaient les savants, les mages *(magnus* ou *megas*, grands) de leur époque ; mages habiles dit un historien de l'antiquité. Ils connaissaient l'astronomie, la physique et pratiquaient la médecine. Ils croyaient à l'immortalité de l'âme, à la métempsycose et enseignaient qu'après la mort, l'âme allait habiter d'autres mondes.

Le principal objet de leur culte était la nature. Ils étaient polythéistes. Leurs principaux dieux étaient Hésus (*le Terrible*), le dieu des armées, qui présidait aux combats. On prétend qu'Hésus était un ancien guerrier qui introduisit le Druidisme dans la Gaule.

Teutatès ou Teut, représenté sous la forme d'un chêne ou d'un javelot ; ou bien encore sous celle d'un homme ayant des ailes à la tête, ce qui l'a fait confondre avec le Mercure des Latins et avec Thot, celui des Egyptiens. Teutatès était considéré comme dieu de la guerre. On lui sacrifiait des animaux et quelquefois même des victimes humaines.

Ils adoraient aussi Belenus, personnification du Soleil ; Teranis, dieu du tonnerre, etc.

Les Druides n'avaient pas de temples : ils célébraient leurs sacrifices dans les sombres forêts ; les victimes étaient immolées sur de grandes pierres ; c'étaient là leurs autels.

Ces victimes étaient ordinairement des animaux, mais dans les grandes circonstances, dans les choses graves, on choisissait des victimes humaines. Quelquefois on crucifiait la victime, que l'on tuait à coups de flèches. D'autres fois on livrait aux flammes un colosse rempli de créatures humaines.

Les Druides étaient divisés en trois classes : d'abord la classe sacerdotale ou *Druides* proprements dits, qui possédaient, dans le principe, le pouvoir suprême, qu'ils partagèrent après avec la classe guerrière ou les *Brenns*. Ensuite celle des devins et sacrificateurs ou *Eubages*, qui immolaient les victimes et consultaient leurs entrailles pour rendre des oracles, et celle des *Bardes*, qui chantaient les hymnes divins et célébraient les exploits des héros.

A une certaine époque de l'année, les druides cueillaient en grande cérémonie, avec une faucille d'or, le *gui* de chêne auquel ils attribuaient toutes sortes de vertus, et le distribuaient au peuple le premier de l'an.

Toute la doctrine du Druidisme était contenue dans des morceaux de posésie que les initiés devaient apprendre par cœur. Les initiations, surtout à cause de cela, étaient très-longues ; les épreuves duraient quelquefois pendant vingt ans.

Il y avait aussi des Druidesses, dont les principales fonctions étaient de consulter les astres et les entrailles des victimes, et de rendre des oracles. Elles présidaient à certains sacrifices, véritables saturnales, et accomplissaient, loin des regards des hommes, des rites mystérieux. Leurs fêtes, qui n'étaient célébrées que de nuit, souvent étaient sanglantes, Quelquefois elles assistaient à des sacrifices nocturnes toutes nues, le corps teint de noir, les cheveux épars, une torche enflammée à la main, s'agitant et se tordant dans des convulsions frénétiques.

Leurs demeures étaient des cavernes ou des citernes desséchées dans les bois, près des cours d'eau ; on les appelait alors *Fadœ*. De là le nom de fée que l'on trouve dans presque tous les vieux contes.

Le Druidisme disparut vers le commencement du VIIe siècle de notre ère, par les invasions des Romains et des barbares, et surtout par l'établissement du christianisme dans les Gaules.

Le concile de Nantes — en 618 — condamna leurs dernières pratiques.

TROISIÈME PARTIE

—

RELIGIONS & INSTITUTIONS MODERNES

CHAPITRE Ier.

CHRISTIANISME

Causes qui l'ont produit. Naissance de Jésus : Légende chrétienne. Jean-Baptiste. Les Esséniens. Baptême de Jésus ; sa retraite au désert ; ses premières prédications. Résumé de sa doctrine ; Trahison de Judas ; arrestation de Jésus, sa condamnation et sa mort.

La division, et par suite l'affaiblissement du peuple juif, les succès de Rome, le luxe et la corruption qui suivirent et qui, sous les empereurs, atteignirent leur apogée, et puis cette débauche de divinités de toutes sortes apportées par les peuples conquis, préparèrent singulièrement l'accès à une doctrine nouvelle. Aussi peut-on dire que le Christianisme était déjà né, lorsque son fondateur en formula la doctrine, l'an du monde 4004 [1] selon la chronologie officielle.

Bien que tout le monde connaisse la légende chrétienne, il est bon de la reproduire ici dans ses détails saillants.

Alors que la Grèce et la Judée étaient sous la domination romaine, pendant le règne de César-Auguste et vers la fin de celui d'Hérode, qui, par tolérance de ce dernier, portait le titre de roi des Juifs, naquit à Bethléem, petite ville de

[1] Cette date est complètement controuvée par la science moderne, qui par des preuves irrécusables, — nous l'avons déjà dit au commencement de ce livre (chap. I, Création) — peut assigner un minimum de plusieurs millions d'années à la formation, non point du monde ou univers qui est éternel, mais de la terre que nous habitons.

Judée, celui dont la doctrine devait s'étendre sur le monde presque entier.

Tous les novateurs ou fondateurs de doctrines ont leur légende, d'autant plus merveilleuse qu'elle se rapporte à une époque plus reculée. Voici celle de Jésus, d'après les écritures :

Marie, de la tribu de Juda, et de la famille de David, fiancée à l'âge de seize ans à Joseph, son parent, par la vertu du Saint-Esprit se trouva enceinte avant qu'ils fussent ensemble. Joseph voulut la quitter secrètement, lorsque un ange lui apparut en songe et lui dit de ne pas craindre de prendre Marie pour femme, parce qu'elle avait conçu du Saint-Esprit, et qu'elle enfanterait un fils qui porterait le nom de Jésus et sauverait son peuple du péché. Joseph fit ce qui lui avait été ordonné; il épousa Marie qu'il ne connut qu'après qu'elle eut enfanté son premier-né, qu'il nomma Jésus, mot qui signifie *Sauveur*.

Il existe plusieurs autres versions sur cette naissance, qui sont loin d'être en faveur de la chasteté de Marie : mais passons.

Des mages ou philosophes d'Orient, guidés par une étoile, vinrent adorer Jésus et lui offrir des présents.

Le roi Hérode, ayant appris cette naissance, en fut troublé et résolut de le faire mourir; mais Joseph, averti en songe de son dessein, s'en fut avec sa famille en Egypte. Ce n'est qu'après la mort du roi Hérode qu'il quitta ce pays et alla habiter Nazareth en Gallilée.

Pendant ce temps Jean-Baptiste (1) prêchait dans la Judée

---

(1) Jean-Baptiste, ou plutôt Jean le Baptiseur, appartenait à la secte des Esséniens. Cette secte était répandue dans l'Egypte et dans la Grèce. Les Esséniens admettaient la vie future et pensaient que les

et baptisait, préparant ainsi ces peuples à la venue de Jésus.

A douze ans Jésus alla à Jérusalem avec ses parents, où il étonna, par la sagesse de ses réponses, les docteurs rassemblés au temple. Il exerça ensuite avec son père la profession de charpentier tout en continuant à s'instruire.

A trente ans il vint trouver, sur les bords du Jourdain, Jean le baptiseur (Jean-Baptiste) qui le baptisa, ou plutôt l'initia à sa doctrine et dans l'art de guérir.

Jésus alors se retira dans le désert où il resta quarante jours; puis il commença ses prédications. Il parcourut toute la Galilée, enseignant et guérissant toutes sortes de maladies, recrutant et formant à sa doctrine des adhérents nombreux.

Sa renommée se répandit au loin et il fut bientôt suivi d'une grande multitude de gens. Il instruisit ensuite ses disciples, les initia et les envoya prêcher sa doctrine.

La doctrine de Jésus est une doctrine toute paternelle ; si elle pèche quelque part, c'est par excès de bonté ; ainsi il oppose à la vindicte : « œil pour œil, dent pour dent » de la loi de Moïse : « Si quelqu'un te frappe à la joue droite, présente-lui aussi l'autre ; et si quelqu'un veut plaider contre toi et t'ôter ta robe, laisse-lui encore l'habit, etc » (1).

Et plus loin il est dit : « Vous avez entendu qu'il a été

justes allaient dans des lieux fortunés, et les méchants dans le *Tartare*. Ils vivaient en commun, mangeaient à la même table. Leur nourriture était frugale ; ils pratiquaient et enseignaient la morale.

Leur temps était partagé entre le travail, l'étude et la méditation. Ils étudiaient aussi la médecine.

Leur doctrine était basée sur l'amour de Dieu, l'amour de la vertu et l'amour du prochain.

(1) Ev. S. Mathieu, ch. v, 38 et suiv.

dit : Tu aimeras ton prochain et tu haïras ton ennemi. Mais moi je vous dis : Aimez vos ennemis, bénissez ceux qui vous maudissent, faites du bien à ceux qui vous haïssent, et priez pour ceux qui vous outragent et vous persécutent ».

« Tu aimeras, est-il dit encore [1], le Seigneur ton Dieu de tout ton cœur, de toute ton âme, de toute ta pensée, et *ton prochain comme toi-même.* »

Pour ce qui est de la prière, recommandation est faite de ne pas user de *vaines redites* comme les païens, qui croient qu'ils seront exaucés en parlant beaucoup [2]. Il est recommandé encore de ne pas mettre, comme les hypocrites, de l'ostentation dans ses prières, et d'éviter de se laisser entraîner par l'orgueil, car « quiconque s'élève sera abaissé, et quiconque s'abaisse sera élevé [3] ».

Jésus n'admettait pas le divorce ; il répondait à ceux qui lui opposaient la doctrine de Moïse à ce sujet : « Au commencement Dieu créa l'homme et la femme et les unit. Ainsi, que l'homme ne sépare pas ce que Dieu a uni ; si Moïse vous a permis de répudier vos femmes, c'est à cause de la dureté de votre cœur [4].

En somme, la doctrine de Jésus se résume en ceci : **Faire aux autres ce que nous voudrions qui nous fût fait à nous-mêmes.**

Jésus, au milieu de ses disciples rassemblés, leur demanda un jour qui ils croyaient qu'il était.

Simon-Pierre lui répondit : « Tu es le Christ, le fils du Dieu vivant. »

(1) Ev. S. Mathieu, ch. xxii, 37 et 39.
(2) Ev. S. Mathieu, ch. vi. 7.
(3) Ev. S. Mathieu, ch. xxiii, 12.
(4) Ev. S. Mathieu, ch. xix, 3 à 8.

Jésus dit alors : « Et moi, je te dis aussi que tu es Pierre, et que sur cette pierre je bâtirai mon Eglise, et les portes de l'enfer ne prévaudront point contre elle » (1).

La pierre angulaire de l'édifice dont parle Jésus à Pierre, dans un langage figuré , n'est-ce pas la pierre angulaire de l'édifice social, que l'on n'a pas encore songé à utiliser : l'esprit de solidarité qui émerge du sublime précepte qui résume sa doctrine : **« Fais aux autres ce que tu voudrais qui te fût fait à toi-même »** ?

A quelque temps de là, Jésus fut poursuivi par les pharisiens et les princes des prêtres qui, effrayés des rapides succès de sa doctrine, résolurent de le faire mourir.

Ils gagnèrent un de ses disciples, Judas Iscariote (2), qui, moyennant 30 deniers, leur livra son maître. Il le désigna à ses ennemis en l'abordant avec ces paroles : « Maître, je te salue. » Malchus, l'un des gardes venus pour s'emparer de Jésus, porta alors la main sur lui ; mais Pierre, le frappant de son épée , lui coupa l'oreille. Jésus dit alors : *« Remets ton épée dans le fourreau , car tous ceux qui prendront l'épée périront par l'épée. »* Paroles bien souvent oubliées plus tard par ceux qui étaient chargés de les enseigner.

Jésus, accusé de vouloir renverser le gouvernement établi, fut conduit devant le gouverneur Ponce-Pilate. Il fut flagellé, couronné d'épines, puis couvert, par dérision, d'un manteau de pourpre ; un roseau à la main pour sceptre, il subit toutes les humiliations, les plus mauvais traitements, et mourut enfin du supplice des plus grands criminels,

(1) Ev. S. Mathieu, ch. xvi, 18.

(2) Ou plutôt Judas de Kerioth (en Judée), car celui-ci n'était pas, comme les autres Apôtres, de Galilée, cette contrée réputée pour l'esprit borné de ses habitants. (E. Ferrière, *Les Actes des Apôtres*, p. 25).

celui de la croix. Il fut crucifié sur le Calvaire, entre deux larrons, à l'âge de 33 ans; il rendit le dernier soupir en priant pour ses juges et ses bourreaux; il ressuscita le troisième jour, et quarante jours après monta au ciel.

Tel est en résumé le récit évangélique, qui ne se trouve pas toujours d'accord avec la science et la philosophie, si on a la naïveté de l'accepter à la lettre, comme du reste nous l'enseignent ceux qui se sont *exclusivement* réservé le soin de l'interpréter.

CHAPITRE II.

Mystère de la conception immaculée. Jésus-Christ selon les probabilités historiques. Les douze Apôtres et les Evangélistes. Obstacles
à l'établissement du christianisme. Doctrinaires et philosophes. Nicolas, Ménandre, Basilide, Valentin, Epictète, Lucien de Samosate,
Celse. Souverains : Néron, Domitien Trajan, Marc-Aurèlle, Septime
Sévère, Maximin, Decius-Messius, Valérien, Aurélien, Dioclétien·
Divisions dans l'Eglise : Gnostiques, Ebionistes, Nazaréens, Collyridiens.

Le mystère de l'immaculée conception, pris au sens
littéral comme on a l'habitude de le faire, est une bètise,
une absurdité contraire aux lois de la nature ; aussi en a-t-
on fait un miracle, qui n'est autre qu'une dérogation à ces
mêmes lois.

Et que sont les lois de la nature, si ce n'est la manifestation de l'idée créatrice ?

Les lois qui régissent la nature seraient donc impar-
faites, puisque, à certains moments donnés, il y a dérogation ? Or, nier la perfection de ces lois — rien ne nous y
autorise — n'est-ce pas nier l'infaillibilité de leur auteur.

Non, le miracle ne saurait être accepté ; c'est une niai-
serie qui pouvait avoir cours dans les temps d'ignorance,
mais qui s'évanouit devant la raison comme disparaissent
les ténèbres à la clarté du jour.

Des partisans du miracle, les plus habiles le font entrer
dans les lois naturelles et le recouvrent du grand mot de
mystère, qu'il n'est pas permis de discuter. Grand mot en

effet, dont toute la valeur est de ne pouvoir être compris ; il parait que c'est tout ce qu'il faut.

Mais alors, à quoi bon l'intelligence et la raison, si on ne s'en sert pas ?

Faisons taire les spéculations intéressées et envisageons le fait sous son aspect véritable ; à côté de l'interprétation grossière, un sens logique peut être déduit de la légende : la vierge est le symbole d'un cœur pur, et le fils qu'elle conçoit de l'Esprit-Saint, et que l'Evangile nomme **Emmanuel** (Dieu avec nous), ne saurait être que la **raison**, cette étincelle — que, poétiquement, on peut appeler divine — par laquelle sera racheté le monde (1).

Il est peu de personnalités qui aient été l'objet de plus de critiques que celle de Jésus : les uns, acceptant la lettre des Ecritures, s'inclinent d'une foi robuste — feinte ou réelle — devant le récit légendaire ; c'est le petit nombre aujourd'hui. Les autres —. et ils sont bien plus nombreux — prétendent qu'on ait synthétisé en lui les faits et gestes de plusieurs personnages de diverses époques. D'autres enfin, repoussant tout, le merveilleux et le possible, nient son existence même.

Voici ce qui est le plus probable, d'après les documents historiques et non point légendaires :

Avant l'ère vulgaire, il existait en Galilée une secte juive, fondée par Judas le Galiléen, connue sous le nom de Zélateurs, tous gens prisant la liberté et l'indépendance audessus de toutes choses, et résolus à tout sacrifier pour elles ; c'étaient les républicains de l'époque — radicaux, dirait-on aujourd'hui, — qui tentèrent vers l'an 10 (ère vulg.),

---

(1) Ce sujet est très-clairement développé dans *la Religion laïque*, de M. C. Fauvety. 3e année, page 17, à laquelle nous renvoyons le lecteur qui, certainement, ne regrettera pas sa peine.

de changer violemment l'ordre de choses établi ; il échouè-
rent.

De nouveau ils excitèrent des troubles sous l'empereur
Claude ; voici comment s'exprime Suétone à ce sujet : « Il
(Claude) chassa de Rome les Juifs qui excitaient des trou-
bles à l'instigation d'un certain Chrest » (1).

Nous voyons plus tard apparaître, précédant le christianisme, la secte philosophique des Esséniens.

L'école galiléenne de Josué ou Jésus, fils de Marie, d'où
sortit le christianisme, semble être le produit des deux
premières sectes : Quoi d'étonnant en effet que les zélateurs, las de ne pouvoir réussir par la violence, en soient
venus, s'assimilant en partie la philosophie essénienne, à
créer cette nouvelle doctrine toute de mansuétude ?

Et de cette union de Chrest, chef des zélateurs, avec
Josué, de l'école galiléenne, pourrait bien être né Jésus-
Christ, chef du christianisme.

Quoi qu'il en soit, en ce qui touche la personnalité de
Jésus, ce qui nous importe d'abord, c'est sa doctrine, qui
est d'une incontestable morale. Elle n'est pas, sans doute,
d'une absolue perfection, puisqu'elle ne comprend que
l'amour de Dieu et du prochain, la pureté de cœur et de vie
des créatures humaines, et que nulle part il n'est question
de l'individu considéré dans ses rapports sociaux. Mais
laissons la parole à l'auteur de la *Nouvelle vie de Jésus* :

« On ne peut méconnaître que, dans le modèle offert par
l'enseignement et par la vie de Jésus, à côté de quelques
aspects complètement rendus, d'autres ne soient que fai-

(1) Texte : « *Judæos impulsore Chresto, assiduè tumultuantes,
Româ expulsit* ». Consulter à ce sujet *la Religion laïque*, pages 231
à 240. (Mars 1877.) (Sandoz et Fischbacher, rue de Seine, 33, Paris.)

blement exprimés, ou ne soient même pas indiqués du tout. Ce qui est pleinement développé, c'est ce qui se rapporte à l'amour de Dieu et du prochain, à la pureté de cœur et de vie des individus. Mais déjà la vie de famille passe à l'arrière-plan chez le Maître, qui ne la connaissait pas ; à l'égard de l'Etat, il se montre absolument passif ; le commerce et l'industrie ne sont pas seulement exclus par sa vocation, ils lui sont visiblement antipathiques, et tout ce qui touche à l'art et aux sereines jouissances de la vie est au-delà de son horizon. Et ces lacunes ne sont pas de celles qui, étant marquées, ne demandent qu'à être comblées ; ce ne sont pas seulement les applications, c'est le principe, c'est l'idée-mère qui fait défaut. Le vrai point de vue et la notion juste manquent entièrement, de sorte que la tentation est vaine de vouloir régler, d'après les préceptes ou l'exemple de Jésus, les devoirs du citoyen et le travail qui tend à enrichir et à embellir la vie par l'industrie et par l'art..... » (1).

Quelque temps avant sa mort, Jésus choisit douze apôtres (*apostolos*, député) qu'il instruisit plus particulièrement, pour qu'ils répandissent sa doctrine dans les douze tribus d'Israël.

Après la mort du maître, les Apôtres se dispersèrent, prêchant leur doctrine partout où ils passaient, et, sous le stimulant de la persécution, grossissant leur nombre chaque jour. Un de leurs plus violents persécuteurs, Saul, à la suite d'une vision qu'il eut sur le chemin de Damas, où il se rendait pour s'emparer d'eux, se convertit à leur doctrine et devint, sous le nom de Paul, son plus ardent pro-

____

(1) Strauss, *Nouvelle vie de Jésus*, dernière page. Reproduit par *la Religion laïque*, page 116.

pagateur. Persécuté à son tour, il fut décapité avec Pierre, vers l'an 65 ou 66, sous le règne de Néron. Quelques-uns prétendent que Pierre fut crucifié à Rome, la tête en bas ; mais cette assertion est fausse et ne repose sur aucun fondement ayant quelque valeur.

Quatorze épîtres sont attribuées à Paul, qui est celui de tous les Apôtres qui a le plus écrit.

Deux épîtres sont attribuées à Pierre, mais à tort ; car la première (en 63) est l'œuvre d'un disciple de Paul. Quant à la deuxième, elle a été écrite au IIe siècle.

Une épître catholique est attribuée à Jacques : il en fut l'inspirateur, sans doute, car cette épître est en accord avec la doctrine de Jésus, dont il est le frère ; mais l'élégance de ce document dénote une autre origine, car les Apôtres étaient illettrés [1].

Jacques retourna à Jérusalem, qu'il avait quitté après l'arrestation de Jésus ; il y prêcha avec tant de zèle qu'Hérode-Agrippa le fit mourir, vers l'an 44.

Mathieu, premier évangéliste et apôtre, écrivit son évangile vers l'an 36. Il évangélisa la Judée d'abord, et ensuite la Perse, où il fut martyrisé.

Jean, apôtre et évangéliste, commença ses prédications vers l'an 51 ; il fonda plusieurs églises dans l'Asie-Mineure, et fut le premier évêque d'Ephèse ; il fut persécuté par Domitien et exilé à Pathmos ; c'est là qu'il écrivit l'*Apocalypse*. Il mourut à Ephèse l'an, 101, à l'âge de quatre-vingt-quatorze ans.

On attribue à S. Jean trois épîtres catholiques — mais c'est incertain — le quatrième évangile et l'*Apocalypse*.

Jude, apôtre, alla prêcher dans la Judée, la Samarie,

____

(1) E. Ferrière, *les Apôtres*, page 10.

l'Idumée, la Syrie, la Mésopotamie et la Perse, où il mourut martyr, vers l'an 80. Il composa, croit-on, une épître catholique.

Marc écrivit son évangile vers l'an 43 et alla le prêcher en Egypte, où il fonda l'Eglise d'Alexandrie, en 52. Il mourut dans cette ville vers l'an 62, victime du fanatisme barbare des sectateurs de Serapis (*Pluton, dieu de l'Enfer*), pendant une fête qu'ils célébraient en l'honneur de cette divinité.

Luc, auteur du troisième évangile et des *Actes des Apôtres*, était médecin ; il fut converti par Paul. L'élégance et la fermeté de son style font supposer qu'il était Grec de naissance.

L'an 56, il évangélisa Corinthe et ensuite divers autres pays. Il mourut, croit-on, de mort naturelle en Bithynie (ancienne contrée de l'Asie-Mineure), à l'âge de quatre-vingts ans.

Les autres apôtres et disciples prêchèrent la même doctrine dans les diverses parties de l'Asie, dans la Grèce, à Jérusalem.

Presque tous, selon de pieuses légendes, subirent le martyre [1].

Plusieurs évangiles, autres que ceux cités dans le Nouveau Testament, ont été écrits par les apôtres ou leurs disciples ; mais, jugés indignes de figurer dans ce livre, ils furent condamnés comme apocryphes et supprimés par les Conciles.

La religion chrétienne, pour s'établir, eut à lutter au début avec diverses doctrines plus ou moins rationnelles,

---

(1) A part ceux de Paul et de Luc, ces écrits n'ont rien de bien authentique ; les dates même en sont quelque peu incertaines,

indépendamment de celles venues de l'Egypte, de la Grèce, de Jérusalem.

Nicolas, un des sept diacres de cette ville, fondait, au commencement du 1er siècle, une doctrine qui admettait la polygamie (chose qui était dans les mœurs de cette époque), et encourageait même la communauté des femmes Les viandes que mangeaient les Nicolaïtes étaient d'abord offertes aux idoles.

Vers l'an 50, Ménandre le gnostique (*gnosis*, connaissance), disciple de Simon le magicien (le même qui voulait acheter des apôtres le secret de guérir), créa cette secte qui prit son nom et fit de nombreux adeptes.

Les Ménandrites reconnaissaient un être suprème, éternel et créateur de toutes choses ; mais, comme le philosophe Bias déjà cité, ils n'admettaient pas que les connaissances humaines fussent assez avancées pour discuter sur son essence. Quelque peu de magie, qu'aujourd'hui on nommerait magnétisme, se mêlait à leur doctrine.

Au deuxième siècle, Basilide, Grec de naissance et disciple de Ménandre, fonda une doctrine qui, eu égard à l'époque, n'était pas sans valeur : Les Basilidiens croyaient à 365 cieux ou *mondes habités par des intelligences de différents degrés ;* ils voulaient que la terre eût été créée par des intelligences du dernier ordre. Ils admettaient deux principes dans l'homme ; ils nommaient *âme* ces deux principes ; l'un représentait la raison, (*l'esprit*), et l'autre les passions (*la matière*).

L'incarnation de Jésus-Christ, selon eux, n'avait été que *purement imaginaire, fantastique,* ainsi que ses souffrances et sa mort. Ils niaient la résurrection des corps (on doit entendre du corps entier, complet, non désagrégé, en l'état qu'il est au moment de la mort). Ils niaient aussi — mais à tort — le libre arbitre.

Cette doctrine était tout au long exposée dans un évangile qui a été détruit, sans aucun doute, par des gens intéressés à cela.

Dans le même siècle, Valentin, n'ayant pu satisfaire son ambition, se sépare de l'église naissante et crée, en 140, une autre secte de gnostiques qui, appuyée sur la science, comme les Basilidiens, repoussait l'idée de la résurrection des corps et n'admettait pas le baptême.

Cette doctrine, complétée par un mélange d'idées chrétiennes et orientales, comptait de nombreux adhérents en Orient, en Occident et jusque dans les Gaules.

Vers la même époque, Epictète, un des plus remarquables philosophes de l'école stoïcienne, phrygien de naissance, qui fut exilé comme les autres philosophes par l'empereur Domitien, revint à Rome, enseigner sa doctrine qui n'était autre que celle dont Zénon, environ trois siècles avant J.-C., fut le fondateur.

Cette doctrine enseignait d'abord à s'inspirer des lois de la nature ; que le bonheur est la conséquence de la vertu ; que le mal est un écart de la raison ; que l'on doit aimer ses semblables, même ses ennemis ; que l'on doit avoir l'esprit sain, être sévère pour soi-même, ne tromper, ne mépriser personne, venir en aide à ses semblables simplement et sans ostentation ; se bien conduire en toutes choses et ne s'émouvoir de rien, parce que la nature étant l'œuvre de Dieu, rien ne saurait être mal. Ce qui revient à dire, comme la philosophie moderne, que le mal n'est pas dans la nature, qu'il est le fait de l'homme et n'est, par conséquent, qu'à l'état transitoire et non définitif.

Cette doctrine enseignait aussi que l'âme humaine est une particule émanée de la divinité. Mais elle avait aussi son côté faible et penchait vers le fatalisme, quand elle disait que nous sommes tous soumis à une destinée inévitable.

On raconte à ce sujet une plaisante anecdote qu'il n'est pas hors de propos de citer ici : Zénon avait un domestique qui, suivant son penchant pour le vol, volait son maître. Celui-ci le châtia ; mais le coupable s'excusa en disant qu'il était destiné à voler. Zénon lui répondit : Oui, et à être châtié (1).

Le satyrique Lucien de Samosate, un des plus spirituels écrivains du deuxième siècle, sceptique en fait de croyances, aiguisa plus d'une fois sa verve fine et satirique contre le christianisme, comme il l'avait fait contre le paganisme.

Celse, le philosophe épicurien, ami de ce dernier — épicurien, mais dans la vraie acception du mot, c'est-à-dire partisan des plaisirs que procurent la culture de l'esprit, la tempérance et le savoir-vivre — qui combattit avec une logique serrée la religion juive, n'épargna pas les coups à la doctrine nouvelle. Grec de naissance, Celse accompagnait sa logique de l'ironie la plus piquante; aussi fut-il l'un de ses adversaires les plus redoutables.

En outre des loyales attaques de la philosophie, la religion nouvelle eut souvent à subir l'oppression du pouvoir, poussé quelquefois par la rage jalouse et la peur de sectes rivales ; disons mieux, par les chefs de la religion d'Etat, le mot est presque exact ; nous avons vu dès le début que presque tous les apôtres et Jésus lui-même, — selon les Ecritures — furent victimes de la jalouse intolérance des grands-prêtres juifs, qui ne surent pas, malgré cela, conserver au peuple ce qu'avait de bon la tradition de Moïse,

____

(1) Lachatre, Dict.

et le laissèrent s'abandonner au culte du *veau d'or* et d'autres grossières idoles.

Ces persécutions premières, loin d'être un obstacle au développement du christianisme, furent au contraire un stimulant, et servirent à maintenir l'union entre ses adeptes.

Plus tard, vers l'an 64, Néron, que ses cruels caprices mettaient toujours en quête de spectacles nouveaux, sous le faux prétexte qu'ils avaient allumé un vaste incendie dans Rome, incendie dont lui-même était, dit-on, l'auteur, fit arrêter un nombre considérable de chrétiens, qu'il fit enduire de résine et attacher à des poteaux pour servir d'éclairage au milieu d'une fête.

Ce monstrueux acte de sauvagerie, cependant sans motif religieux ni politique, indique le triste état dans lequel le césarisme avait réduit le peuple romain, qui pourtant ne prenait pas goût à toutes ces cruautés ; aussi lorsque ce dernier des Césars, déclaré traître à la patrie (en 68), se donna la mort, célébra-t-il des fêtes de réjouissances et se couvrit la tête du bonnet phrygien.

Sous Domitien (en 95), les chrétiens, s'étant refusés de contribuer à la reconstruction du temple de Jupiter Capitolin (c'est là qu'étaient couronnés les poètes et les vainqueurs), furent cruellement persécutés.

Ces persécutions se poursuivirent sous les règnes de Trajan, qui cependant fut le modèle des hommes ; de Marc-Aurèle, qui, s'il ne fut pas persécuteur, laissa persécuter ; de Septime-Sévère, de Maximin, de Decius-Messius, auquel, malgré cela, le sénat romain décerna les surnoms d'Optimus *(le meilleur)*, et de Trajanus ; de Valérien ; d'Aurélien et de Dioclétien.

Ce dernier, à l'instigation de Galérius un de ses lieutenants, organisa contre eux (en 303) des persécutions terribles qui continuèrent huit ans encore après son abdication laquelle eut lieu en 305. Ce règne a été appelé le règne des martyrs.

Les chrétiens devaient sans doute porter ombrage au pouvoir civil, puisque les souverains même les meilleurs, tels que Trajan, Marc-Aurèle, Decius, s'ils ne les persécutèrent pas, les laissèrent persécuter.

Les Romains avaient coutume de tout sacrifier au fonctionnement régulier de leur pouvoir civil ; c'est du reste là ce qui fit leur grandeur, et, si ce peuple n'avait eu la sanglante manie des batailles, il eût été le flambeau de la civilisation. Chez eux, à chacun était laissée l'entière liberté de rendre hommage aux dieux de son choix ; il ne pouvait guère en être autrement, avec l'innombrable quantité de divinités qu'ils possédaient, divinités de tous ordres il est vrai, mais qui n'avaient pas moins chacune leurs adorateurs.

Les chrétiens furent poursuivis comme société secrète, et surtout parce qu'ils se refusèrent toujours à brûler de l'encens devant les empereurs que l'on divinisait à cette époque.

Les Romains, peuple essentiellement conquérant, indépendamment des dieux de leur crû, s'assimilèrent ceux des autres nations qu'ils combattirent, et ces divinités furent adorées à l'égal des leurs ; aussi n'y avait-il aucune raison pour que le christianisme fût repoussé, lui surtout qui apportait un corps de doctrine puisé aux plus pures sources de la morale. D'ailleurs, une divinité de plus ne devait point être un obstacle dans le nombre.

Malgré ses immuables principes de morale, la doctrine du Christ, enseignée verbalement, et selon la coutume du temps, dans un langage presque toujours figuré, faisait place à bien des interprétations diverses. D'un autre côté, ses adeptes, sortis du milieu de ces milles croyances tant philosophiques qu'idolâtres, ne pouvaient adopter exclusivement et d'un seul bond, sans arrière-pensée, une croyance nouvelle. Aussi vit-on bientôt la division se faire chez eux.

Déjà, vers l'an 140, Valentin se sépare de l'Eglise pour créer une secte nouvelle.

Du deuxième au troisième siècle, Origène, un de ses docteurs célèbres, après avoir écrit contre Celse l'apologie du christianisme, enseigne une doctrine qui est presque celle des Gnostiques : la croyance à la préexistence des âmes, venues d'une région supérieure pour animer les corps terrestres et se purifier, pour s'élever ensuite à la félicité suprême. Jésus-Christ, selon lui, n'était fils de Dieu que par adoption. Il enseignait aussi que les peines de l'enfer ne sont que temporaires.

Tout cela fut (en 365) condamné par le Concile de Nicée qui régla diverses questions de cette nature et dressa le symbole des apôtres.

La division existait non-seulement à Rome, mais dans l'église entière. En Orient, sa doctrine s'était tellement abatardie qu'elle n'était plus reconnaissable ; le culte des saints et des images était porté à l'excès. Déjà, au premier siècle, les Ebionites niaient la divinité de Jésus-Christ, tout en le reconnaissant pour le Messie. Ils n'admettaient des Ecritures que l'évangile de S. Mathieu. Quelque peu de mosaïsme se mêlait à leurs pratiques ; leur morale était d'ailleurs très-sévère ; mais plus tard ils se corrompirent.

Les Nazaréens, au deuxième siècle, croyaient en Jésus-Christ et observaient la loi de Moïse ; ils se faisaient circoncire.

Les Collyridiens adoraient la vierge Marie et lui rendaient un culte égal à celui de Dieu. Ils lui offraient une sorte de gâteau appelé collyris; de là le nom de Collyridiens.

D'autres croyaient qu'il y avait deux dieux avec le père : le Christ et Marie ; c'étaient les Marianites. D'autres encore ne croyaient pas à l'immortalité de l'âme; selon eux, elle mourait avec le corps et ressuscitait avec lui au dernier jour, etc.

Cette confusion ouvrit la voie à une religion nouvelle dont Mahomet fut le fondateur.

Laissons un moment le christianisme s'organiser dans ses conciles et étudions dans sa croyance nouvelle les mœurs et les coutumes, le degré de civilisation du peuple arabe.

CHAPITRE III.

MAHOMÉTISME

Naissance de Mahomet, ses premières années, son mariage. Religions de l'Arabie. Mahomet communique sa mission à sa femme ; échec et tracasseries ; son prétendu voyage au ciel. Mahomet impose sa doctrine par les armes ; il échappe à ses ennemis. Mort de Mahomet. Quelques mots sur sa mission.

Mahomet (en arabe Mohammed, qui signifie *glorifié*), naquit à la Mecque l'an 570 de J.-C., de Abdallah et d'Eminah. A l'âge de cinq ans, il perdit son père et fut élevé par son oncle Abou-Taleb, prince de la Mecque, qu'il quitta à quatorze ans, pour aller faire la guerre en Syrie. Il épousa, à l'âge de vingt-cinq ans, une riche veuve de laquelle il gérait les biens, et à partir de ce moment, il passa jusqu'à quarante ans ses jours dans la retraite, à mûrir le projet qu'il avait conçu de réformer la religion de son pays.

L'Arabie, qui garda toujours son indépendance, et qu'aucun conquérant n'essaya de soumettre, excepté Trajan, — mais il fut contraint d'y renoncer bientôt, — l'Arabie alors, en outre de la division qui existait parmi sa population chrétienne, était partagée en diverses croyances. Le judaïsme avait ses fidèles et aussi la religion des mages, qui consistait en la croyance à un être suprême symbolisé par le feu, à l'imortalité de l'âme, en sa transmigration successive dans les sept planètes (les mêmes que dans l'astronomie chinoise, à cette différence près que la Terre, considérée comme une simple planète, qu'elle est en effet, n'était pas le centre du monde), pour aller ensuite habiter définitivement le Soleil, dernière demeure des bienheureux.

Et encore celle des Sabéens qui, venue des bords de l'Arabie heureuse, prescrivait l'adoration des astres et principalement du Soleil et de la Lune, mais comme manifestation de l'Etre suprème duquel seul ils reconnaissaient la divinité. Cette dernière était la plus répandue.

Les Sabéens, calmes et pacifiques, parce qu'ils habitaient une contrée fertile qui fournissait bien au-delà de leurs besoins, puisqu'ils commerçaient du produit de leur sol avec les étrangers, dans leurs longs loisirs s'adonnèrent à l'observation des astres, première chose qui attire les regards de l'homme réfléchi ; et ayant remarqué des coïncidences entre la production de certains phénomènes atmosphériques et la position de tel ou tel astre, ils crurent rendre hommage à cette force inconnue en s'adressant à l'objet qui frappait leurs sens et qu'ils croyaient être la cause du phénomène.

Le sabéisme — qui tire son nom de Sabée, ville principale de l'Yemen où il prit naissance, ou de Saba, qui signifie *armée du ciel,* parce qu'ils adoraient les astres ou du moins Dieu sous cette forme — était un mélange de christianisme et de paganisme.

Les Sabéens avaient une sorte de baptème ; ils lisaient les psaumes et avaient un livre de morale qu'ils appelaient le livre de Seth.

Ils furent évangélisés par Jean-Baptiste, duquel d'ailleurs ils se disaient disciples.

Il y avait en outre la religion des anciens Arabes qui consistait en un grossier paganisme ; chaque tribu avait ses idoles ; on n'en comptait pas moins de 360 chez certaines, représentant chacune un jour de leur année ; et cela, indépendamment des idoles particulières à chaque famille.

Mahomet, doué d'un physique agréable, avait l'abord prévenant ; sa mémoire était heureuse ; esprit fin et observateur pénétrant, gai, familier, son humeur était toujours égale et il était plein de bonté pour ses inférieurs. Tout à fait illettré, il ne connaissait que quelques passages de leurs poètes qu'il avait appris par l'usage. Cette ignorance fut une preuve donnée plus tard par ses sectateurs en faveur de sa mission divine ; car, comment aurait-il pu composer le Koran, livre dans lequel est contenue toute sa doctrine, lui qui ne savait ni lire ni écrire ? (1)

Il commença par communiquer ses projets, ou plutôt par annoncer sa mission à sa femme Kadidjah, lui disant que l'ange *Gabriel* lui était apparu et lui avait annoncé qu'il avait été choisi par Dieu pour être son apôtre.

Celle-ci, ravie, s'empressa de convertir à leurs idées son cousin Waraka Ebn Nawfal, chrétien *très-versé dans les Ecritures*, connaissant l'hébreu, qui probablement leur fut d'un puissant secours.

Après avoir converti sa famille il commença ses prédications et jeta (l'an 610) les fondements de sa doctrine.

Il commença par donner la liberté à l'esclave qui le servait.

Mahomet s'efforça de gagner à sa cause les principaux de la Mecque ; il y réussit en partie. Trois ans s'écoulèrent ainsi, pendant lesquels il fit secrètement le plus de prosélytes qu'il put. Jugeant alors son parti assez fort pour le soutenir, il prêcha ouvertement sa doctrine.

---

(1) Koran signifie lecture, livre par excellence ; le verset 1 du ch. ii s'exprime ainsi à ce sujet : « Voici le livre sur lequel il n'y a point de doute, etc. »

Son début ne fut pas heureux : un jour, ayant convié à un repas tous ses parents, il leur fit des propositions qui furent accueillies par des éclats de rire ; un seul d'entre eux se déclara pour lui. Mahomet ne se découragea point ; mais comme ces ouvertures lui suscitèrent des tracasseries, voyant ses forces insuffisantes, il conseilla à ceux des siens qui n'avaient personne pour les protéger, de se mettre à l'abri par la fuite. Lui-même, après la mort de son oncle Abou-Taleb et de sa femme, qui le suivit de près, fut obligé de fuir avec son affranchi ; mais il n'en continua pas moins, par ses prédications, à grossir le nombre de ses adhérents.

A quelque temps de là, c'est-à-dire vers la douzième année de sa mission, il feignit, pour donner plus de créance à sa doctrine, un voyage à Jérusalem et de là au ciel, effectué pendant la nuit.

Ce fait est relaté dans le Koran, chap. XVII, vers. 1 : Louange à celui qui a transporté pendant la nuit son serviteur, du temple sacré de la Mecque au temple de Jérusalem, dont nous avons béni l'enceinte, pour lui faire voir nos merveilles. Dieu voit et entend tout. ».

Et chap. LIII vers. 12 à 18 : « Elevez-vous des doutes sur ce qu'il a vu ? Il l'avait déjà vu dans une autre descente, durant un voyage nocturne à travers les cieux, près du *lotus* de la limite (1), là ou est le jardin du séjour.

« Le lotus était couvert d'un ombrage. L'œil du prophète ne se détourna ni ne s'égara un seul instant. Il a vu la plus grande merveille de son seigneur ».

Et puis encore, chap. LXXXI vers. 23, en parlant de l'ange Gabriel : « Il l'a vu distinctement au sommet du ciel ».

____

(1) Lotus, arbre qui sert de limite au paradis du Koran.

Et cependant le verset 62 du chap. xvii considère ce voyage comme une simple vision : « Souviens-toi que.... nous t'avons accordé la vision que nous t'avons fait voir, et l'arbre maudit du Koran, etc. »

Cette supercherie faillit lui coûter cher ; sans un de ses fidèles, auquel on avait toute confiance, qui soutint ce pieux mensonge, bon nombre de ses prosélytes l'eussent abandonné. Il n'est pas bien certain que Mahomet ait affirmé le fait ; toujours est-il qu'il le laissa croire.

A partir de ce moment, Mahomet fut cru sur parole ; ce qui manqua le renverser tourna à son avantage, et sa doctrine prit une rapide extension. Dès qu'il se sentit assez fort pour résister à ses ennemis, il dit que Dieu lui avait permis de se défendre, et plus tard encouragé par ses succès croissants, il annonça que Dieu lui ordonnait de combattre l'idolâtrie par les armes : Les mois sacrés expirés, tuez les idolâtres partout où vous en trouverez ; faites-les prisonniers, assiégez-les et guettez-les dans toute embuscade, etc. (chap. ix, 5) ».

Le 257e verset du ch. ii dit pourtant : « *Point de violences en matière de religion.* La vérité se distingue assez de l'erreur. »

Humble et timide au début, il s'enhardit et devint ferme en sentant croître ses forces, jusqu'à ce qu'enfin, confiant en ses armes, il imposa sa volonté à tous ceux qui furent trop faibles pour lui résister.

Ses rapides succès excitèrent la colère de ses ennemis, les Koreish (1), qui résolurent de le tuer. Pour leur échapper, il fut contraint de quitter la Mecque nuitamment et en usant de stratagème.

(1) Les Koreish formaient la principale tribu de la Mecque. La première femme de Mahomet était issue de cette tribu.

Il se rendit à Médine le 16 juillet 622 ; c'est de ce jour que date l'ère mahométane qui fut appelée hégire (*hedjra*, fuite). Son premier soin fut d'y faire construire un temple pour exercer son culte. Il envoya ensuite un détachement de ses troupes pour combattre les Koreish ; puis ayant réuni toutes ses forces, au nombre de 14,000 hommes, il implanta sa doctrine dans diverses contrées de la Perse, en Ethiopie, en Syrie, en Egypte, en Grèce ; et enfin, il vint mettre le siège devant la Mecque, dont les habitants, effrayés de ses forces imposantes, se rendirent à discrétion.

Un an après, Mahomet retourna à Médine où il mourut au bout de quelque temps, l'an 632 de notre ère, ou la onzième année de l'hégire. Les uns disent qu'il mourut de mort naturelle, d'autres prétendent qu'il fut empoisonné par une femme qui voulait éprouver sa divinité ; cependant Mahomet ne s'était jamais donné comme dieu, mais simplement comme prophète. Ses restes furent déposés dans la grande mosquée de Médine.

Partant de ce point que Mahomet était illettré, on doit admettre qu'il ne fut pas l'unique auteur du Koran ; il en fut l'inspirateur, sans doute, mais plusieurs de ses disciples y collaborèrent ; car, il faudrait avoir une forte dose de naïveté pour accepter la croyance répandue parmi les musulmans que ce livre leur est arrivé directement du ciel , *où il a été écrit de toute éternité* , apporté par l'ange Gabriel.

A part le merveilleux de la légende, le fond a bien une certaine valeur. Mahomet disait d'ailleurs que le but principal de sa mission était de rétablir le dogme fondamental de la seule et unique religion qui a existé de tout temps , savoir : **l'unité divine.**

Lorsque les peuples s'égarent et corrompent leurs croyances, Dieu, disait-il, leur envoie des prophètes pour les ramener : c'est ainsi, qu'entre autres, Moïse et Jésus sont venus sur la terre.

La religion, ajoutait-il, toujours la même dans son essence, n'est variable que dans ses formes, dans ses manifestations, dans ses cérémonies.

Le Koran n'est pas une œuvre d'un seul trait, il a été dicté — que les vrais croyants le pardonnent à l'impartialité historique — par Mahomet, au fur à mesure de ses prédications, de ses conquêtes et selon les besoins du moment. L'histoire peut, après cela, leur concéder qu'il le tenait d'inspiration divine ; le moyen est conciliateur et ne s'écarte pas, quant au fond, de la vérité : c'était de la révélation ; il a été déjà donné dans le cours de ce livre une définition logique de la révélation.

Après cette esquisse rapide sur le fondateur de l'Islamisme et le détail des circonstances qui lui suggérèrent l'idée de fonder cette religion, il nous reste à voir quelle est sa doctrine, quelle est sa morale, quel fut son but et quelles ont été ses conséquences.

CHAPITRE IV.

Islamisme. Paradis du Koran. Théorie des anges. Anges déchus,
enfer. Préceptes de l'Islamisme. Polygamie. Prescriptions diverses.
Misérable sort de la femme, ses conséquences. Morale du Koran ;
sa législation sur le mariage, sur l'adultère. Prières, aumônes et
jeûnes. Allah et Jéhovah. Divisions de l'enfer ; sa destination. Contradictions du Koran. Appréciations sur l'Islamisme.

L'Islamisme (*Islam*, soumission) a pour principe, pour
base, **l'unité divine** et sa toute puissance qu'il pousse
jusqu'à l'excès, jusqu'à l'arbitraire le plus despotique.

Il s'appuie sur la prédestination, sorte de théorie de la
grâce.

Trés-souvent on rencontre dans le Koran : « Dieu est
tout puissant, Dieu fait tout ce qu'il veut. » Et ces phrases
se trouvent, pour les sanctionner, après les choses le
plus en opposition avec les lois de la nature. Les promesses les plus extravagantes et les menaces les plus terribles viennent ensuite couronner cet édifice fantaisiste. Et
enfin, l'histoire et la raison arrivent en dernier lieu. Mais
tous ne sont pas appelés à user de ces deux moyens, ils
sont réservés aux rares privilégiées de l'intelligence qui
finiront par se diviser en deux camps principaux : les or-
thodoxes et les gens raisonnables, et formeront plusieurs
sectes ayant chacune leur chef ou prophète.

L'islamisme repousse la trinité ainsi que tout ce qui porte
atteinte à *l'unité divine*. Il croit à l'immortalité de l'âme,
au jugement dernier, au paradis peuplé de houris d'une

fraîcheur et d'une beauté inaltérables, où les vrais croyants, dans des jardins délicieux où coulent des sources limpides ombragées de verdure et de fleurs, jouiront de plaisirs sans cesse renaissants. Mais citons le texte :

« Quant à ceux qui craignent Dieu, ils auront des jardins et des sources vives ; on leur dira : entrez en paix et à l'abri de toute crainte ; la fatigue ne les atteindra pas, et ils ne seront jamais expulsés de cette demeure (1).

» Dieu introduira ceux qui croient et font le bien dans les jardins où coulent les fleuves ; ils accordera les biens de ce monde aux infidèles ; ils en jouiront à la manière des brutes ; mais le feu sera un jour leur demeure.

» Voici le tableau du paradis qui a été promis aux hommes pieux : des fleuves d'eau qui ne se gâte jamais, des fleuves de lait dont le goût ne s'altérera jamais, des fleuves de vin doux à boire. Des fleuves de miel pur, toutes sortes de fruits, et le pardon des péchés. En sera-t-il ainsi avec celui qui, condamné au séjour du feu, sera abreuvé d'eau bouillante qui lui déchirera les entrailles ? (2)

» Il introduira les croyants, hommes et femmes, dans les jardins où coulent les fleuve, ils y demeureront *éternellement*. Dieu effacera leurs péchés. C'est un bonheur immense auprès de Dieu (3).

« Ceux qui craignaient Dieu seront dans les jardins et dans les délices, savourant les présents dont vous gratifie votre seigneur. Le Seigneur les a préservés du supplice du feu. Mangez et buvez en bonne santé, c'est le prix de vos

---

(1) Pauthier; Koran ch. xv, vers. 45-46-48 et plusieurs autres du même chapitre,

(2) Pauthier; Koran, ch. xlvii. vers. 13-16-17.

(3) Koran, ch. xlviii, vers. 5.

actions. Accoudés sur des lits rangés en ordre, nous les avons mariés à des filles aux grands yeux noirs. Ceux qui ont cru et dont les enfants ont suivi les traces, seront réunis à leurs enfants. Nous n'ôterons pas la moindre chose de leurs œuvres. Tout homme sert de gage à ses œuvres (1).

» Ils s'étendront sur des tapis brochés de soie et brodés d'or ; les fruits des deux jardins seront rapprochés, aisés à cueillir. Là seront de jeunes vierges au regard modeste, dont jamais homme ni génie n'a profané la pudeur. Elles ressemblent à l'hyacinthe et au corail. Outre ces deux jardins, deux autres s'y trouveront encore. Deux jardins couverts de verdure, où jailliront deux sources. Là il y aura des fruits, des palmiers et des grenades. Là il y aura des vierges jeunes et belles. Des vierges aux grands yeux noirs renfermées dans des pavillons. Jamais homme ni génie n'attenta à leur pudeur. Les époux se reposeront sur des coussins verts et des tapis magnifiques (2).

» Près d'eux seront des houris aux beaux yeux noirs pareils aux perles dans leur nacre, telle sera la récompense de leurs œuvres. Ils n'y entendront ni discours frivoles, ni paroles criminelles. On n'y entendra que les paroles : Paix, paix. Les hommes de la droite (qu'ils seront heureux les hommes de la droite), séjourneront parmi les arbres de lotus sans épines, et les bananiers chargés de fruits du sommet jusqu'au bas, sous des ombrages qui s'étendront au loin, près d'une eau courante, au millieu des fruits en abondance, que personne ne coupera, dont personne n'interdira l'approche ; et ils se reposeront sur des lits élevés.

(1) Koran, ch. lii, 17 à 21.

(2) Koran, ch. lv, 54, 56, 58, 62, 64, 68, 70, 72, 74, 76.

Nous créâmes les vierges du paradis par une création à part ; nous avons conservé leur virginité » (1).

Cette nomenclature un peu longue des joies paradisiaques du Koran, a été citée dans ses traits les plus saillants, afin de donner une idée assez exacte des appétits sensuels avec lesquels Mahomet a été obligé de pactiser, en établissant les bases de sa doctrine.

L'islamisme, à quelques légères différences près, partage, avec le judaïsme et le christianisme, la croyance aux anges, dont les principaux : **Gabriel, Michel, Asraël** (*Raphaël* des chrétiens), **Israfil** (*Uriel* des chrétiens) sont les ministres de Dieu. Les autres sont préposés, au nombre de deux par personne, à la garde des humains ; ce sont les anges gardiens.

L'islamisme possède en outre sa légende des anges déchus ou démons : le **Lucifer** des chrétiens s'appelle **Eblis** dans le Koran, ou **Azazil** ; il fut puni pour n'avoir pas voulu rendre hommage à Adam, ainsi que Dieu lui ordonnait : « Lorsque je l'aurai formé (l'homme) et que j'aurai soufflé dans lui mon esprit, prosternez-vous devant lui en l'adorant. » Et les anges se prosternèrent tous, excepté Eblis ; il refusa d'être avec ceux qui se prosternaient.

Dieu lui dit alors : « O Eblis ! pourquoi n'es-tu pas avec ceux qui se prosternent ?

— Je ne me prosternerai pas devant l'homme que tu as créé de limon, d'argile moulé en formes. »

Dieu lui dit alors : « Sors d'ici ; tu es lapidé, etc.

— Seigneur, dit Eblis, puisque tu m'as circonvenu, je comploterai contre eux sur la terre ; je chercherai à les circonvenir tous » (2).

---

(1) Koran, ch. LVI, 22 à 35.
(2) Koran, ch. XV, 29 à 34 et 39.

Il possède, naturellement, un enfer où iront brûler les infidèles ; très-souvent il en est question dans le Koran.

Le musulman croit à la prédestination et, conséquence toute naturelle, est fataliste ; à chaque fait de quelque importance qu'il voit se produire, il ne manque pas de dire : « *C'était écrit.* »

C'est le moyen de savourer dans la quiétude les quelques agréments de la vie, et de subir, d'une manière toute passive, ses revers sans se donner la peine de les atténuer ou de les éviter en les prévoyant, en en recherchant les causes.

En parlant des hommes venus après les prophètes et Jésus, le Koran dit : « Si Dieu l'avait voulu, ils ne se seraient point entre-tués ; mais *Dieu fait ce qu'il veut* » (1). Cette résignation peut paraître sublime, elle peut créer de fidèles et vaillants soldats, mais à coup sûr elle est peu faite pour faire progresser un peuple. Mais *Dieu fait ce qu'il veut !* Cela dispense d'étudier, de s'efforcer de comprendre les immuables et éternelles lois qui régissent l'univers et nous-mêmes. Mais ce n'est pas là le but de la vie : nous sommes nés pour lutter et apprendre à vaincre les difficultés, à aplanir les obstacles par des efforts d'intelligence, pour pénétrer les lois de la nature et en tirer profit, pour mettre à contribution tout ce qui peut servir au bien-être commun, et élaguer avec soin ce qui est nuisible ; c'est-à-dire mettre toutes choses à leur place, car tout a son utilité.

Mais cela, nous ne le pouvons que par un incessant travail d'esprit et de corps, et non par une soumission ridiculement passive à tout ce qui, par un concours de circons-

____

(1) Koran, ch. ii, 254.

tances que nous n'avons pas cherché à prévoir, nous arrive de mauvais.

Les préceptes de l'Islamisme sont la circoncision empruntée aux Juifs ; la prière ; l'aumône ; les ablutions ; le jeûne, surtout pendant le *Ramadan* (1). Ce jeûne dure pendant un mois depuis le lever jusqu'au coucher du soleil, et se termine par une fête appelée le *petit Beïran* (jour saint), qui dure trois jours, pendant lesquels on se visite et se fait des cadeaux comme nous faisons nous-mêmes le premier de l'an.

Quelques sacrifices sont ordonnés dans les grandes occasions, par exemple dans les pèlerinages à la Mecque, que tout musulman est tenu de faire une fois en sa vie, en personne, ou tout au moins par procuration.

Le Koran, en ce qui touche la création, accepte le récit biblique. Il permet la polygamie mais ne tolère pas plus de quatre femmes légitimes ; les autres — dont le nombre est illimité — ne peuvent être que des esclaves ou des captives.

Il est cependant sur ce sujet fait exception en faveur de Mahomet, auquel est réservé le droit de prendre autant de femmes qu'il le désire, tant légitimes que concubines. Et en outre, les femmes répudiées par lui, et ses veuves ne peuvent plus appartenir à d'autres. C'est là une des principales prérogatives du prophète.

Le Koran proscrit le jeu, les flèches divinatoires (2),

---

(1) Ramadan (de *ramida*, être échauffé). Cependant, l'année Arabe étant lunaire, dans l'espace de trente-trois ans le mois de Ramadan parcourt toutes les saisons. C'est pendant ce mois, disent les Musulmans, que Gabriel descendit du ciel apportant le Koran.

(2) Ces flèches étaient au nombre de trois pour la divination ; sur l'une était écrit : « *Mon Seigneur m'a commandé.* » Sur l'autre : « *Mon Seigneur m'a défendu.* » La troisième était sans incription. Ces flèches

l'usage du vin et de toute les liqueurs fermentées, l'usage du sang dans l'alimentation, la viande de porc et de tous les animaux morts naturellement.

Il proscrit aussi la vieille coutume barbare de tuer ses enfants. « Ne tuez point vos enfants par crainte de pauvreté ; nous leur donnerons leur nourriture ainsi qu'à vous etc. » (1).

Le sort de la femme était si misérable que lorsqu'une fille naissait elle mettait sa famille dans la désolation.

« Si l'on annonce à quelqu'un d'entre eux la naissance d'une fille, son front se rembrunit et il s'afflige profondément. Doit-il contenir sa disgrâce ou *l'ensevelir dans la poussière?* Que leurs jugements sont déraisonnables » (2).

Beaucoup enterraient leurs filles vivantes dans le sable, soit par la peur de la misère, soit dans la crainte qu'elles tournassent mal.

Mahomet fit tous ses efforts pour réagir contre cette coutume barbare ; souvent pour donner l'exemple, on le voyait prendre ses jeunes filles sur les genoux et leur prodiguer des caresses.

En maint endroit du Koran la morale est très-belle : « Ne touchez pas au bien de l'orphelin à moins que ce ne soit d'une manière louable, pour le faire accroître, jusqu'à ce qu'il ait atteint l'âge fixé (ch. XVII, vers. 36). »

« Quand vous mesurerez, remplissez la mesure ; pesez avec une balance juste, ceci vaut mieux et c'est plus beau (ch. XVII vers. 37). »

étaient consultées dans les cas importants. On les mêlait et on en tirait une au hasard. Si l'on rencontrait celle sans légende on recommençait une seconde fois.

(1) Koran, ch. XVII vers. 33.

(2) Koran, ch. XVI vers. 60 à 61.

Dans sa législation civile, bien qu'il maintienne la femme dans un état inférieur à celui de l'homme, Mahomet adoucit beaucoup pour elle les rigueurs des coutumes anciennes. Il dit bien : « Les hommes sont supérieurs aux femmes à cause des qualités par lesquelles Dieu a élevé ceux-là au-dessus de celles-ci, et parce que les hommes emploient leurs biens pour doter les femmes. Les femmes vertueuses sont obéissantes et soumises ; elles conservent soigneusement pendant l'absence de leur mari ce que Dieu a ordonné de conserver intact. Vous réprimanderez celles dont vous aurez à craindre l'inobéissance ; vous les reléguerez dans les lits à part, vous les battrez ; mais aussitôt qu'elles obéissent, ne leur cherchez point querelle (ch. iv, vers. 38).»

Mais ensuite il dit aussi : O croyants ! Il ne vous est pas permis de vous constituer héritiers de vos femmes contre leur gré, ni de les empêcher de se marier (quand vous les avez répudiées) afin de leur ravir une portion de ce que vous leur avez donné, à moins qu'elle ne soient coupables d'un crime manifeste. Soyez honnêtes dans vos procédés à leur égard.... Si vous voulez répudier une femme à qui vous avez donné une dot de la valeur d'un talent pour en prendre une autre, laissez-lui la dot entière etc. (même chap.).

Sa législation sur le mariage donne une idée bien complète du tempérament et des mœurs des arabes, qui vivaient à cette époque dans une sorte de promiscuité déguisée. Voici comment s'exprime à ce sujet le Koran (ch. iv, vers. 26 et suivants) N'épousez pas les femmes qui ont été les épouses de vos pères ; c'est une turpitude, c'est une abomination et un mauvais usage : Toutefois laissez exister ce qui est déjà accompli.

« Il vous est interdit d'épouser vos mères, vos filles, vos sœurs, vos tantes paternelles et maternelles, vos nièces, filles de vos frères ou de vos sœurs, vos nourrices, vos sœurs de lait, les mères de vos femmes, les filles confiées à votre tutelle et issues de femmes avec lesquelles vous auriez cohabité. Mais si vous n'avez pas cohabité avec elles, il n'y a aucun crime à les épouser. N'épousez pas non plus les filles de vos fils que vous avez engendrées, ni deux sœurs. Si le fait est accompli, Dieu sera indulgent et miséricordieux.

» Celui qui ne sera pas assez riche pour se marier à des femmes honnêtes et *croyantes*, prendra des esclaves *croyantes*... N'épousez les esclaves qu'avec la permission de leurs maîtres. Dotez-les équitablement. Qu'elles soient chastes, qu'elles évitent la débauche, et qu'elles n'aient points d'amants... »

Complétons ce tableau de mœurs par les lois sur l'adultère :

« Si vos femmes commettent l'action infâme (l'adultère), appelez quatre témoins. Si leurs témoignages se réunissent contre elles, enfermez-les dans des maisons jusqu'à ce que la mort les visite ou que Dieu leur procure un moyen de salut (ch. IV, vers. 19). »

» Vous infligerez à l'homme et à la femme adultères cent coups de fouet à chacun. Que la compassion ne vous entrave pas dans l'accomplissement de ce précepte de Dieu, si vous croyez en Dieu et au jour dernier. Que le supplice ait lieu en présence d'un certain nombre de croyants.

» Un homme adultère ne doit épouser qu'une femme adultère ou idolâtre, et une femme adultère ne doit épouser qu'un homme adultère ou idolâtre. Ces alliances sont interdites aux croyants.

» Ceux qui accuseront les femmes et qui n'auront d'autres témoins à produire qu'eux-mêmes, jureront quatre fois devant Dieu qu'ils disent la vérité, et la cinquième fois, pour invoquer la malédiction de Dieu sur eux s'ils ont menti.

» On n'infligera aucune peine à la femme si elle jure quatre fois devant Dieu que son mari a menti, et la cinquième fois, en invoquant la malédiction de Dieu sur elle si ce que le mari a avancé est vrai.

» Ceux qui accuseront les femmes vertueuses, femmes croyantes et qui, *fortes de leur conscience*, ne s'inquiètent pas des apparences, ceux-là seront maudits dans ce monde et dans l'autre ; ils éprouveront un châtiment terrible.... (ch. XXIV, vers. 2 à 9, 23 et 26).»

Enfin, pour clore l'article mariage, citons encore deux versets :

« Mariez ceux qui ne le sont pas encore, vos serviteurs probes à vos servantes ; s'ils sont pauvres, Dieu les rendra riches, car Dieu est immense, et il sait tout.

» Que ceux qui ne peuvent trouver un parti à cause de leur pauvreté vivent dans la continence jusqu'à ce que Dieu les ait enrichis de sa faveur. Si quelqu'un de vos esclaves vous demande son affranchissement *par écrit*, donnez-le lui si vous l'en jugez digne. Donnez-leur quelque peu de ces biens que Dieu vous a accordés. Ne forcez point vos servantes à se prostituer, si elles désirent se prémunir contre la prostitution en vue des biens de ce monde (vers. 32 et 33). »

On rencontre aussi dans le Koran des enseignements qui ne manquent pas de valeur. Voici comment il s'exprime en parlant des hommes au cœur pervers :

« Ils ont suivi ce que les démons avaient imaginé contre

le royaume de Salomon ; mais ce ne fut pas Salomon qui fut infidèle. Ce sont les démons. Ils enseignaient aux hommes la magie et la science qui avait été donnée aux deux anges de Babylone, Harout et Marout. Ceux-ci n'instruisaient personne dans leur art sans dire : Nous sommes la tentation, prends garde de devenir infidèle. Les hommes apprenaient d'eux les moyens de semer la désunion entre l'homme et sa femme, mais les anges n'attaquaient personne sans la permission de Dieu ; cependant les hommes apprenaient ce qui leur était nuisible, et non pas ce qui pouvait leur être avantageux, et ils savaient que celui qui avait acheté cet art était déshérité de toute part dans la vie future. Vil prix pour lequel ils ont livré leur âme, s'ils l'eussent su ! (chap. ii, v. 96).»

Comme le Juif se tourne du côté du temple de Jérusalem, le musulman en priant se tourne toujours du côté de la Mecque. Mahomet fut obligé de concéder cette vieille habitude, bien qu'il ne l'approuvât pas. Le Koran dit à ce sujet :

« La vertu ne consiste pas en ce que vous tourniez vos visages du côté du levant ou du couchant. Vertueux sont ceux qui croient en Dieu et au jour dernier (vers. 172).»

Le musulman se prosterne jusqu'à terre, il prie le matin avant le lever du soleil, immédiatement après midi, le soir avant et après son coucher, et après qu'il est nuit close.

L'heure de la prière est annoncée par les *muézzins* ou *muédhins* (*crieurs*) du haut des minarets (tours très élevées, sortes de clochers sans cloches).

Le musulman joint à la prière l'aumône, qu'il considère comme une action très-méritoire ; il est généralement porté à faire le bien, et sa bonté s'étend jusque sur les animaux.

Le jeûne, qui avec les ablutions constitue la partie hygiénique, est mal compris dans cette législation. On sait par tradition que Mahomet avait coutume de dire que le jeûne observé pendant le mois sacré de Ramadan valait trente fois plus que le même jeûne accompli dans un autre mois. Or le mois de Ramadan se trouvant — par la cause déjà citée — tantôt en été, tantôt en automne, puis en hiver et au printemps, ce jeune-là n'a pour ainsi dire aucune valeur hygiénique. Le catholicisme a mieux compris ce point en instituant ses jeûnes principaux aux époques où tout ce qui vit dans la nature, tendant à prendre un nouvel essor, ne doit point être entravé par un excès d'alimentation, et doit même être favorisé par quelques privations et une nourriture moins substantielle qui laissent plus de liberté aux évolutions du sang.

La religion de Mahomet manque d'esprit de charité; son Dieu **Allah**, on le sent, est le frère du Jéhovah de Moïse ; il punit avec rigueurs et sans miséricorde, sans autre but que celui de punir , de venger un outrage. Son enfer est éternel, et il vous y envoie pour peu que vous n'ayez pas foi entière à tout ce qu'annonce son prophète. Le Koran est, d'un bout à l'autre, plein de menaces à ce sujet; prenons au hasard quelques exemples :

« Ceux pour qui la balance sera légère seront les hommes qui se sont perdus eux-mêmes, et ils demeureront *éternellement* dans la géhenne. Le feu consumera leur visage et ils tordront leurs lèvres. Ils diront : Seigneur ! retire-nous d'ici ; si nous retombons dans nos crimes, nous serons les plus impies.

« *Restez-y* , leur répondra Dieu, et ne me *parlez plus* (ch. XXIII, vers. 104, 105, 108, 109). »

Cet enfer et divisé en sept parties dont la première — la moins dure — qu'ils nomment géhenne, est uniquement réservée aux croyants fautifs. (Le verset 104 cité plus haut donne cependant la géhenne comme lieu de supplice *éternel*).

Les autres, par gradations descendantes, échoient aux Juifs, aux Chrétiens, aux Sabéens, aux Mages, aux Idolâtres, et la septième, la plus inférieure et la plus mauvaise, aux hypocrites.

Le Koran a été écrit en diverses époques ; c'est ce qui explique ses contradictions. Voici deux passages dans lesquels elle se présente d'une manière flagrante :

« Ceux qui ont cru, ceux qui suivent la religion juive, les chrétiens, les Sabéens, et quiconque aura cru en Dieu et au jour dernier, et qui aura pratiqué le bien, tous ceux-là recevront une récompense de leur Seigneur ; la crainte ne descendra point sur eux et ils ne seront point affligés. » (Ch. ii, vers. 59.)

Mais il est dit ensuite (ch. iii, vers. 79) : « Quiconque désire un autre culte que la résignation à Dieu (*Islam*), ce culte ne sera point reçu de lui. et il sera dans l'autre monde du nombre des malheureux. »

Il n'est pas d'équivoque possible dans l'interprétation ; les deux affirmations sont parfaitement contraires et peu faites pour fortifier, auprès des musulmans qui se donnent la peine de réfléchir, la croyance que le Koran leur vient directement du ciel, de ce ciel où ils placent l'incorruptibilité, l'infaillibilité.

Mahomet voulut d'abord, sans doute, s'attirer la tolérance des hommes de toutes croyances ; et puis plus tard, cédant au penchant de tous les sectaires qui ont confiance en leurs forces, il frappa d'excommunication tous ceux qui ne pensaient pas comme lui.

A part son paradis sensualiste, où la femme terrestre, qui y arrive, n'habite pas les mêmes lieux que son mari, la religion de Mahomet est en majeure partie tirée de celle de Moïse.

Le but de Mahomet était d'ailleurs à peu près le même que celui du législateur des Hébreux : faire un peuple de guerriers, et par lui établir sa croyance par la persuasion et par les armes.

Si ses moyens furent violents parfois, son but était louable.

En admettant même, comme ses détracteurs le rapportent, que Mahomet ait eu en vue de satisfaire une ambition personnelle démesurée, il n'est pas moins vrai qu'il lui revient l'honneur d'avoir réuni sous une même loi la presque totalité des peuplades éparses du Nord, de l'Est et de l'Ouest de l'Afrique, et de bien d'autres contrées voisines, et de les avoir préparées, en leur enseignant le principe fondamental de *l'unité divine*, à recevoir plus tard, des peuples plus avancés, des vérités nouvelles plus en harmonie avec la science, avec les principes de *devoir*, de *droit* et de *justice*.

La France déjà a commencé cette œuvre. Si les commencements n'ont pas été heureux, espérons que, sous un gouvernement plus équitable et plus libéral, de rapides progrès se feront, et que la civilisation ne tardera pas à verser ses bienfaits sur ces malheureuses populations en adoucissant leurs mœurs et en fertilisant des contrées stériles depuis des siècles (1).

---

(1) Il est fait ici allusion au projet de percement de l'isthme de *Gabés*, qui ferait pénétrer les eaux de la Méditerranée dans les bas-fonds du Sahara, et formerait une nouvelle mer intérieure — qui autrefois existait — partant de l'isthme de Gabès au sud de la Tunisie, et joignant les *Chotts* ou lacs de la province de Constantine.

Cette nouvelle mer aurait le double but de faciliter les relations avec

Par la manière dont Mahomet présentait ses enseignements, on sent qu'il s'adressait à un peuple presque dan
l'enfance. Dans le Koran, les belles promesses sont toujours à côté de la menace. Tout son ensegnciment repose
sur la puissance absolue de Dieu, auquel il ne conteste pas
même le pouvoir de se contredire, c'est-à-dire de n'avoir
pas l'omniscience, car il accepte le miracle, le surnaturel,
toutes choses on ne peut plus contraires aux lois de la
nature, qui ne sont cependant pas autre chose que l'expression de l'idée créatrice.

Le Koran, comme d'ailleurs bien d'autres religions qui

l'intérieur de l'Afrique, et d'adoucir en partie son climat en appelant
des pluies qui fertiliseraient son sol.

Cette question, qui est à l'étude depuis plusieurs années, obtiendra
bientôt, espérons-le, une solution favorable, car les travaux et les dépenses à faire sont relativement peu considérables, en regard des magnifiques résultats à obtenir : *résultat moral* et *richesses à développer*.

Les travaux d'exploration et de nivellement du commandant Rou-
daire confirment pleinement ces prévisions.

Une objection pourtant, qui de prime abord paraît très-sérieuse, est
faite en vue de combattre ce projet; c'est la crainte que cette nouvelle
mer ne vienne modifier, dans un sens défavorable, le climat du Midi de
la France.

On peut répondre à cela que les départements de l'Ouest de la France,
que baigne l'Océan, pas plus que ceux du Midi, que baigne la Méditerranée, n'ont à se plaindre du voisinage de ces mers. En admettant
même — ce qui reste à démontrer — que cette mer nouvelle dût nous
envoyer quelquefois des nuages, ce serait principalement dans les saisons chaudes, pendant lesquelles nous soupirons vainement après la
pluie. Quant à ceux qui nous arriveraient pendant l'hiver, ils ne sauraient occasionner un abaissement de température, puisqu'ils nous
seraient apportés par le vent du Sud. Si donc le climat de nos contrées
méridionales devait être modifié par cette nouvelle mer, ce ne serait
que dans un sens favorable. Souhaitons donc que ce projet se réalise le
plus tôt possible.

ont fait leur temps, réclame la foi absolue et sans contrôle, et la soumission (*islam*) ; ce sont là ses deux principes morbides.

L'islamisme, ainsi que toutes les religions qui s'appuient sur le merveilleux, tend à disparaître devant les progrès de la science avec laquelle le surnaturel ne saurait se mettre d'accord, pas plus que les ténèbres avec la lumière.

Cette croyance n'a plus guère cours que chez quelques populations ignorantes de l'Afrique et de l'Asie ; tout ce qui est instruit n'y croit plus et ne conserve cela aujourd'hui que comme un moyen politique, un expédient pour gouverner.

L'islamisme a fait son temps ; il est en phase de décadence et doit faire place à une conception ou révélation — comme on voudra — plus élevée. Ses sectes les plus avancées ont bien répudié certaines coutumes, telles que la polygamie, pour en adopter d'autres mieux en accord avec la raison, mais lorsqu'elles auront émancipé la femme, lorsqu'elles se seront défaites de leur soumission béate et passive ; lorsqu'elles auront compris que leur paradis n'est que le rêve d'une imagination poétique, inspiré par des appétits sensuels, qu'il ne saurait être réalisé que dans un monde certainement meilleur mais non éternel ; lorsque, comprenant la loi de solidarité qui doit unir tous les êtres, ils auront aboli l'esclavage, que leur restera-t-il ?

L'unité divine !

Mais toutes les religions modernes l'admettent.

Revenons au catholicisme, que nous avons laissé en proie à ses dissensions intestines, assemblant des conciles et faisant tous ses efforts pour rétablir l'unité dans son sein.

CHAPITRE V.

CATHOLICISME.

Concile de Nicée, premier Concile de Constantinople, premier Concile
d'Ephèse, Concile de Chalcédoine, deuxième et troisième Conciles de
Constantinople. Ordre des Bénédictins. Deuxième Concile de Nicée.
Jeanne la papesse. Quatrième Concile de Constantinople. Ordre de
Saint-Bernard. Ordre des Carmes. Chevaliers de Malte. Autre ordre
de Saint-Bernard. Ordre des Templiers. Premier concile de Latran.
Chevaliers Teutoniques. Deuxième Concile de Latran. Ordre de la
Trappe. Chevaliers d'Avis. Ordres de Calatrava, d'Alcantara, du
Christ. Troisième et quatrième Conciles de Latran.

Nous touchons ici à une époque où cette doctrine commence à jouer un rôle très-important, et qui bientôt éten-
dra sa prépondérance au sein de la société civile même ;
rôle qui décidera du sort de la majeure partie des nations
civilisées. Aussi sera-t-il utile, malgré le cadre restreint
de cet ouvrage, d'aborder certains détails qui, insignifiants
en apparence, représentent cependant les jalons qui mar-
quent les étapes de la marche envahissante de ce nouveau
pouvoir. Et, afin de bien indiquer la nature de son action,
il devient absolument nécessaire, pour ne pas s'égarer,
de ne point s'écarter de la marche chronologique, au
moins jusqu'à une certaine époque de son histoire.

CONCILE DE NICÉE (325).

Après le premier concile, qui se tint à Jérusalem l'an 50,
dix-huit conciles œcuméniques (*généraux ou assemblées
de tous les évêques de la chrétienté*) se succédèrent.

Le premier se tint dans la ville de Nicée (aujourd'hui *Isnik*), l'an 325, sous l'empereur Constantin et le pape Sylvestre : on y dressa le Symbole des Apôtres.

Arius, qui combattait la Trinité et niait la divinité du Christ — et qui comptait de nombreux partisans, même des évêques — y fut anathématisé.

Le jour de la célébration de la fête de Pâques y fut déterminé.

Vers la même époque, Constantin, par des donations qu'il fit à Sylvestre Ier, prépara des guerres qui devaient se perpétuer jusqu'à nos jours, en inaugurant le pouvoir temporel de la papauté, qu'il plaçait du même coup en dehors de ses attributions. Ce pouvoir fut définitivement constitué par le don de l'exarchat de Ravenne, qu'en 754 Pépin-le-Bref fit au pape Etienne II.

Sous le pontificat de Sylvestre Ier, Donat, évêque de Numidie, se sépara de l'église et excita un schisme. Ce même Donat fut, en 316, évêque schismatique de Carthage.

PREMIER CONCILE DE CONSTANTINOPLE (381).

En 381, sous le pape Damase Ier, eut lieu le premier concile de Constantinople, qui confirma le symbole des apôtres dressé au concile de Nicée, et érigea l'évêché de cette ville en patriarchat, donnant à son évêque le premier rang après le pape.

PREMIER CONCILE D'EPHÈSE (431).

Sous Célestin Ier, en 431, fut tenu le premier concile d'Ephèse qui, à cause des violences qui y furent commises, reçut le nom de brigandage d'Ephèse.

Ce concile anathématisa les Nestoriens, qui reconnaissaient deux natures distinctes en Jésus-Christ, nature divine et nature humaine.

Cette doctrine comptait de nombreux partisans parmi les prêtres et les évêques d'Orient. Ses adeptes prirent plus tard dans l'Inde le nom de chrétiens de Saint-Thomas.

CONCILE DE CHALCÉDOINE (451).

Sous le pontificat de Léon Ier, dit le Grand, eut lieu, en 451, le concile de Chalcédoine, qui confirma le patriarchat de Constantinople et condamna les Eutichéens, dont la doctrine était basée sur la croyance en la nature divine de Jésus-Christ, nature unique qui avait absorbé la nature humaine comme la mer absorbe une goutte d'eau. Cette doctrine a encore des adeptes en Orient.

Il condamna aussi les Manichéens, dont la doctrine, fondée par le persan Manès, consistait en la croyance à deux principes opposés : le bien et le mal (*Ormuzd* et *Ahriman*), l'esprit et la matière, la lumière et les ténèbres.

DEUXIÈME ET TROISIÈME CONCILES DE CONSTANTINOPLE (553 ET 680).

En 553, sous le pape Virgile, le deuxième concile de Constantinople condamna les écrits de l'évêque Théodorit, d'Ibas d'Edesse et de Théodore de Mopsueste, tous trois Nestoriens.

En 680, le troisième concile, tenu dans cette même ville, sous le pape Agathon, condamna les Monothélites, dont la doctrine était voisine de l'Eutichéisme par lequel elle fut absorbée.

ORDRE DES BÉNÉDICTINS (529).

Déjà, au vi^e siècle, les ordres religieux prennent naissance. S. Benoit lui-même, en 529, fonda sur le Mont-Cassin (Italie) sa première maison, et devint le chef de l'ordre des Bernardins.

Ces religieux s'adonnaient à la culture des terres, s'occupaient de littérature et se vouaient à l'instruction.

Leur monastère, qui existe encore aujourd'hui, possède entre autres richesses une précieuse bibliothèque.

Non loin de là est la retraite où, en 1538, fut composée la règle des jésuites par leur fondateur.

DEUXIÈME CONCILE DE NICÉE (787).

Sous le pape Adrien Ier, dont Charlemagne enrichit le patrimoine par le don d'une partie des Etats de Didier, roi des Lombards, qui l'avait autrefois inquiété, eut lieu, en 787, le deuxième concile de Nicée, dans lequel furent anathématisés les iconoclastes (*briseurs d'images*), qui taxaient d'idolatrie l'adoration par l'intermédiaire d'images.

JEANNE LA PAPESSE (855).

C'est ici — vers 855 — entre les pontificats de Léon IV et Benoit III que la plupart des chroniqueurs placent celui de Jeanne la papesse ; d'autres nient qu'entre ces deux papes il y ait eu un interrègne, et disent que ce qui donna lieu à cette fable fut la faiblesse de Jean VIII, qui — pour avoir, sur les instances de l'empereur de Constantinople, reconnu comme patriarche de cette ville Photius, qui avait été plusieurs fois déposé pour avoir, entre autres choses, été en 858 l'auteur du schisme d'Orient, en conseillant aux évêques de se séparer de l'église latine — fit dire qu'il s'était conduit comme une femme ; de là le nom de papesse Jeanne.

Faisons remarquer que le pontificat de Jeanne, au dire de la chronique, se place vers **855** et que celui de Jean VIII part de **872**, c'est-à-dire *dix-sept ans* après la mort de Jeanne.

Quoi qu'il en soit, et toutes réserves faites, voici le résumé de la version qu'en donne Lachâtre.

« Après le pape Léon IV, et avant l'avènement de Benoît III, l'église chrétienne vit s'accomplir un évènement remarquable et unique dans ses fastes. Le siège apostolique devenu vacant par la mort de Léon IV, le choix des cardinaux, des diacres, du clergé et du peuple se porta sur un moine qui, en France, avait excité l'admiration des docteurs, et quelque temps après, à Rome, avait, par son prodigieux savoir, conquis les sympathies d'un immense auditoire et s'était formé un puissant parti ; aussi fut-il élu à l'unanimité

» Or ce moine n'était qu'une femme du nom de Jeanne, née à Mayence vers le commencement du IXe siècle.

» Cette femme, d'un savoir et d'une énergie rares, administra sagement l'Eglise pendant deux ans, mais une faiblesse la perdit : devenue grosse, elle accoucha au milieu d'une cérémonie religieuse en présence du peuple et des cardinaux qui l'entouraient. Son enfant fut étouffé, et elle expira de douleur et de honte dans les bras de celui qui causa son malheur. »

QUATRIÈME ET DERNIER CONCILE DE CONSTANTINOPLE (869)

C'est en 869, sous le pape Adrien II, que fut tenu le quatrième et dernier concile de Constantinople, qui anathématisa Photius comme fauteur du schisme d'Orient.

ORDRE DE SAINT-BERNARD (962).

Un nouvel ordre religieux fut fondé en 962 ; Bernard de Menthon, voyant les dangers qu'offrait le passage des Alpes dans la partie qui sépare l'Italie de la Suisse, créa, dans le but de venir en aide aux voyageurs, deux établissements hospitaliers sur le sommet des deux montagnes qui prirent le nom, l'un de grand Saint-Bernard, et l'autre de petit Saint-Bernard.

ORDRE DES CARMES (1112).

Albert, patriarche de Jérusalem, rassembla, en 1112, tous les ermites dispersés sur le mont Carmel, et fonda l'ordre des Carmes.

Cet ordre, soumis à une règle sévère, n'eut d'abord d'autre but que l'isolement du monde, la mortification et la prière.

CHEVALIERS DE MALTE (1113).

Un ordre guerrier, celui des Chevaliers de Malte, fut fondé en 1113. Ils s'appelèrent d'abord Frères hospitaliers de Saint-Jean-de-Jérusalem.

Cet ordre, simplement religieux dans le principe, recevait les pèlerins qui visitaient les lieux saints, recueillait et soignait les soldats blessés pendant les croisades. Plus tard il se voua à la défense de ces mêmes lieux, et s'organisa en trois classes différentes : celle des chevaliers, exclusivement composée de nobles, celle des chapelains et celle des servants d'armes.

Cet ordre se divisait en huit langues ou nations : Provence, Auvergne, France, Italie, Aragon, Allemagne, Castille, Anglo-Bavière. Chaque langue était divisée en prieurés, les prieurés en bailliages, et les bailliages en commanderies.

Le grand-maître portait le titre de Grand-Maître du Saint-Hôpital de Saint-Jean-de-Jérusalem.

Après la prise de Jérusalem par le soudan d'Egypte, les hospitaliers se retirèrent dans l'île de Chypre, où ils organisèrent une marine militaire.

Dix-huit ans après, pour garder leur indépendance, menacée par le roi de Chypre, ils se retirèrent dans l'île de Rhodes, où ils restèrent pendant plus de deux siècles. Mais en 1523 ils furent contraints de fuir devant les armes de Soliman. Ils se retirèrent alors à Rome d'abord, et ensuite à Malte qui leur fut cédée en 1530. Là ils prirent le nom d'ordre de Malte ; mais rien ne fut changé dans leur organisation ; ce nouvel ordre ne fut que la continuation du précédent.

ORDRE DE SAINT-BERNARD (XIIe SIÈCLE).

Vers le commencement du XIIe siècle, un homme qui, plus tard, devait peser d'un grand poids dans les affaires civiles et religieuses, entra dans l'abbaye de Cîteaux, fondée par S. Benoit. Il réforma cet ordre et lui donna son nom.

Cet homme qui, après sa mort, fut S. Bernard, se sentait fait pour dominer. Plein de talents et d'une énergie rare, il sut exploiter, en les encourageant, les tendances mystiques de son siècle. Il fonda plusieurs monastères : La Ferté, Pontigny, Morimond et Clairvaux.

Orthodoxe [1] par besoin, il visa toujours à rabaisser le pouvoir civil devant celui du pape ; il soutint toujours contre les souverains, les prélats révoltés.

Dans la querelle d'Innocent II et d'Anaclet — qui se disputaient la tiare — élus tous deux par les cardinaux divisés, il soutint de tout son pouvoir Innocent II, qui en retour combla de bienfaits ses monastères.

Enfin son pouvoir devint tel qu'il parvint à faire nommer pape un de ses religieux ; il eut alors la haute main dans toutes les affaires spirituelles et temporelles.

Ce fut lui qui prêcha la croisade dont l'insuccès et les malheurs furent habilement rejetés sur le manque de foi des croisés.

ORDRE DES TEMPLIERS (1118).

En 1118, Hugues de Payens, Geoffroy de Saint-Adhémar et sept autres croisés français fondèrent à Jérusalem, non loin du lieu où jadis était le temple de Salomon, l'ordre des Templiers ou Chevaliers du Temple, ordre à la fois religieux et guerrier, dans le but de secourir et de soigner les pèlerins qui se rendaient en Terre-Sainte, et de les défendre au besoin contre les attaques des infidèles.

A la chute de Jérusalem, en 1187, cet ordre fut transféré à Saint-Jean-d'Acre ; et chassés de là par les Sarrasins, les Templiers se retirèrent en 1291 dans l'île de Chypre.

Devenus puissamment riches dans les guerres qu'ils firent, ils excitèrent la jalousie et l'envie ; et sous des

(1) Il faut prêter au mot *orthodoxe* la signification qu'on lui donne ordinairement, c'est-à-dire : croyance absolue en une doctrine établie, et non sa signification vraie, car orthodoxe signifie opinion droite ; *ortos* droit, *doxa* opinion.

accusations qui ne furent jamais justifiées, le 13 octobre 1307, Philippe-le-Bel fit périr une grande partie de ceux qui étaient en France, pour s'emparer de leurs biens, et à son instigation, le pape Clément V les supprima.

PREMIER CONCILE DE LATRAN (1123).

Du commencement du XIIe siècle au commencement du XIIIe, quatre conciles œcuméniques furent successivement tenus dans la basilique de Saint-Jean-de-Latran.

Le premier, en 1123, sous Calixte II, régla, par un traité connu sous le nom de concordat de Worms, la querelle des Investitures, en laissant au souverain le droit de conférer l'investiture temporelle et les *biens séculiers* aux archevêques, évêques et abbés (*supérieurs d'abbayes*), et réservant au souverain pontife celui de conférer les titres ecclésiastiques.

CHEVALIERS TEUTONIQUES (1128).

Un autre ordre guerrier, celui des Chevaliers Teutoniques, uniquement composé d'Allemands, et d'une organisation identique à celle des chevaliers de Malte, fut fondé dans le même but à Jérusalem en 1128.

Tombé en désuétude, cet ordre fut réorganisé en 1190, au siège de Saint-Jean-d'Acre, en fusionnant sans doute avec celui des Templiers. Il joua plus tard un grand rôle en Prusse. Son grand-maître fut fait prince d'empire par Frédéric II.

En 1237, cet ordre s'accrut de celui des Chevaliers Porte-glaives, fondé en 1201 par l'*évêque* de Livoni, dans un but de *conquêtes*.

Arrivés à leur apogée, les Chevaliers Teutons s'adonnè-

rent au luxe et à la débauche ; et, à dater de 1400, décli-
nèrent rapidement. Les Porte-glaives se séparèrent d'eux,
et de puissants qu'ils étaient, ils ne restèrent plus qu'un
simple corps armé vendant ses services à la première
nation qui voulait les prendre à sa solde.

DEUXIÈME CONCILE DE LATRAN (1139).

En 1139 eut lieu, sous Innocent II, le deuxième concile
de Latran, où fut condamné Armand de Brescia, moine et
hérésiarque célèbre, élève d'Abailard, dont le tort fut —
d'accord en cela avec les paroles de Jésus : « Mon royaume
n'est pas de ce monde » — de reprocher publiquement aux
ecclésiastiques, du haut de la chaire, leur ambition démesurée de domination temporelle et l'usurpation des biens
laïques, qualifiant leurs actions de vol et les menaçant de
la damnation. Il leur reprochait aussi de vendre leurs
prières, de trafiquer des indulgences, toutes choses qu'il
considérait inventées uniquement dans le but de dépouiller
les personnes crédules.

Le peuple se souleva à sa voix, mais il fut arrêté par la
force armée.

ORDRE DE LA TRAPPE (1140).

En 1140, sous Innocent II et pendant le règne de
Louis VII, Rotrou, comte du Perche, fonda, sur les con-
fins de la Normandie, l'abbaye de la Trappe. Cet ordre
purement mystique, fondé uniquement en vue de se retirer
du monde, n'offre aucun caractère politique.

CHEVALIERS D'AVIS (1146).

Vers 1146, les habitants de Coïmbre (Portugal) instituèrent un ordre guerrier pour la défense de leur pays.

Organisés en 1162 par Alphonse Ier, ils prirent le nom de Chevaliers d'Avis. Ils furent, à la suite de plusieurs démêlés, réunis, en 1213, à l'ordre de Calatrava. Mais plus tard, Jean Ier, qui avait été leur grand-maître, à son avènement au trône leur rendit leur indépendance.

ORDRES DE CALATRAVA (1158), D'ALCANTARA (1214), DU CHRIST (1318)

Depuis que les successeurs de Pierre avaient tiré l'épée du fourreau où Jésus avait ordonné de la laisser, l'on voyait de tous côtés s'échapper du sein de l'Eglise des ordres de chevalerie.

En 1158, Sanche III, roi de Castille, confie la défense de la ville de Calatrava à des chevaliers de l'ordre de Cîteaux qui prennent le titre de chevaliers de Calatrava.

En 1214, Alphonse IX, roi de Castille aussi, en mémoire de la prise d'Alcantara sur les Maures, institua l'ordre de chevalerie d'Alcantara et le soumit à la règle de Saint-Benoît.

L'ordre militaire et religieux du Christ est institué en 1318 par Denis Ier, roi de Portugal, pour défendre les chrétiens contre les Maures.

TROISIÈME ET QUATRIÈME CONCILES DE LATRAN (1179 ET 1215).

Sous Alexandre III fut tenu, en 1179, le troisième concile de Latran, dans lequel on régla l'élection des papes en conférant ce pouvoir aux seuls cardinaux.

Le quatrième et dernier concile de ce nom eut lieu en 1215, sous le pontificat d'Innocent III.

Dans ce concile furent excommuniés les Manichéens, déjà condamnés par celui de Chalcédoine ; les Vaudois qui professaient l'abandon des richesses et reconnaissaient à tout homme pratiquant la pauvreté volontaire, un droit plus réel que celui des prêtres pour administrer les sacrements. Leur doctrine rejetait la confession, les cérémonies de l'église, la prière pour les morts, le purgatoire, le culte des images, des saints et des reliques. Elle repoussait la peine capitale pour les malfaiteurs, défendait de faire la guerre et de poursuivre une vengeance ; elle défendait aussi de jurer en justice, et repoussait la plupart des sacrements.

Les Albigeois furent aussi excommuniés dans ce concile, et Innocent III prêcha contre eux une croisade. Cette secte, à laquelle donna naissance la dissolution du clergé et ses abus de pouvoir, se forma dans le bas Languedoc et principalement dans la ville d'Albi, dont elle tira son nom.

Les Albigeois, race intelligente, industrieuse et commerçante, avaient des mœurs républicaines et jouissaient de libertés qu'ils n'étaient pas bien aises de sacrifier au bon plaisir d'un clergé dissolu, dont la conduite était opposée aux préceptes qu'il était chargé d'enseigner

Voulant ramener le christianisme à sa simplicité primitive, ils eurent de rudes assauts à soutenir contre ceux qui auraient dû les défendre. Les Vaudois, plus tard, s'unirent à eux, et comme eux furent cruellement persécutés. Ils résistèrent toujours courageusement jusqu'à ce qu'enfin, écrasés par le nombre, ils durent céder.

Cette horrible guerre de l'ambition et du fanatisme contre le droit et l'honnêteté dura de 1206 à 1229, où le comté de Toulouse et l'Albigeois furent réunis à la couronne.

CHAPITRE VI.

Inquisition. Ordres des Mathurins, des Franciscains, des Dominicains. Conciles de Lyon. Ordres des Célestins, des Augustins. Papes
d'Avignon. Schisme d'Occident. Concile de Vienne. Jean de Wickleff.
Jean Huss. Concile de Constance. Concile de Bâle. Borgia (*pape*).
Swingle.

INQUISITION.

C'est vers cette même époque (1229) que l'Inquisition —
instituée en 1204 par le pape Innocent III, pour la conver-
sion des Albigeois et des hérétiques de toutes sortes — fut
adoptée par le comte de Toulouse, et reçut du pape Grégoire IX une organisation précise qui l'éleva au rang des
tribunaux réguliers.

Le siège de Rome avait étendu cette juridiction arbitraire
en Italie, en Espagne, en Portugal et aux Indes même,
dans le but de *supprimer* — le mot est exact — les Juifs,
les Maures, en un mot, tous ceux qui avaient le tort de ne
pas penser comme à Rome. Peu de personnes ignorent les
crimes dont ce tribunal se rendit coupable : Jugés sur une
simple délation, sans témoins ni confrontation aucune,
soumis à d'horribles tortures, qui dans le délire faisaient
avouer des fautes imaginaires, vous étiez condamnés,
livrés au bras séculier ; vos biens étaient confisqués au
profit du Saint-Office, et l'on vous expédiait en d'autres

mondes, revêtus d'une chemise et d'un bonnet souffrés (1) que l'on allumait sur un bûcher : c'était *l'auto-da-fé* (*l'acte-de-foi*).

Le *saint* Tribunal ne se souillait jamais : les condamnés étaient livrés au bras séculier auquel, avec une sollicitude *paternelle*, il recommandait de ne pas verser le sang.

Les premiers inquisiteurs furent des Cordeliers et des Dominicains. Leurs pouvoirs étaient très-étendus : ils avaient le droit de citer tout hérétique à leur tribunal, de fixer les *amendes* pour les cas de réconciliation avec l'Eglise, d'excommunier et d'accorder des indulgences à celui qui exterminerait des condamnés.

La panique forma bientôt autour de ce tribunal un corps de satellites prêts à exécuter ses sentences ; c'étaient les familiers du *saint* Tribunal.

La méfiance était partout ; toute délation était bonne : l'homme flétri par la justice, la courtisane, l'enfant, étaient également écoutés ; l'enfant pouvait accuser son père, le frère son frère, et la femme son époux.

Le sol français fut rebelle à cette institution ; l'inquisition n'y poussa jamais de profondes racines. Le pape Alexandre III, de concert avec S. Louis, essaya bien, en 1255, de l'y implanter, mais il n'y réussit pas. En revanche, elle s'étendit à son aise dans l'Espagne, qu'elle domina bientôt tout entière, et sur laquelle elle exerça les plus affreux ravages.

En 1481, sous Ferdinand et Isabelle, ce tribunal reçut en Espagne une organisation nouvelle avec des pouvoirs

---

(1) Ce vêtement, appelé *san-benito*, de l'espagnol *saco benito* (*sac bénit*), était gris et couvert de dessins représentant des hérétiques au milieu des flammes, entourés de diables qui dansaient en signe de réjouissance.

presque absolus. Le dominicain et cardinal Torquemada fut grand inquisiteur, et 45 inquisiteurs généraux lui furent adjoints.

Ce tribunal fut établi malgré Sixte IV, qui en trouvait les règlements trop sévères.

Torquemada étendit sa domination sur les Pays-Bas qui, à cause de cela même, se séparèrent de l'Espagne. Cet homme si tristement célèbre exerça ses fonctions avec une barbarie telle que, sous sa seule dictature, on compta plus de *cent quatorze mille* victimes.

Pendant trois siècles, ce fléau pesa sur l'Espagne.

La conscience publique finit enfin par se soulever, et Philippe V, voulant faire justice, fit arrêter le grand inquisiteur Mendoza. De ce jour les auto-da-fé disparurent, mais l'inquisition végéta encore.

Napoléon, en 1808, abolit le Saint-Office, que Ferdinand VII essaya de rétablir en 1814, mais qui tomba définitivement en 1820, aboli par les Cortès.

ORDRE DES MATHURINS (1199).

En 1199, Jean de Matha et Félix de Valois instituèrent l'ordre religieux des Mathurins, dont la mission était de racheter les esclaves des mains des infidèles.

Cet ordre, primitivement appelé Trinitaire, fut supprimé en France en 1790, et la Réforme le fit disparaître en Allemagne.

ORDRE DES FRANCISCAINS (1209).

L'ordre mendiant des Franciscains ou Cordeliers fut institué en 1209 par François d'Assise. Les religieux de cet ordre confessaient et prêchaient, mais ne pouvaient rien posséder en propre, ayant fait vœu de pauvreté.

ORDRE DES DOMINICAINS (1215).

En 1215, pendant l'infâme guerre qu'on faisait aux Albigeois, S. Dominique institua l'ordre des Dominicains. Cet ordre était voué à la prédication. Plus tard, en 1233, ces religieux furent appelés à remplir les fonctions d'inquisiteurs. Plusieurs papes et un grand nombre d'hommes célèbres sortirent de cet ordre.

CONCILES DE LYON (1245 et 1274).

Deux conciles œcuméniques furent tenus à Lyon, l'un en 1245, sous Innocent IV, et l'autre en 1274, sous Grégoire X.

Dans ce dernier, des réformes dans le clergé furent faites et on s'occupa, mais vainement, de la réunion des églises grecque et latine, désunies en 858 par le patriarche de Constantinople Photius.

Deux églises grecques existent encore aujourd'hui : l'une qui est en communion avec l'église latine et ne diffère d'elle que par quelques points de formalisme ; l'autre schismatique, qui en diffère essentiellement par les dogmes : elle nie la suprématie du pape, le dogme du Saint-Esprit, celui du purgatoire, rejette la confirmation, donne la communion avec du pain levé, marie les prêtres, repousse les images, et n'admet que les huit premiers conciles œcuméniques. Elle est surtout répandue en Grèce et en Russie, où le patriarche n'est autre que le chef de l'Etat. Ses prêtres sont appelés *popes;* ils sont en général peu ou point instruits, grossiers et superstitieux, et servilement soumis au czar leur chef.

ORDRE DES CÉLESTINS (1254).

Pierre de Muronni, qui plus tard fut pape sous le nom de Célestin V, fonda, en 1254, dans l'Abruzze, l'ordre des Célestins.

Cet ordre, à peu près semblable, quant à la règle, à celui des Bénédictins, fut introduit en France en 1300, puis supprimé en 1778, à cause de sa corruption et de ses débordements.

ORDRE DES AUGUSTINS (1256).

Le pape Alexandre IV, en 1256, réunit en un seul corps une société d'ermites ou de clercs réguliers fondée par S. Augustin, et institua l'ordre de ce nom.

Les religieux de cet ordre, comme les Dominicains, étaient voués à la prédication ; c'est de son sein que sortit Luther, le chef de la Réforme.

PAPES D'AVIGNON (1309). SCHISME D'OCCIDENT (1378).

En 1305, le pape Clément V, Français d'origine, pour échapper aux factions qui divisaient l'Italie, se réfugia en France, à Avignon.

A sa mort, Phillippe V enferma à Lyon, dans le couvent des Frères Prêcheurs, les cardinaux, leur déclarant qu'ils ne sortiraient de là qu'après avoir nommé un pape.

Ils élurent Jacques d'Euse, cardinal évêque de Porto, sous le nom de Jean XXII, en 1316.

Cinq autres papes après lui résidèrent dans cette ville : Benoit XII, Clément VI, — qui acquit de Jeanne, reine de Naples et comtesse de Provence, la ville d'Avignon, moyennant la somme de 80,000 florins d'or qui ne furent jamais payés. Cette cession, prétend-on, fut faite en expiation du meurtre d'André de Hongrie, son premier époux — Innocent VI, Urbain V et Grégoire XI.

Ce dernier transféra, en 1377, le siège apostolique à Rome. A sa mort, en 1378, le Napolitain Barthélémy de Prignano fut élu sous le nom d'Urbain VI. Mais bientôt, devant ses sévérités, les cardinaux, se repentant de leur choix, protestèrent contre cette élection faite, dirent-ils sous le coup de la violence, et nommèrent à sa place Robert de Genève qui, sous le nom de Clément VII, alla siéger à Avignon.

C'est à ce moment que commença le schisme d'Occident qui dura 71 ans, pendant lesquels, oubliant la charité de leur maître, ces disciples de Jésus s'anathématisaient réciproquement.

Urbain VI passa le temps de son pontificat à soudoyer des bandes de gens sans aveu et à guerroyer.

Jésus l'avait pourtant bien défendu à Pierre ! Mais à cette époque, les papes ne possédaient point encore leur brevet d'infaillibilité.

Durant ce schisme, neuf papes se succédèrent à Rome, et simultanément, trois à Avignon et un à Bâle, Félix V, qui mit fin au schisme en 1449 par son abdication en faveur de Nicolas V, qui siégeait à Rome.

CONCILE DE VIENNE (1311).

En 1311 et sous Clément V, se tint à Vienne (France) le seizième concile œcuménique, qui supprima l'ordre des Templiers.

Dès le XIVe siècle, un impérieux besoin de réforme se faisait sentir ; le clergé, devenu maitre absolu par la faiblesse des monarques et l'ignorance des peuples, n'ayant aucun pouvoir qui balançât le sien, se laissa entrainer à la satisfaction de tous ses caprices, ne voyant pas dans son aveuglement qu'il marchait à grands pas à sa perte. Aussi vit-on bientôt les réformateurs se succéder à de courts intervalles, et le plus souvent même s'échapper de son sein : et ce furent toujours des hommes d'un talent remarquable et d'une conduite et de mœurs irréprochables.

RÉFORMATEURS

JEAN DE WICKLEFF (1365).

Après Photius, Abailard, Arnaud de Brescia et bien d'autres, l'on vit, vers 1365, le docteur Jean de Wickleff, principal du collège de Cantorbéry, s'élever contre ces abus de pouvoir et les erreurs qui les firent naître. Ses attaques portèrent contre la papauté, niant son pouvoir temporel et l'absolutisme de son pouvoir spirituel. Il nia la transsubstantiation, l'utilité de la confession pour celui qui a la contrition, la damnation des enfants morts sans baptème, la hiérarchie et le droit à l'immixtion des ecclésiastiques dans les affaires temporelles, ainsi que celui d'acquérir des richesses.

Traqué par ceux qu'il combattait, il fut heureux de rencontrer la protection du duc de Lancastre. Mais à la suite d'un concile tenu à Londres, en 1382, où dix de ses propositions furent condamnées comme hérétiques, il fut obligé de quitter Oxford. Il mourut à Lutterwort, frappé d'apoplexie.

Si aucun changement dans l'Eglise ne se produisit de son vivant, il fut du moins l'un des précurseurs de la Réforme ; il prépara la voie à Jean Huss et à Luther.

JEAN HUSS (1409).

Jean Huss, réformateur célèbre, ecclésiastique distingué, recteur de l'université de Prague en 1409, embrassa avec ardeur la doctrine de Wickleff. Il prêcha contre l'ignorance des prêtres, contre leurs vices et leur amour immodéré des richesses. Il attaqua l'autorité du pape et soutint, pour tranquilliser les consciences des personnes sincères, que l'excommunication injuste était de nulle valeur et ne séparait personne de l'Eglise. Il s'éleva contre les guerres injustes que faisaient les papes, comme contraires à la charité évangélique, et conclut que lorsque le pape abusait de son pouvoir, il appartenait aux fidèles de juger si ses actes étaient justes ou injustes. Il attaqua aussi l'abus des indulgences, le culte de la Vierge et des saints, et la communion sous une seule espèce.

Homme d'une vie exemplaire et d'une charité profonde, doué d'une grande éloquence, Jean Huss se forma rapidement de nombreux disciples qui propagèrent sa doctrine ; quelques-uns furent arrêtés et mis à mort, mais cela ne réussit qu'à grossir leur nombre.

Jean Huss, à son tour poursuivi, fut obligé de quitter Prague. Mandé en 1414 pour comparaître au concile de Constance et se défendre de l'accusation portée contre lui par un théologien et un curé de Prague, il s'y rendit muni d'un sauf-conduit de l'empereur Sigismond lui-même. Mais là, pris dans un piège, il fut condamné, dégradé et livré au pouvoir séculier qui le fit brûler vif, en 1415. Il mourut

comme un homme de cœur, en paix avec sa conscience ;
le pape Pie II l'attesta plus tard dans ses écrits.

Son disciple Jérôme, de Prague, qui était venu le défendre, fut condamné comme lui ; mais ayant un moment
rétracté ses opinions, il fut laissé libre. Peu de temps
après, il recommença ses prédications, mais alors il fut
saisi et condamné au bûcher.

Il mourut à Coutances, en 1416, avec courage, comme
son maître.

Après la mort de Jean Huss, les populations exaspérées
se séparèrent en nombre considérable de l'église. Le pape
Martin V donna mission à un légat d'élever des écha-
fauds et des bûchers en Bohème, et de mettre tout le monde sous les armes.

Mais un Hussite, Zisca, appela de son côté tous les
siens, s'empara des richesses des églises et des monastères et soutint une guerre dans laquelle il fut toujours
vainqueur, malgré une armée de cent mille hommes que
Sigismond envoya contre lui.

Après avoir porté l'incendie, le ravage et la mort dans
toute la Bohème, cette guerre se termina enfin, quelque
temps après la mort de Zisca, par un traité qui réunissait
les Hussites à l'Eglise en leur laissant toutefois la communion sous les deux espèces.

CONCILE DE CONSTANCE (1414-1418).

De 1414 à 1418 se tint à Constance le dix-septième concile œcuménique qui, s'inspirant ou plutôt se rapprochant
des coutumes primitives du Christianisme, déclara la supériorité des conciles sur le pape et essaya de mettre fin au
schisme en déposant Jean XXIII, qui siégeait à Rome, et

Benoit XIII, qui siégeait à Avignon, et nommant Martin V, qui vint occuper le siège de Rome. Mais malgré cet arrêt, Benoit XIII continua à gouverner à Avignon jusqu'en 1424 ; et Clément VIII, qui lui succéda, occupa ce même siège jusqu'en 1429 ; sur les instances d'Alphonse V, roi d'Aragon, il abdiqua.

A partir de ce jour Avignon, n'eut plus de papes ; mais à la suite d'un conflit, en 1439, plusieurs prélats en élurent un à Bâle (Suisse), Amédée, duc de Savoie, qui gouverna jusqu'en 1449, époque de son abdication, sous le nom de Félix V.

Là finit réellement le schisme d'Occident.

Ce même concile condamna Jean Huss et Jérôme de Prague, et se souilla en les faisant brûler comme hérétiques.

CONCILE DE BALE (1431-1443).

Le dix-huitième concile œcuménique fut tenu à Bâle, de 1431 à 1443. Ce concile s'occupa de la réforme du clergé et de la réunion de l'église grecque. Mais en 1438 un long démêlé survint avec le pape Eugène IV, qui, prétendant que ce concile voulait s'élever au-dessus de lui, prononça sa dissolution et convoqua un autre concile à Ferrare et puis, en 1439, un à Florence. Il obtint un moment l'union des églises grecque et latine, mais ce fut de courte durée.

C'est après la dissolution du concile de Bâle que les prélats qui le composaient élurent Félix V.

BORGIA (1492).

Pour donner une idée de l'état moral du haut clergé à cette époque troublée, disons quelques mots sur la famille

Borgia, dont le chef, sous le nom d'Alexandre VI, occupait en 1492 le siège apostolique.

Rodrigue Lenzoli Borgia, issu d'une des plus nobles familles de Valence (Espagne), fut créé cardinal en 1456 par le pape Calixte III son oncle. Ses intrigues le firent nommer pape à la mort d'Innocent VIII. Il eut cinq enfants de son union sacrilège avec Rosa Vannoza, courtisane espagnole célèbre à Valence et à Rome par son inconduite.

César Borgia, l'un de ses fils, fut créé cardinal par lui en 1493 ; il quitta ensuite la barette pour épouser la sœur du roi de Navarre. De retour en Italie, sans motif et même sans aucun prétexte, il entreprit de conquérir la Romagne, et se défit par le fer et le poison de la plupart des princes qui gouvernaient ce pays. Il fut tué en 1507 au siège de Viana.

Sa vie, comme celle de son père, ne fut qu'un tissu de crimes, de bassesses et de débauches. Il eut pour maîtresse sa sœur de père et de mère, la tristement célèbre Lucrèce, qui partageait ses amours entre lui, son père le pape Alexandre VI et son autre frère le duc de Candie, qui fut assassiné par les ordres de son frère César. Quant à Alexandre VI, sa mort fut le digne couronnement de son abominable vie : il mourut par le poison qu'il avait préparé pour deux de ses cardinaux et qui lui fut servi par mégarde (1).

ZWINGLE (1516).

Zwingle Ulrich fut le père de la Réforme en Suisse. Né en 1484, Zwingle étudia à Bâle, à Berne et à Vienne. Il fut

____

(1) Lachatre.

en 1502 régent à Bâle, et en 1506 curé de Glaris. Il fut ensuite nommé pasteur à Notre-Dame-des-Ermites; c'est là qu'en 1516 il prononça son premier discours en faveur de la Réforme. Il démontra l'inutilité des pénitences corporelles, des pèlerinages, de l'adoration des images, des achats d'indulgences, et combattit les donations intéressées faites aux églises et aux ordres religieux.

Vers 1518, nommé pasteur de la cathédrale de Zurich, il déclara tout d'abord qu'il venait enseigner la pure doctrine de l'Evangile.

En 1520, il obtint du sénat de Zurich un décret ordonnant aux curés de n'enseigner au peuple que la stricte doctrine du Nouveau Testament.

De 1524 à 1525, Zwingle abolit la messe, la communion, le célibat des prêtres, qu'il fit rentrer dans le droit commun, et leurs biens furent versés dans le trésor public.

Nommé recteur du gymnase de Zurich, il s'occupa de réorganiser les études.

Berne venait d'adopter ses doctrines, lorsque la première guerre entre Catholiques et Protestants éclata en 1528; guerre dans laquelle les siens furent battus, et où il périt lui-même au premier rang, en 1531.

Après sa mort, sentant le besoin de l'union, ses partisans se réunirent aux Calvinistes, dont la doctrine différait cependant beaucoup de la leur, et surtout sur un point capital : le *libre arbitre,* que Zwingle admettait et que repoussait Calvin.

CHAPITRE VIII.

Luther. Anabaptistes. Calvinistes. Jésuites. Concile de Trente. Saint-Barthélemy. Edit de Nantes; sa révocation. Dragonnades. Assemblées du désert. Proclamation de la liberté des cultes.

LUTHER (1517).

Luther (Martin), fondateur de la religion réformée, naquit à Eisleben, dans la Saxe, en 1483. Fils d'un ouvrier mineur, au sortir de l'école, il passa ses premières années à chanter dans les rues pour gagner sa vie. En 1501, il entra à l'université d'Erfurt, où il s'adonna à l'étude du droit. En 1505 il entra dans le cloître des Augustins et embrassa la prêtrise. Il voulut alors visiter l'Italie et se rendit à Rome ; là, il vit ses illusions s'effeuiller une à une. Nature droite et énergique, il ne put vivre longtemps dans cette atmosphère de corruption, où le scandale était poussé à tel point qu'il arrivait parfois aux prêtres romains de dire, à la consécration de l'hostie : « *Panis es et panem manebis* » (pain tu es et pain tu resteras). Il n'y a sans doute là rien de criminel ; mais mieux eût valu faire ce que fit Luther.

Après un séjour de quatorze jours, Luther quitta Rome plein de dégoût et revint en Allemagne.

A quelque temps de là, Léon X, pape batailleur, dans l'intention de faire une croisade contre les Turcs, créa des indulgences et en ordonna la vente dans toute la chrétienté.

Ce furent les Dominicains qui, en Allemagne, furent chargés de cette besogne, et ils s'en acquittèrent avec une telle effronterie que Luther, n'écoutant plus que le cri de sa conscience, écrivit à l'évêque de Brandebourg pour le prier de les faire taire. Sur sa réponse évasive, Luther adressa sa requête à l'archevêque de Mayence et de Magdebourg, et y joignit quatre-vingt-quinze propositions qu'il offrait de soutenir contre la doctrine des indulgences. Requête et propositions restèrent sans réponse. Alors Luther, le 31 octobre 1517, veille de la Toussaint, à midi, afficha ses propositions à l'église du château de Wittemberg. Elles furent imprimées à des milliers d'exemplaires et répandues dans toute l'Allemagne qu'elles soulevèrent.

Luther fut cité à Rome et se garda bien d'y aller. Le pape alors envoya un légat (le cardinal Caïétan) à Augsbourg, lequel l'invita à comparaître devant la Diète. Après avoir vainement essayé de le faire rétracter, il voulut le faire arrêter ; mais averti à temps, Luther s'évada et se rendit en Saxe où, protégé par l'Electeur, il professa ouvertement ses doctrines.

Luther ne reconnaissait d'autre autorité que celle des livres saints ; il attaquait le pape et l'Eglise romaine, le célibat des prêtres, qui ne doit être que facultatif, les vœux monastiques, la possession des biens temporels par le clergé, sa hiérarchie, le culte des saints et des images, le purgatoire, les indulgences, les commandements de l'Eglise, la confession, les abstinences, le dogme de la transsubstantiation, la messe et la communion sous une seule espèce.

Il gardait le baptême et la communion sous les deux espèces, mais avec cette réserve que le baptême n'efface pas le péché, et que dans l'eucharistie, il n'y a pas de transsubstantiation.

Le pape Léon X l'excommunia et ordonna de brûler ses écrits comme hérétiques.

Luther, à son tour, brûla aux portes de Wittemberg la bulle du pape et toutes ses décisions. Le pape n'a pas voulu souffrir un juge, dit-il, et moi, je ne veux pas du jugement du pape.

En 1521, Luther fut de nouveau cité devant la diète de Worms. Il s'y rendit, muni d'un sauf-conduit de l'empereur Charles-Quint ; mais il refusa encore de se rétracter. Pour éviter les poursuites, il se rendit au château de Wartbourg qui lui fut offert par l'Electeur, son protecteur.

Il resta là pendant plus de neûf mois, composant des écrits destinés à propager sa doctrine. Il recommença ensuite ses prédications à Wittemberg et fit de nombreux prosélytes, parmi lesquels de puissants princes du Brandebourg, de la Hesse, du Palatinat, de la Franconie, de Suède et du Danemark.

Après beaucoup d'efforts, il obtint — de 1523 à 1526 — des diètes de Nuremberg et de Spire, la liberté de conscience pour les Réformés, liberté qui ne leur fut accordée qu'avec parcimonie. Mais enfin, — en 1532 — Un traité fut signé à Nuremberg entre les princes protestants et Charles-Quint, qui accordait aux Réformés, la liberté de conscience jusqu'au prochain concile.

ANABAPTISTES (1523).

En 1523, l'on vit se former la secte des Anabaptistes. Nicolas Storck, ancien disciple de Luther, qui fut leur chef, s'appuyant sur le passage des Ecritures qui dit : « *Quiconque croira et sera baptisé sera sauvé* », voulait que l'on ne fût baptisé qu'à l'âge de raison et que, par conséquent, les enfants qui avaient été baptisés fussent rebaptisés lorsqu'ils seraient adultes, parce que étant enfants, ils n'ont pu comprendre ce qu'est le baptême, et par conséquent n'ont pu avoir la foi.

Cette secte, née en Allemagne, s'y développa ; mais commençant à sentir ses forces, en 1523, ayant à sa tête Munzer, elle attaqua par les armes le pouvoir féodal qui pesait sur le peuple. Les Anabaptistes furent battus et dispersés par la noblesse ; le comte de Mansfeld en fit en Thuringe un massacre horrible. Ils parvinrent cependant à s'emparer de plusieurs villes, entre autres de Münster, où, vers 1534, sous le commandement de Jean Bocold, dit Jean de Leyde, ancien aubergiste qui s'intitulait Prophète, ils soutinrent un siège de quatorze mois en proie aux horreurs de la famine.

En 1536 ils furent pris et détruits par Waldeck. Le Prophète et les principaux chefs périrent dans d'affreuses tortures qu'ils supportèrent avec courage.

Ce qui resta des Anabaptistes fut dispersé ; quelques-uns se retirèrent en Hollande où ils sont connus aujourd'hui sous le nom de Mennonites ; les autres allèrent en Angleterre où ils se confondirent avec les Presbytériens.

Jean de Leyde avait établi la communauté des biens et la polygamie.

CALVINISME (1532).

Jean Calvin, second chef de la Réforme, naquit à Noyon (Picardie) en 1509 ; il était fils d'un tonnelier.

Se destinant à l'état eclésiastique, Calvin fit à Paris, à Orléans et à Bourges, de sérieuses études théologiques qu'il abandonna pour la jurisprudence. Il se lia à Paris avec plusieurs partisans de Luther et embrassa bientôt les principes de la Réforme que, dès 1532, il commença à propager dans Paris. Il avait alors 23 ans ; son premier acte, fut un discours qu'il fit prononcer par son ami Michel Cop recteur de Paris. Poursuivi pour ce fait et menacé de la prison, il se retira auprès de Marguerite de Navarre. Au bout de quelque temps, il put, grâce à cette protection, revenir à Paris où eurent lieu ses disputes avec Michel Servet. C'est là qu'il publia son premier ouvrage — *Traité de l'état de l'âme dans l'intervalle de la mort à la résurrection* — qui lui suscita des ennemis. Il se rendit alors à Bâle, ville acquise à la Réforme, et y publia, en 1535, un exposé de la doctrine des réformateurs, sous le titre de « *Institution de la Religion Chrétienne* », dans lequel il s'efforça de démontrer que la Réforme n'était autre chose que le Christianisme ramené à son principe.

Calvin professa ensuite la théologie à Genève et à Strasbourg, puis encore à Genève, où il revint en 1541.

Sa doctrine admettait l'eucharistie, mais repoussait la transsubstantiation ; il admettait la prédestination et la réprobation absolues, et niait en conséquence le libre arbitre. Dieu, selon lui, donne aux prédestinés la foi et la justice qu'il refuse aux réprouvés, et ne leur impute point leurs péchés. De par le péché originel, l'homme ne peut de lui-même faire une bonne action ; son libre arbitre consiste seulement à ne pas prêter son concours à ce qui *fatalement* doit arriver. *Seule la foi justifie*.

Calvin eut le défaut d'être trop rigoriste et trop dogmatique ; il se souilla par la mort de l'Italien Valentin Gentilis et de Michel Servet, qu'il fit brûler comme hérétiques, parce qu'ils avaient attaqué le dogme de la Trinité ; et par diverses proscriptions.

Calvin mourut à Genève en 1564. Sa doctrine se propagea rapidement en Suisse, en France, en Allemagne, en Prusse, en Hollande et en Ecosse.

Les Calvinistes eurent à lutter près de trois siècles pour conquérir leur entière liberté de conscience. Ils durent forcément, à leur début, se mêler à la politique, parce que, à cette époque, le spirituel et le temporel étaient pour ainsi dire dans la même main ; aussi eurent-ils à subir maintes fois les attaques de l'un et l'autre. François Ier fut tantôt leur protecteur et tantôt leur persécuteur.

En 1553, Henri II, roi de France, rendit contre eux un décret qui frappait de mort tous ceux qui seraient surpris dans l'exercice de leur culte. A sa mort, François II, son fils aîné, lui succéda à l'âge de quinze ans, et le pouvoir passa aux mains du duc de Guise et de son frère, le duc de Lorraine, qui, au nom du roi, usant et abusant de ce pouvoir, préparèrent les guerres de religions.

Ce fut en vain que le roi de Navarre et le prince de Condé son frère, qui en 1558 s'étaient mis à la tête de la Réforme, essayèrent de s'opposer à leurs desseins ; ils tentèrent, pour soustraire le jeune roi à cette fatale influence, de l'enlever pendant qu'avec la cour il était à Amboise ; mais leur complot fut découvert par trahison, et plusieurs des conjurés périrent.

En 1561, eut lieu à Poissy, en présence de Charles IX et de Catherine de Médicis, un colloque entre des théologiens Catholiques et des Réformés. De grandes espérances étaient fondées sur ce colloque, mais il ne produisit aucun résultat ; ou plutôt ce résultat négatif causa le massacre de Vassy, qui eut lieu le 1er mars 1562, où les gens du duc de Guise se ruèrent sur les Protestants et donnèrent ainsi le signal de cette terrible guerre qui désola la France pendant plus de deux siècles, avec quelques intermittences de paix il est vrai.

En 1562, sous la conduite de Condé, ils furent défaits

à la bataille de Dreux. Mais en 1563, un édit fut rendu à Amboise par lequel la liberté de conscience leur fut accordée.

En 1567, ils livrèrent à Saint-Denis une bataille qu'ils perdirent, dans laquelle, du côté des Catholiques, fut tué le connétable de Montmorency.

En 1568 fut signé à Lonjumeau un simulacre de paix, ou plutôt un prélude de paix. Mais en 1569 ils durent subir deux nouvelles attaques dans lesquelles ils furent vaincus : l'une à Jarnac, ayant à leur tête le prince Condé, et l'autre à Moncontour, commandés par l'amiral Coligny.

L'année suivante, une paix fut signée à Saint-Germain ; mais cette paix menteuse ne fut pas de longue durée, car, le 24 août 1572, Charles IX, ou plutôt sa mère, Catherine de Médicis, chercha à les exterminer dans la néfaste nuit de la Saint-Barthélemy. Mais n'anticipons pas sur les évènements.

JÉSUITES (1534).

Pendant que s'accomplissaient ces guerres fratricides ayant Dieu pour prétexte et la rage de domination pour motif, Ignace de Loyola fondait à Paris, en 1534, une institution qui devait jeter plus d'une entrave sur la voie du progrès, du développement intellectuel et moral de l'espèce humaine. Cet ordre prit le nom de Compagnie ou Société de Jésus.

Son administration se composait d'un général résidant à Rome et investi des pouvoirs les plus étendus, les plus absolus, d'un admoniteur qui le surveillait, et de cinq assistants formant son conseil.

L'association se divisait en quatre catégories ou degrés :

les profès, âgés d'au moins 33 ans ; les coadjuteurs (spirituels et temporels), les scolastiques ou étudiants et les novices.

Les postulants étaient soumis à de nombreuses épreuves avant d'être admis ; ils étaient ensuite employés selon leurs capacités.

Cet ordre fut approuvé en 1540 par le pape Paul III.

Tous les membres de cet ordre doivent une obéissance passive à leurs supérieurs : *Cadaver perindè ac cadaver*, (*cadavre à l'égal d'un cadavre*).

Le libre arbitre n'existe pas chez eux ; l'homme n'est plus, il ne reste que la machine, dont tous les ressorts sont soumis à la volonté d'un seul, qui a pour devise : *La fin justifie les moyens !*

Cette association, qui couvrit bientôt toute la surface du globe, avait pour but, dans le principe, la propagation de la foi et l'éducation de la jeunesse. Avec son organisation autocratique, elle devait infailliblement tomber dans les plus grands excès, car l'espèce humaine porte en elle l'instinct de la domination, pente fatale où toutes les institutions, si elles n'y prennent garde, sont condamnées à venir se briser.

Arrivés à l'apogée de leur puissance, les Jésuites se virent bientôt attaqués de toutes parts : Un arrêt du parlement de Paris, du 6 août 1762, les supprima comme « *étant une secte d'impies, de fanatiques, de corrupteurs et de faussaires dont l'histoire est celle du crime en permanence.* »

Bobadilla, ami de S. Ignace, fut, en 1547, chassé d'Allemagne comme un ignoble intrigant.

Anvers, en 1578, les chassa comme fauteurs de troubles.

Ils furent expulsés d'Angleterre en 1581 et en 1601.

La France les expulsa en 1594 comme complices de l'assassinat d'Henri III.

En 1597, le pape Clément VIII les traita de brouillons et leur reprocha d'être les auteurs des troubles de l'Eglise.

En 1598, ils firent assassiner Maurice de Nassau, capitaine général de Hollande, et furent chassés de ce pays.

La même année, ils furent aussi chassés du Portugal.

En 1604, le cardinal Frédéric Borromée, pour des crimes honteux, les renvoya du collège de Braida.

En 1606, ils furent, pour rébellion, chassés de Venise et de l'Etat.

Ils firent, en 1610, assassiner Henri IV par Ravaillac, qu'ils avaient fanatisé et amené à ce crime par des moyens entièrement étrangers à la morale.

La Bohème les chassa en 1618 comme fauteurs de discordes.

La sanglante guerre du Japon fut allumée par eux, en 1631.

Ils soulevèrent, en 1641, la querelle du Jansénisme, triste plaisanterie qui coûta la vie à tant de pauvres fanatiques.

Pour leur dépravation, ils furent chassés de Malte, en 1643.

Ils firent, en 1646, à Séville (Espagne) une banqueroute qui réduisit à la misère un grand nombre de familles.

En 1713, ils apportèrent de Rome un nouvel élément de discordes, la fameuse bulle *Unigenitus* (un seul fils), qui fut le prélude de tant de maux.

Ils furent chassés de Russie en 1717, et définitivement expulsés en 1723, par Pierre-le-Grand, contre lequel ils conspiraient.

En 1753, ils furent contraints de quitter la Chine.

Le Portugal les expulsa de nouveau en 1759 et la France en 1762.

L'Espagne et la Sicile les chassèrent en 1767.

Et, en 1773, le pape Clément XIV, après les avoir vainement engagés à modifier leurs statuts — ce à quoi ils répondirent : « *Sint ut sunt aut non sint* » (*qu'ils soient comme ils sont ou qu'ils ne soient pas*) — les supprima entièrement. Il mourut un an après, dit-on, empoisonné par eux.

Chassés de partout, et enfin supprimés, ils reparurent, déguisés sous des noms divers.

En 1800, Pie VII les rétablit en secret dès son avènement. Ils se montrèrent alors sous le nom de Pères de la Foi. Le 14 août 1814, il les reconnut ouvertement.

En 1817, ils furent de nouveau expulsés de Russie, d'Espagne en 1820, et de Suisse en 1847.

En France, en 1828, un ordre de renvoi contre eux fut signé par l'évêque de Beauvais, alors ministre de l'instruction publique, lequel tomba dans la disgrâce du roi Charles X, à la suite de cette action pourtant méritoire.

Depuis 1845, qu'ils voulurent se mêler au projet de réforme sur l'instruction publique, ils ont été obligés de quitter le pays où ils ne peuvent plus se montrer en corps. Mais cet ordre, nouveau Protée, revêt toutes les formes et continue dans l'ombre son œuvre immorale d'abêtissement des masses par tous les moyens possibles pour les dominer : *La fin justifie les moyens !* telle est sa devise ; le tout : *ad majoram Dei gloriam* (*à la plus grande gloire de Dieu*). Quelle dérision !

Il n'est qu'un seul moyen pour en débarrasser la société et leur rendre service à eux-mêmes, en les supprimant définitivement : c'est d'éclairer ces mêmes masses qu'ils ont mission d'abrutir. Une bonne éducation nationale y suffira. Ainsi soit-il.

Il est inutile d'ajouter qu'un décret du gouvernement français, en date du 29 mars 1880, vient de nouveau de dissoudre leurs associations — que sous l'Empire, de triste mémoire, ils avaient reformées — et les chasser de son territoire, en leur laissant toutefois le temps de liquider leur situation.

Espérons que le bon sens français, qui toujours leur fut réfractaire, car sur 22 généraux qui se sont succédé dans cet ordre, depuis et y compris Ignace son fondateur, *pas un seul* n'appartient à notre nationalité, espérons, dis-je, que le bon sens français les mettra dans l'impossibilité de se reconstituer jamais chez nous.

CONCILE DE TRENTE (1545 A 1563).

De 1545 à 1563 fut tenu un concile à Trente (Tyrol), dix-neuvième et dernier concile œcuménique.

Ce concile fut provoqué par les demandes des Protestants. Mais voyant la manière peu libérale avec laquelle on le préparait, ils le récusèrent à l'avance.

Pendant le cours de ce concile, diverses contestations survinrent entre Charles-Quint et le pape, qui le firent interrompre plusieurs fois. Il fut transféré un moment à Bologne en 1546.

Plusieurs points dogmatiques y furent réglés, et l'anathème fut lancé contre les dissidents.

En France, ses décisions en matière de foi furent acceptées ; mais plusieurs articles disciplinaires furent repoussées comme contraires aux libertés de l'Eglise Gallicane.

SAINT-BARTHÉLEMY (1572).

Ce fut à la suite de tous ces anathèmes, au milieu de toutes ces tourmentes que, dans la nuit du 24 au 25 août 1571, éclata l'horrible carnage connu sous le nom de Saint-Barthélemy, où périrent dans cette seule nuit quarante mille Protestants dans Paris seulement, et plus de deux cent mille en province. Ce massacre dura trois jours.

Charles IX, poussé par Catherine de Médicis, avait, de connivence avec Rome, disent les uns, organisé le massacre.. Le fait est démenti par d'autres qui prétendent que ce fut un mouvement spontané occasionné par la vue d'une grande affluence de *Huguenots* (c'est ainsi qu'alors on les appelait) que le mariage d'Henri de Navarre et de Marguerite de Valois avait attirés dans la capitale (1).

Les deux versions pourraient peut-être bien se fondre en une seule; mais le fait qui demeure acquis, c'est que Grégoire XIII fit tirer le canon du fort Saint Ange en signe de réjouissance, lorsqu'il apprit la nouvelle du massacre (2). Ce qui est encore vrai, c'est que le même pape envoya des secours de troupes et d'argent à Henri III, roi de Pologne, et plus tard roi de France, pour les batailles de Jarnac et de Moncontour contre les Protestants.

Les Guise prirent une part active aux massacres de cette nuit funeste. Le plus jeune se rendit en personne, avec une troupe de gens armés, à l'hôtel de l'amiral Coligny, patriarche du Protestantisme, pour y venger sur sa personne la mort de son père. L'amiral fut surpris dans son sommeil, et il tomba sous les coups d'un valet du duc, après avoir vu égorger sous ses yeux son gendre. Beaucoup de personnages marquants de la religion réformée périrent dans cette nuit.

Il est juste de dire qu'alors que l'ordre du massacre fut

(1) Lachatre.

(2) Anquetil, *Histoire de France*, tome III, page 94.

donné, plusieurs gouverneurs de villes se refusèrent à l'exécuter : « Vous direz au roi, dit le comte d'Hortez, gouverneur de Bayonne, que, pour exécuter ses ordres, j'ai trouvé de fidèles sujets, de braves soldats, mais pas un bourreau ».

Henri de Navarre, qui plus tard fut Henri IV, pendant tout le temps que dura le massacre, fut gardé à vue dans le Louvre, et il dut abjurer le protestantisme pour avoir la vie sauve ; mais à la mort de Charles IX, étant parvenu à s'échapper, il rétracta son abjuration forcée, et releva bientôt le drapeau de la résistance.

La Saint-Barthélemy ne fut pas, comme l'espéraient ses instigateurs, la fin de la lutte ; elle fut au contraire le prélude de nouvelles guerres. Les protestants à Paris, surpris, furent égorgés ; mais en province, ils prirent les armes et se défendirent.

Cette action monstrueuse, qui n'a de précédents que dans les temps de barbarie, souleva ainsi une guerre civile qui, deux ans plus tard, donna naissance à la Ligue.

Sancerre montra une résistance héroïque. La Rochelle soutint un siège qui dura huit mois.

Devant l'attitude énergique de cette ville, Charles IX, dépourvu d'argent et de troupes, envoya l'ordre de faire la paix à quelques conditions que ce fût. Des députés furent envoyés de Montauban et de Nîmes, et la paix fut conclue à des conditions qui laissaient aux Réformés leur liberté et leur sécurité, et restituaient leurs emplois, leurs biens et honneurs à ceux qui en avaient été privés, les reconnaissant tous comme fidèles sujets du roi.

La Ligue, confédération du parti catholique en France, fut formée en 1576, à l'instigation du cardinal de Lorraine, par Henri de Guise, sous le prétexte de défendre la religion catholique, mais en réalité pour renverser Henri III, et faire passer la couronne à la maison de Guise.

Henri III, pour déjouer leurs projets, adhéra à la Ligue et s'en déclara le chef ; mais il ne réussit qu'à se faire détester des Ligueurs, et ne fut chef que de nom ; le pouvoir resta toujours au duc de Guise, qu'il fit assassiner plus tard. Ce crime souleva toute la France contre lui ; il fut excommunié et déclaré déchu de ses droits ; le duc de Mayenne, frère du duc de Guise, devint le chef des Ligueurs, et lui, fit sa paix avec le roi de Navarre.

Le 2 août 1589, il fut assassiné par un Dominicain fanatique, Jacques Clément.

Le roi de Navarre prit alors le titre de roi de France, sous le nom de Henri IV.

Les Ligueurs s'étaient enfermés dans Paris, et ne voulant pas reconnaître pour roi un calviniste, en janvier 1590 s'en étaient donné un, le vieux cardinal de Bourbon, sous le nom de Charles X.

De Guise convoitait le trône, mais il n'osait point encore porter la main sur la couronne.

Henri IV triompha de la Ligue ; mais voyant qu'il ne pouvait entrer dans Paris, dont deux fois il avait fait le siège, il se décida, en 1593, à abjurer le protestantisme : « Paris, dit-il, vaut bien une messe ; » tel est le mot qu'on lui prête.

Les portes de Paris lui furent en effet ouvertes.

Toutes ces abjurations n'étaient que des expédients.

A côté de sa galanterie proverbiale, Henri IV possédait des qualités réelles ; il joignait à la bravoure la loyauté et aussi l'adresse de l'homme politique.

ÉDIT DE NANTES (1598).

En 1598, Henri IV publia l'*Edit de Nantes*, qui accordait aux Réformés l'exercice libre de leur religion dans les lieux où ils se trouvaient alors établis; mais à la condition que dans ces mêmes lieux, les catholiques exerceraient aussi la leur.

D'après cet édit, les Réformés furent admis à jouir de tous les droits de citoyen; leurs pauvres, sains et malades, furent reçus dans les hôpitaux comme les catholiques ; les riches furent admis à tous les emplois et à toutes les charges. Au sein de chaque parlement fut formée une Chambre qu'on nomma *Chambre de l'Edit*, composée d'un égal nombre de Calvinistes et de Catholiques, pour leur rendre justice. Leurs ministres furent salariés par l'Etat, et ils eurent le droit de nommer des députés aux assemblées générales; il leur fut aussi permis de lever tous les ans un somme sur eux-mêmes pour le besoin du parti. Enfin, par des brevets secrets, il leur fut permis de garder pour huit ans quelques places de sûreté : La Rochelle, Montauban, Nimes et d'autres moindres, et d'en nommer eux-mêmes les gouverneurs.

Henri IV s'engagea en plus à leur compter tous les ans 80,000 écus pour l'entretien des garnisons.

Le même Edit les soumettait à la police de l'Eglise romaine, qui enjoignait de ne point travailler publiquement les jours de fêtes, de payer les dimes, de remplir les devoirs extérieurs des paroissiens, et il leur était défendu, sous de sévères peines, de troubler les cérémonies ecclésiastiques par aucune irrévérence soit de paroles, soit d'actions.

L'intention d'Henri IV était de mettre toutes les religions sur le même pied d'égalité.

Les Protestants purent dès lors jouir avec quelque sécurité de leurs droits ; quelques années s'écoulèrent ainsi.

Pendant ce temps, les Réformés d'Allemagne combattaient pour leur indépendance religieuse. Dans cette guerre, qui prit le nom de guerre de Trente-Ans (du temps de sa durée, c'est-à-dire de 1618 à 1648), les Réformés finirent par gagner leur liberté de conscience.

En 1627, sous un prétexte qui cachait au fond une intrigue amoureuse, lord Buckingham, malgré les promesses qu'il avait faites aux Calvinistes, envoya une flotte formidable devant la Rochelle, qui lui refusa l'entrée du port.

Louis XIII, qui avait succédé à son père Henri IV, craignant qu'ils ne finissent par céder, et conseillé d'ailleurs par le cardinal de Richelieu, son ministre, qui appelait la Rochelle le *repaire de l'hérésie*, fit démanteler toutes ses forteresses ; ce fut là le premier coup porté à l'Edit de Nantes, ou du moins aux clauses secrètes qui y avaient été annexées par Henri IV lui-même. Du reste, le roi ne laissait échapper aucune occasion favorable pour diminuer leurs forces. Sa crainte, feinte ou réelle, était toujours qu'ils ne vinssent à faire cause commune avec le parti qui lui faisait opposition, et avec les Calvinistes d'Angleterre et d'Allemagne.

Les choses se continuèrent ainsi jusqu'à l'avènement de Louis XIV, en 1643. Ce monarque confirma les faits accomplis et s'occupa d'affaiblir les Calvinistes par tous les moyens en son pouvoir. Des faveurs de toute espèce furent accordées aux nouveaux convertis : exemptions de tailles, de contributions locales, etc. ; surséances pour le paiement des dettes ; permission aux enfants convertis au Catholicisme de se marier sans consentement de leurs parents calvinistes ; faveurs pour l'admission aux emplois de toute nature dans la robe, la finance, le commerce et l'armée ; tandis que ceux qui persistaient dans leur croyance étaient exclus de ces mêmes emplois.

Les Chambres de l'Edit furent supprimées. Il leur fut interdit d'exercer la médecine, la pharmacie et même le métier de sage-femme. Défense fut faite à leurs pasteurs de s'intituler : *ministres de la parole de Dieu*, d'appeler leur religion *Réformée* sans y ajouter le mot *prétendue* ; de se réunir en corps hors de leur temple, de prêcher ailleurs que dans le lieu de leur résidence, de visiter les prisons, d'entrer chez les malades, d'attaquer dans leurs sermons la religion catholique, etc. Les consistoires et les synodes furent rendus moins fréquents ; les collectes leur furent interdites ; et les donations qui se faisaient aux consistoires, furent transférées aux hôpitaux catholiques.

L'Edit de Nantes n'existait plus que de nom, lorsque, le 22 octobre 1685, Louis XIV le révoqua.

Il fut remplacé par un autre Edit, composé de onze articles, qui supprimait tous les privilèges accordés aux *prétendus* Réformés par Henri IV et Louis XIII, leur interdisait l'exercice de leur religion par tout le royaume sans exception, et enjoignait à leurs ministres de quitter la France dans la quinzaine ; ordonnait la fermeture de leurs écoles et contraignait les parents à faire élever leurs enfants et leurs pupilles dans la religion catholique ; et enfin promettait des récompenses à ceux qui se convertiraient.

Le même Edit promettait amnistie et restitution de leurs biens aux émigrants qui viendraient sous quatre mois, et permettait aux Calvinistes de demeurer dans leurs maisons, de jouir de leurs biens et de faire leur commerce sans être inquiétés, pourvu qu'ils ne s'assemblassent pas pour exercer leur religion.

Mais ces légères concessions ne furent même que dérisoires, car, sous le prétexte de convertir au catholicisme, des missionnaires, accompagnés de dragons, parcouraient la campagne pour catéchiser, tandis que ces derniers s'introduisaient dans les maisons des Calvinistes comme en pays ennemi, pillaient et se livraient aux plus scandaleuses déprédations ; c'est ce que l'on appela du nom de *dragonnades*.

Les Réformés, traqués de la sorte, quittèrent la France en foule.

De nombreux Edits parurent alors pour interdire, sous des peines sévères, cette émigration. Ceux qui restèrent en France ne se réunissaient plus qu'à de longs intervalles, dans des bois écartés, dans des lieux inaccessibles, où quelques pasteurs, échappés à la surveillance administrative, venaient les encourager, les exhorter à la persévérance, rappelant en eux l'esprit d'union, de solidarité par le symbole de la Cène ; c'est ce que l'on appela *assemblées du désert*.

Las de toutes ces persécutions, les Protestants prirent les armes et se défendirent. Mais, vaincus par le nombre, ils se retirèrent dans les Cevennes où, sous la conduite de Jean Cavalier (1), ils opposèrent une résistance vigoureuse aux troupes de Louis XIV.

En 1704, le maréchal Villars les amena enfin, plutôt par la persuasion que par la violence, à déposer les armes. Le droit d'émigration qui leur avait été levé leur fut rendu avec celui de vendre leurs biens. On porta jusqu'à cent mille le nombre de ceux qui émigrèrent alors.

(1) Jean Cavalier était fils d'un simple boulanger ; il fut fait colonel en France, en 1704, et plus tard, en Angleterre, gouverneur de l'île de Jersey.

En 1785, Malesherbes, le conseiller de Louis XVI, présenta un éloquent mémoire dans lequel il réclamait l'état-civil pour les Protestants.

L'Edit qui accordait ce droit fut enregistré dans une séance royale, en 1787. Mais la grande Révolution de 1789 couronna l'œuvre, en proclamant pour tous le principe de la liberté des cultes.

CHAPITRE VIII.

Eglise évangélique. Saint-Simoniens. Mormons.

ÉGLISE ÉVANGÉLIQUE (1817).

A peine la Réforme fut-elle faite que de nombreuses dissidences se produisirent. Cet écueil était inévitable : en se séparant du Catholicisme, chacun emportait, plus ou moins, avec lui quelques-uns des principes qu'il avait sucés dans son sein.

Le plus radical fut Luther. Son radicalisme, peut-être anticipé — les événements qui suivirent en sont une preuve — par un effet de réaction, appela la doctrine de Calvin.

Les Réformés s'étant émancipés du joug césarien de l'Eglise romaine, avaient pleinement droit d'aller où leurs convictions les poussaient, d'accepter telle croyance qui paraissait la meilleure, celle qui allait le mieux à leur entendement ; ils étaient libres. Mais, ayant à lutter avec un pouvoir alors si puissamment organisé et qu'à peine ils venaient d'entamer, l'union parmi eux était une nécessité commandée par la simple prudence. Aussi les deux sectes principales tentèrent-elles un rapprochement.

Cette fusion aboutit, sous le nom de secte Évangélique, en 1817, d'abord dans le duché de Nassau et en même temps à Francfort-sur-le-Mein ; ensuite, en 1818, à Weimar, Hanau et dans la Baviére rhénane ; et puis dans la principauté d'Anhalt-Bernbourg en 1819 ; dans celle de Waldek et dans le grand-duché de Bade et 1821 ; et enfin dans la Hesse et dans une partie du Wurtemberg, en 1822.

La Prusse opposa une grande résistance à cette fusion.

Cette doctrine est aujourd'hui répandue un peu partout.

SAINT-SIMONIENS (1825).

Les doctrines ne se propagent pas en un jour, il faut du temps pour les faire accepter ; et surtout lorsqu'elles sont rationnelles elles rencontrent plus d'une opposition ; elles ont à lutter avec les vieilles idées, avec la routine, l'esprit de système. Et dans cette lutte de tous les instants, si elles ne possèdent pas la perfection (relative), si elles 'ont quelque part un endroit vulnérable, c'est là qu'elles sont frappées sans ménagements et sans trêve ; c'est ce qui arriva à la doctrine de Saint-Simon.

Saint-Simon naquit à Paris, en 1760, d'une des familles les plus nobles de France. Il entra au service à l'âge de 17 ans et servit sous Bouillé, et sous Washington en 1779, dans la guerre de l'indépendance de l'Amérique.

A la paix, en 1783, il revint en France, où il fut fait colonel ; il avait alors 23 ans.

Pris de dégoût pour les armes, il abandonna la carrière militaire dès 1785. Il se livra alors à l'étude des questions d'utilité publique et visita dans ce but la Hollande et l'Espagne.

De retour en France, il applaudit à l'œuvre de régénération de la Révolution de 1789. Ce vaste génie résolut alors de reconstituer l'ordre social et de pousser la science dans une voie nouvelle ; d'améliorer par elle l'industrie, le sort de l'humanité et surtout des classes laborieuses et les plus pauvres.

Saint-Simon était sans fortune ; comprenant que l'argent lui était nécessaire pour l'accomplissement de ses vastes projets, il se livra à la spéculation et y réussit complètement. Il se lia alors avec les savants les plus distingués et voyagea en Italie, en Angleterre, en Suisse et en Allemagne, pour acquérir les matériaux nécessaires ; ensuite il se mit à l'œuvre ; et, en 1802, il publia son premier ouvrage : *Lettres d'un habitant de Genève à ses contemporains*. Mais ses ressources étaient épuisées, et ses autres ouvrages ne purent être imprimés. Il fut réduit, pour vivre, à accepter un modeste emploi de copiste au Mont-de-Piété qui lui rapportait 1,000 francs par an. Recueilli quelque temps après par un ami véritable, il put reprendre ses travaux. Mais las d'être incompris, et fatigué d'une vie misérable, il eut un moment de faiblesse et le 9 mars 1823 il tenta de se donner la mort. Le coup qu'il se porta ayant été mal dirigé, n'occasionna qu'une blessure ; il renonça dès lors à ce projet et ses travaux prirent, de ce jour, une direction nouvelle. C'est alors qu'il composa son dernier écrit : *Le nouveau Christianisme*, qui portait pour épigraphe : *Celui qui aime les autres a accompli la loi.*

Saint-Simon mourut le 19 mai 1825, à l'âge de soixantequatre ans, laissant de nombreux disciples, parmi lesquels Augustin Thierry, Auguste Comte qui a fait école, Olinde Rodrigues, Bazard, Enfantin, etc.

La doctrine de Saint-Simon peut se résumer ainsi : Proscription de l'oisiveté, tout rapporté au mérite qui constitue la véritable aristocratie, encouragement de l'association industrielle, organisation des travailleurs ; à chacun selon ses capacités et selon ses œuvres.

Quant à la partie religieuse de cette doctrine, elle est

tout entière dans l'épigraphe de son dernier livre : « Celui qui aime les autres a accompli la loi. »

Les Saint-Simoniens obtinrent des succès dès leurs débuts, mais plus tard, par leurs théories nouvelles sur le mariage, sur la famille, et un peu aussi par leurs idées sur la religion, qui n'étaient pas celles du christianisme j'allais dire officiel, ils furent discrédités et même accusés devant les tribunaux d'attentat à la morale publique ; et en 1833, par arrêt judiciaire, leur association fut dissoute.

MORMONS (1830).

Des sectes modernes, une des dernières fondées est celle des Mormons.

Joseph Smith, chercheur de trésors, enfouis, selon une tradition, lors de la guerre de l'indépendance, dans les contrées occidentales de l'Etat de New-York, fut le fondateur de cette secte.

Chercheur infatigable, Smith s'arrêta un jour comme sous le coup d'une inspiration soudaine, et se prit à rechercher la solitude, affectant de se livrer à la méditation. Bientôt il annonça que le *Très-Haut* venait de lui révéler qu'il lui était donné mission d'éclairer l'univers plongé dans les ténèbres de l'erreur.

Il apprit ensuite des anges, dans deux révélations successives, que les annales des Indiens de l'Amérique, seuls restes des fils d'Ismaël, avaient été déposées dans une caverne à l'Est de la route de Palmyre, dans le comté de Wayne, canton de New-York. Il s'y rendit et trouva dans un coffre de pierre des plaques d'or sur lesquelles était tracée l'ancienne loi, signée du nom de Mormon, prophète juif qui avait vécu du temps de Sédécias, roi de Juda.

Il est vrai de dire que personne ne vit jamais ces plaques qui, selon lui, étaient écrites en langue égyptienne.

Smith se mit en devoir de traduire ces plaques ; il fut obligé pour cela, les anges ayant oublié de lui communiquer le don des langues, d'apprendre l'égyptien.

La chronique prétend même que l'auteur de tout cela fut un certain Spawlding, ex-prêtre, qui, pour refaire sa fortune sombrée dans des entreprises hasardeuses, avait composé un écrit sur les tertres tumulaires des Etats-Unis, qu'il faisait remonter au temps des tribus d'Ismaël.

Spawlding mourut avant l'impression de ce manuscrit, qui passa entre les mains de Smith, lequel, avec l'aide d'un ancien prédicateur baptiste, le modifia pour l'approprier à ses fins et le traduisit en anglais.

Enfin, en 1830, parut, sous le nom de *Bible de Mormon*, cet ouvrage, qui devait servir de base à la secte de ce nom.

Les Mormons ou Mormonites, qui s'intitulent aussi *Saints des derniers jours*, veulent, comme les Anabaptistes, que le baptême soit renouvelé sur les adultes, et ils exigent l'immersion totale du catéchumène dans une eau courante ; comme eux aussi, ils sont communistes et polygames.

Les Mormons débutèrent dans les environs de New-York, puis se répandirent dans l'Ohio où ils n'eurent que peu de succès. Ils passèrent ensuite dans le Missouri, d'où ils furent expulsés en 1838. Ils se rendirent alors dans l'Illinois, et y fondèrent, en 1839, la ville de Nauwo.

A la suite de troubles graves, Smith fut tué dans une prison avec son frère. Ses disciples, en 1846, furent chassés de l'Illinois ; ils allèrent alors se fixer dans les vastes plaines situées entre les montagnes Rocheuses et la Sierra-Nevada; au sud du grand lac Salé et au nord de l'Utah. Ils y fondèrent un vaste établissement nommé *Désaret (ruche d'abeilles)*. Ils n'ont plus quitté ce pays ; ils s'y sont au contraire considérablement étendus depuis la découverte des gisements d'or de la Californie, sur le passage de laquelle ils se trouvent.

Leur territoire, connu sous le nom d'Utah, fait partie de l'Union Américaine, au pouvoir de laquelle, en 1858, ils essayèrent un moment de se soustraire ; mais ils s'amendèrent sans coup férir.

Brigham-Young, qui pendant quelque temps défraya les feuilles publiques, au sujet d'un procès intenté à lui par une de ses femmes, était, il y a peu d'années, leur chef ; il est mort en septembre 1877, à l'âge de soixante-seize ans, laissant une immense fortune, seize femmes, quarante-cinq enfants et plus de quatre cents petits enfants. On lui donnait alors comme successeur probable l'apôtre John Taylor, l'un des fondateurs du Mormonisme.

Les Mormons ont de nombreux adeptes aux Etats-Unis et même en Europe ; surtout en Angleterre et dans le Danemark.

Le Mormonisme n'est point un progrès, c'est plutôt une évolution rétrograde. Issu de la spéculation, appuyé sur le fanatisme d'un côté et sur l'intérêt de l'autre, le Mormonisme ne se trouve guère, en ce qui concerne la femme, au-dessus du mahométisme. Comme ce dernier, il soumet la femme entièrement à la domination de l'homme. Il en est du reste ainsi dans toutes les institutions polygames. Il est peu de mormones qui ne consentissent à répudier cette institution si les moyens leur en étaient fournis.

Le Mormonisme est d'ailleurs en phase de décadence ; la cour suprême des Etats-Unis a confirmé, il y a un an (mars 1879), le jugement rendu par les tribunaux de l'Utah ordonnant des poursuites contre les Mormons polygames ; ces derniers, afin d'éviter un bouleversement dans les familles, on fait des démarches pour obtenir la tolérance sur les faits accomplis, demandant que la loi ne soit applicable que pour les *unions futures*.

CHAPITRE IX.

SPIRITISME.

Allan-Kardek son fondateur. Manifestations premières. Introduction
du *Livre des Esprits*. Appréciation de cette doctrine.

Nous voici arrivés au Spiritisme qui, contrairement à la
plupart des doctrines qui l'ont précédé, repousse la foi
aveugle pour ne s'appuyer que sur la raison aidée de la
science; en un mot, qui se meut au grand jour et chasse
les mystérieuses ténèbres qui tant de fois ont ensanglanté
le passé.

Avant de poursuivre, disons quelques mots sur le fondateur de cette doctrine.

Allan-Kardek (Hippolyte-Léon-Denizard Rivail) né à
Lyon le 3 octobre 1803, mort le 1er avril 1869, fut le fondateur du Spiritisme ou *Spiritualisme expérimental*.

Fils et petit-fils d'avocats distingués, il semblait par sa
naissance destiné à la magistrature ; mais ses aptitudes et
son goût pour les sciences et la philosophie l'appelaient
ailleurs.

Il étudia en Suisse, sous le célèbre pédagogiste Pesta-
lozzi, duquel il adopta et propagea la méthode d'enseignement.

Catholique par la naissance, il vécut dans un milieu pro-
testant ; mais rien ne satisfaisant pleinement ses aspira-
tions de libre-penseur, il conçut, dès l'âge de quinze ans,

chose remarquable, des projets de réforme qui n'attendirent plus qu'une occasion favorable pour se développer.

Son but était d'unifier toutes les croyances, qui en somme, convergent vers le même but quant au fond, et ne diffèrent que par la forme.

A partir de ce moment, il travailla avec ardeur, et pendant de longues années, à la solution de ce problème difficile.

En 1850, dès qu'il fut question des tables tournantes, Allan-Kardek se mit à étudier le phénomène, qu'il attribua à la manifestation des esprits.

Dans l'expérimentation, les premières communications furent faites au moyen de coups frappés : un certain nombre de personnes se rangeaient autour d'un meuble, une table, qui, au bout d'un temps plus ou moins long, selon le milieu, se mettait en mouvement. On posait des questions soit mentales soit verbales ou écrites, auxquelles il était répondu par des coups frappés qui représentaient les lettres de l'alphabet : au lieu de compter 1, 2, 3, etc., on comptait A, B, C, ainsi de suite ; et à chaque temps d'arrêt on assemblait toutes ces lettres qui formaient un mot ; poursuivant ainsi on obtenait des phrases. Mais ce moyen fut vite abandonné comme trop insuffisant et remplacé par une corbeille d'osier à laquelle était adapté un crayon dont la pointe reposait sur une feuille de papier ; puis par une planchette et par différents engins de cette nature, et enfin, par la main même de l'opérateur, munie d'un crayon ou d'une plume.

Les naïfs, les habiles aidant, virent en cela du sortilège, l'action directe du *diable;* les incrédules attribuèrent ces faits à la supercherie, au charlatanisme ; d'autres enfin, s'en amusèrent sans y rien comprendre. Allan-Kardek

entrevit là le principe de lois naturelles encore incompri-
ses. Il étudia et observa ces phénomènes afin d'en déduire
les conséquences philosophiques, et ne tarda pas à être
convaincu de l'intervention des esprits dans ces manifestations.

Il composa alors plusieurs ouvrages, dont le premier, qui
comprend la partie philosophique, et qui a servi de base à
sa doctrine, est le *Livre des Esprits* ; sa première édition
parut le 18 avril 1857. Le 1er janvier 1858, il créa la *Revue
Spirite*, publication mensuelle. Le 1er avril de la même
année il fonda à Paris la première Société Spirite régulièrement constituée sous le nom de *Société parisiennne des
Etudes Spirites*, dont le but exclusif est l'étude de tout ce
qui peut contribuer au progrès et au développement de
cette nouvelle science.

Il publia aussi en janvier 1861, le *Livre des Médiums*
qui comprend la partie expérimentale et scientifique ; et,
pour la partie morale : l'*Evangile selon le Spiritisme* ; en
avril 1864, et enfin, en août 1865, *le Ciel et l'Enfer* ou *la
Justice de Dieu* selon le Spiritisme.

Pour donner une idée de la valeur de cette doctrine, je
ne saurais mieux faire que de citer textuellement la partie
de l'introduction qui résume le *Livre des Esprits*.

Dieu est éternel, immuable, *immatériel* (1), unique, tout puissant,
souverainement juste et bon.

Il a créé l'univers qui comprend tous les êtres animés et inanimés,
matériels et immatériels.

(1) Dieu *immatériel*, semble être placé en dehors de la nature, de la
création, alors qu'il en est partie intégrante — ce qui ne saurait raisonnablement être contesté ; — tout est en Dieu, rien n'est en dehors de lui.
Si d'ailleurs Dieu était immatériel, comment agirait-il sur la matière ? Il
y aurait là une solution de continuité ; et tout s'enchaîne dans la nature :
L'Esprit ne saurait commander à la matière, s'il en était séparé.

Les êtres matériels constituent le monde visible ou corporel, et les êtres immatériels, le monde invisible ou spirite, c'est-à-dire les Esprits.

Le monde spirite est le monde normal, primitif, éternel, préexistant et survivant à tout.

Le monde corporel n'est que secondaire ; il pourrait cesser d'exister, ou n'avoir jamais existé, sans altérer l'essence du monde spirite.

Les Esprits revêtent temporairement une enveloppe matérielle périssable, dont la destruction, par la mort, les rend à la liberté.

Parmi les différentes espèces d'êtres corporels, Dieu a choisi l'espèce humaine pour l'incarnation des Esprits arrivés à un certain degré de développement, c'est ce qui lui donne la supériorité morale et intellectuelle sur toutes les autres.

L'âme est un Esprit incarné dont le corps n'est que l'enveloppe.

Il y a dans l'homme trois choses : 1° le corps ou être matériel analogue aux animaux, et animé par le même principe vital ; 2° l'âme ou être immatériel : Esprit incarné dans le corps ; 3° le lien qui unit l'âme et le corps, principe intermédiaire entre la matière et l'Esprit.

L'homme a ainsi deux natures : par son corps, il participe de la nature des animaux dont il a les instincts ; par son âme, il participe de la nature des Esprits.

Le lien ou *perisprit (autour de l'Esprit)* qui unit le corps et l'Esprit est une sorte d'enveloppe semi-matérielle. La mort est la destruction de l'enveloppe la plus grossière, l'Esprit conserve la seconde qui constitue pour lui un corps éthéré, invisible pour nous dans l'état normal, mais qu'il peut rendre accidentellement visible, et même tangible, comme cela a lieu dans le phénomène des apparitions.

L'esprit n'est point ainsi un être abstrait, indéfini, que la pensée seule peut concevoir ; c'est un être réel, circonscrit, qui, dans certains cas, est appréciable par les sens de la vue, de l'ouïe et du toucher.

Les Esprits appartiennent à différentes classes et ne sont égaux ni en puissance, ni en intelligence, ni en savoir, ni en moralité. Ceux du premier ordre sont les Esprits supérieurs qui se distinguent des autres par leur perfection, leurs connaissances, leur rapprochement de Dieu, la pureté de leurs sentiments et leur amour du bien : ce sont les anges ou purs Esprits. Les autres classes s'éloignent de plus en plus de cette perfection ; ceux des rangs inférieurs sont enclins à la plupart de nos passions : la haine, l'envie. la jalousie, l'orgueil, etc. ; ils se plaisent au mal. Dans le nombre, il en est qui ne sont ni très-bons, ni très-mauvais ; plus brouillons et tracassiers que méchants, la malice et les inconséquences semblent être leur partage : ce sont les Esprits légers ou follets.

Les Esprits n'appartiennent pas perpétuellement au même ordre. Tous s'améliorent en passant par les différents degrés de la hiérarchie spirite. Cette amélioration a lieu par l'incarnation qui est imposée aux uns comme expiation et aux autres comme mission. La vie matérielle est une épreuve qu'ils doivent subir à plusieurs reprises, jusqu'à ce qu'ils aient atteint la perfection absolue ; c'est une sorte d'étamine ou d'épuration d'où ils sortent plus ou moins purifiés.

En quittant le corps, l'âme rentre dans le monde des Esprits d'où elle était sortie, pour reprendre une nouvelle existence matérielle , après un laps de temps plus ou moins long, pendant lequel elle est à l'état d'Esprit errant.

L'Esprit devant passer par plusieurs incarnations, l en résulte que nous tous avons eu plusieurs existences, et que nous en aurons encore d'autres plus ou moins perfectionnées, soit sur cette terre, soit dans d'autres mondes.

L'incarnation des Esprits a toujours lieu dans l'espèce humaine ; ce serait une erreur de croire que l'âme ou Esprit peut s'incarner dans le corps d'un animal.

Les différentes existences corporelles de l'Esprit sont toujours progressives et jamais rétrogrades ; mais la rapidité du progrès dépend des efforts que nous faisons pour arriver à la perfection.

Les qualités de l'âme sont celles de l'Esprit qui est incarné en nous ; ainsi l'homme de bien est l'incarnation du bon Esprit, et l'homme pervers celle d'un Esprit impur.

L'âme avait son individualité avant son incarnation, elle la conserve après sa séparation du corps.

A sa rentrée dans le monde des Esprits, l'âme y retrouve tous ceux qu'elle a connus sur la terre et toutes ses existences antérieures se retracent à sa mémoire avec le souvenir de tout le bien et de tout le mal qu'elle a fait.

L'Esprit incarné est sous l'influence de la matière ; l'homme qui surmonte cette influence par l'élévation et l'épuration de son âme se rapproche des bons Esprits avec lesquels il sera un jour. Celui qui se laisse dominer par les mauvaises passions et place toutes ses joies dans la satisfaction des appétits grossiers, se rapproche des Esprits impurs en donnant la prépondérance à la nature animale.

Les Esprits incarnés habitent les différents globes de l'univers.

Les Esprits incarnés ou errants, n'occupent point une région déterminée et circonscrite ; ils sont partout, dans l'espace et à nos côtés, nous voyant et nous coudoyant sans cesse ; c'est toute une population invisible qui s'agite autour de nous.

Les Esprits exercent sur le monde moral et même sur le monde physique une action incessante ; ils agissent sur la matière et sur la pensée, et constituent une des puissances de la nature, cause efficiente d'une foule de phénomènes jusqu'alors inexpliqués ou mal expliqués, et qui ne trouvent une solution rationnelle que dans le spiritisme.

Les relations des Esprits avec les hommes sont constantes. Les bons Esprits nous sollicitent au bien, nous soutiennent dans les épreuves de la vie, et nous. aident à les supporter avec courage et résignation ; les mauvais nous sollicitent au mal : c'est pour eux une jouissance de nous voir succomber et de nous assimiler à eux.

Les communications des Esprits avec les hommes sont occultes ou ostensibles. Les communications occultes ont lieu par l'influence bonne ou mauvaise qu'ils exercent sur nous à notre insu : c'est à notre jugement de discerner les bonnes ou les mauvaises inspirations. Les communications ostensibles ont lieu au moyen de l'écriture, de la parole ou autres manifestations matérielles, le plus souvent par l'intermédiaire de médiums qui leur servent d'instruments.

Les Esprits se manifestent spontanément ou sur évocation. On peut évoquer tous les Esprits : ceux qui ont animé des hommes obscurs comme des personnages les plus illustres, quelle que soit l'époque à laquelle ils ont vécu ; ceux de nos parents, de nos amis ou de nos ennemis, et en obtenir, par des communications écrites ou verbales, des conseils, des renseignements sur leur situation d'outre-tombe, sur leurs pensées à notre égard, ainsi que les révélations qu'il leur est permis de nous faire.

Les Esprits sont attirés en raison de leur sympathie pour la nature morale du milieu qui les évoque. Les Esprits supérieurs se plaisent dans les réunions sérieuses où dominent l'amour du bien et le désir sincère de s'instruire et de s'améliorer. Leur présence en écarte les Esprits inférieurs qui trouvent au contraire un libre accès et peuvent agir en toute liberté parmi les personnes frivoles ou guidées par la seule curiosité, et partout où se rencontrent de mauvais instincts. Loin d'en obtenir ni bons avis ni renseignements utiles, on ne doit en attendre que des futilités, des mensonges, de mauvaises plaisanteries ou des mystifications, car ils empruntent souvent des noms vénérés pour mieux induire en erreur.

La distinction des bons et des mauvais Esprits est extrêmement facile : le langage des Esprits supérieurs est constamment digne, noble, empreint de la plus haute moralité, dégagé de toute basse passion ; leurs conseils respirent la sagesse la plus pure, et ont toujours pour but notre amélioration et le bien de l'humanité. Celui des Esprits inférieurs, au contraire, est inconséquent, souvent trivial et même grossier ; s'ils disent parfois des choses bonnes et vraies, ils en disent plus souvent de fausses et d'absurdes, par malice ou par ignorance ; ils se jouent de la crédulité et s'amusent aux dépens de ceux qui les interrogent en flattant leur vanité, en berçant leurs désirs de fausses espérances. En résumé, les communications sérieuses, dans toute l'acception du mot, n'ont lieu que dans les centres sérieux, dans ceux dont les membres sont unis par une communion intime de pensées en vue du bien.

La morale des Esprits supérieurs se résume comme celle du Christ en cette maxime évangélique : Agir envers les autres comme nous voudrions que les autres agissent envers nous-mêmes ; c'est-à-dire faire le bien et ne point faire le mal. L'homme trouve, dans ce principe, la règle universelle de conduite pour ses moindres actions.

Ils nous enseignent que l'égoïsme, l'orgueil, la sensualité, sont des passions qui nous rapprochent de la nature animale, en nous attachant à la matière ; que l'homme qui, dès ici-bas, se détache de la matière par le mépris des futilités mondaines et l'amour du prochain, se rapproche de la nature spirituelle ; que chacun de nous doit se rendre utile selon les facultés et les moyens que Dieu a mis entre ses mains pour l'éprouver ; que le fort et le puissant doivent appui et protection au faible ; car celui qui abuse de sa force et de sa puissance pour opprimer son semblable viole la loi de Dieu. Ils enseignent enfin que dans le monde des Esprits, rien ne pouvant être caché, l'hypocrite sera démasqué et toutes ses turpitudes dévoilées ; que la présence inévitable et de tous les instants de ceux envers lesquels nous aurons mal agi est un des châtiments qui nous sont réservés ; qu'à l'état d'infériorité et de supériorité des Esprits sont attachées des peines et des jouissances qui nous sont inconnues sur la terre.

Mais ils nous enseignent aussi qu'il n'est pas de fautes irrémissibles et qui ne puissent être effacées par l'expiation. L'homme en trouve le moyen dans les différentes existences qui lui permettent d'avancer selon son désir et ses efforts, dans la voie du progrès et vers la perfection qui est son but final.

Toute la doctrine spirite est contenue dans cette introduction ; la suite n'en est que le développement. Si elle laisse en certains points — constitutifs même — des doutes dans l'esprit, cette doctrine aura toujours l'immense avantage sur les autres de mettre sur la voie de la vérité ; elle ne dit pas : Croyez ! mais : Voyez, pénétrez et jugez ; ne nous met-elle pas en garde contre les inspirations légéres et frivoles des esprits follets ? N'est-ce point là un appel à notre raison ? C'est à nous de discerner le bien du mal, le vrai du faux, le juste de l'injuste.

Le Spiritisme est certainement la plus attrayante des doctrines parues avant lui ; mais l'attrait n'est pas tout, c'est la vérité entière qu'il faut à ceux qui ont souci de connaitre le secret de la vie.

Séduit par le principe de justice que l'on voit émerger de toutes ses parties, j'étais — que l'on me pardonne cet aveu — devenu l'un de ses adeptes sincères, et j'avais même tenté quelques essais, que je m'estime heureux de n'avoir pas livrés à la publicité, car l'honnêteté m'eût aujourd'hui commandé de les rétracter.

Par sa nature même, cette doctrine prêtait facilement à l'erreur. On ne saurait en principe, dans bien des cas, nier l'intervention dans nos pensées, et par suite dans nos actions, d'une puissance, d'une volonté étrangère à la nôtre, et qui se lie alors intimément à elle ; mais cette influence occulte, d'où vient-elle ? Emane-t-elle de simples mortels ayant comme nous **corps** et **âme** ? Ou bien des esprits à l'état erratique, c'est-à-dire sans corps matériel, en sont-ils les auteurs ?

La doctrine Spirite admet les deux cas, mais semble donner la plus large part aux Esprits errants ; elle n'en exclut pas même ceux incarnés dans les mondes supérieurs : incarnation, il est vrai, très-éthérée.

Voici, au sujet des Esprits incarnés, ce que disent les paragraphes 414 et 417, chap. viii, liv. II, du *Livre des Esprits* :

« Deux personnes qui se connaissent peuvent-elles se visiter pendant le sommeil ?

» Oui, et beaucoup d'autres qui croient ne pas se connaître se réunissent et se parlent. Tu peux avoir, sans t'en douter, des amis dans un autre pays. Le fait d'aller voir, pendant le sommeil, des amis, des parents, des connaissances, des gens qui peuvent vous être utiles, est tellemen fréquent, que vous l'accomplissez vous-mêmes presque toutes les nuits.

» Un certain nombre d'Esprits incarnés peuvent-ils se réunir ainsi et former des assemblées ?

» Sans aucun doute, les liens de l'amitié, anciens ou nouveaux, réunissent souvent ainsi divers esprits heureux de
se trouver ensemble. »

En parlant des Esprits errants, le paragraphe 567, ch. x,
liv. II, dit :

« Les Esprits se mêlent-ils quelquefois à nos occupations et à nos plaisirs?

» Les Esprits vulgaires, comme tu le dis, oui, ceux-là
sont sans cesse autour de vous et prennent à ce que vous
faites une part quelquefois très-active, selon leur nature,
et il le faut bien pour pousser les hommes dans les différents sentiers de la vie, exciter ou modérer leurs passions. »

Et enfin, le paragraphe 188, chap. iv, liv. II, s'exprime
ainsi :

« Les purs Esprits habitent certains mondes, mais ils
n'y sont pas confinés comme les hommes sur la Terre;
ils peuvent mieux que les autres être partout. »

Le phénomène d'extension de la pensée, qui met en rapport deux ou plusieurs êtres vivants, de manière à faire
vibrer à l'unisson leur appareil sensoriel, qu'il se produise
naturellement ou qu'il soit provoqué artificiellement, est
un fait incontestable; mais devant les données de la science
moderne, devant les découvertes psychophysiologiques, il
est permis de mettre en doute l'existence des Esprits
errants.

Quant à la possibilité de communiquer avec les êtres
des autres mondes, même les plus rapprochés de nous,
cela nous paraît assez difficile, à moins que ce ne soit
par des moyens optiques; mais jusqu'à ce jour nos instruments les plus puissants ne nous ont encore rien révélé
qui puisse nous faire espérer ce résultat heureux.

En somme, toutes réserves faites, le livre des Esprits

est une œuvre profondément honnête ; sa notion de la divinité laisse bien quelque peu à désirer ; il est d'ailleurs difficile d'en donner une définition très-exacte, de manière à être bien comprise de tous. Son langage quelque peu mystique parfois trahit la source inspiratrice; mais cela importe peu.

Constatons en terminant que, mis en garde contre la cause des erreurs spirites, on ne saurait obtenir de la lecture de ce livre, puisé aux sources de la plus saine morale, que des résultats excellents.

CHAPITRE X.

LA RELIGION LAÏQUE.

Hommage à M. Fauvety. Ce qu'est la religion laïque; sa profession morale ; son organe. Réponse aux principales objections : Pourquoi le nom de *Religion* à une chose qui déclare ne relever que de la science ? Pourquoi la religion sans sacerdoce ? Pourquoi sans mystères et sans miracles ?

La *Religion laïque* est celle de la libre pensée ; c'est la synthèse religieuse (1) au sein de laquelle tôt ou tard — et quel que soit le nom que l'avenir lui réserve — viendront se donner la main et par la suite se fondre toutes les autres religions qui ne sont point figées dans des dogmes

(1) Une polémique, qui a été engagée entre la *Critique philosophique* et M. Fauvety, sur le mot *synthèse religieuse*, m'oblige à donner quelques explications à ce sujet : le mot synthèse, qui signifie la somme d'une chose, définitive par conséquent, appliqué à une religion qui veut ses portes toutes grandes ouvertes aux progrès, aux découvertes scientifiques de toute nature, et qui laisse à chacun sa liberté de conscience pleine et entière, ne lui demandant que le désir de s'améliorer et d'y aider les autres, semble une contradiction ; il est employé ici dans le sens de *synthèse des religions,* parce que toutes, par la force des choses, qu'elles le veuillent ou non, seront entraînées là ; le nom changerait-il que la chose subsisterait quand même. L'esprit humain se développant, les religions seront forcées de marcher avec la science ; les religions seront alors **la religion** ou leur synthèse.

surannés et prétendus immuables ; en un mot toutes les religions de progrès.

Mais, avant de poursuivre, rendons un sympathique hommage à M. C. Fauvety l'honnête et éminent publiciste qui, après avoir consacré la meilleure partie de son existence à la poursuite de l'idée d'une régénération sociale, a eu le courage d'entreprendre, de grouper autour d'une pensée de progrès, tous les hommes de bonne volonté, tous les amis de l'humanité, à quelque religion qu'ils appartiennent.

La tâche est pénible et rude ; beaucoup y ont échoué avant lui ; les hommes n'y étaient point encore prêts sans doute, mais ils ont du moins préparé la voie.

Dans cette lutte du présent contre le passé, de la vérité contre l'erreur, apportons tous nos efforts ; si petits que nous soyons, chacun peut quelque chose dans sa sphère ; vouloir, c'est pouvoir, et l'union fait la force ; et puis on est heureuux de lutter pour une noble et juste cause, celle de l'humanité.

La religion laïque est une religion sans prêtres, sans corps sacerdotal, sans mystères et sans miracles. Elle n'est point une religion nouvelle, mais elle est la continuation de l'idée chrétienne, comme celle-ci fut la continuation de l'idée juive, et ainsi des autres, chaque génération nouvelle apportant quelque chose aux conquêtes de celle qui l'a précédée.

Elaguant partout l'erreur, les vaines pratiques, les abus, partant, en un mot, du sommet des connaissances acquises, la religion laïque dirige ses pas vers la perfection accessible à notre humanité, la science éclairant sa route et la raison lui servant de guide.

La religion laïque appelle tout le monde à elle ; elle est

la synthèse religieuse comme la République est la synthèse sociale. Il suffit pour en faire partie de **vouloir s'améliorer et aider les autres à s'améliorer de même**; peu importent les croyances; les croyances se modifient à mesure que l'intelligence se développe.

Voici d'ailleurs sa profession morale :

PROFESSION MORALE.

J'affirme le Droit ;

Je confesse le Devoir ;

Je veux la Justice et la Fraternité humaine ;

Je crois à la Solidarité universelle ;

J'aspire à la Perfection.

Droit. — Doué de conscience et de raison, par conséquent responsable de tes actes, tu as le droit et le devoir de te gouverner toi-même, dans toutes les sphères de ton activité. Maintiens ton droit, tant qu'il ne porte pas atteinte au droit d'autrui. — Respecte-toi, afin que les autres te respectent. — Cultive tes facultés, développe tes forces, soigne ta santé, évite toute souillure, apprends à défendre ton existence et à protéger ta liberté. Aime la vie, que tu as reçue, parce que, s'il ne dépend pas toujours de toi qu'elle soit heureuse, il dépend de toi qu'elle soit utile aux autres et bonne à ton amélioration. — Ne redoute pas la mort, qui n'est qu'un renouvellement des forces et une évolution nécessaire au progrès et à l'agrandissement des êtres.

Devoir. — N'oublie pas que méconnaître son devoir, c'est compromettre son droit, car le droit et le devoir sont corrélatifs et ne s'affirment pas l'un sans l'autre. — Sois soumis à la loi, source de l'égalité, et repousse tout privilège, même quand tu dois en bénéficier. — Respecte tes engagements, cultive la vérité, ne retiens jamais ce qui appartient à autrui. — Rends à tes parents tout ce que tu en as reçu : honore-les par ta conduite de tous les jours, et que ton respect soit toujours à la hauteur de leur tendresse. — Transmets ton patrimoine à tes enfants, s'ils ne s'en sont pas montrés indignes, mais ne leur sacrifie jamais l'intérêt social. — Abstiens-toi de l'oisiveté comme d'un vol. — Si tu amasses des richesses, songe à ce qu'elles ont coûté, et, t'en regardant comme le simple dépositaire, fais qu'elles servent à féconder le travail, à soulager le malheur, à éteindre la misère.

Justice. — Pratique la justice, non-seulement en ne faisant jamais aux autres ce que tu ne voudrais pas qui te fût fait, mais en prenant l'initiative du bien, et luttant contre l'iniquité partout où tu la rencontreras. — Ne condamne jamais sans recours et sans laisser une porte ouverte à la réparation, au repentir et à la réhabilitation. Le sentiment religieux est incompatible avec l'enfer éternel, et la conscience de l'humanité, régénérée par l'amour du prochain, n'admet pas de peine sans rémission.

Fraternité humaine. — Traite ton prochain comme toi-même. — Pardonne les injures et rends même le bien pour le mal, toutes les fois que le soin de ta dignité personnelle te le permettra. — Sers fidèlement ta patrie et sois toujours prêt à mourir pour elle ; mais ne la sépare jamais, dans ton cœur, de cette plus grande patrie qui a nom : l'Humanité. — Ne t'éloigne pas volontairement de la société des hommes ; ne t'isole point de tes frères, et ne les isole pas les uns des autres : Il n'y a point de progrès pour l'homme seul. — Souviens-toi que c'est aux luttes soutenues, aux souffrances supportées à travers tant de siècles par les générations qui t'ont précédé, que tu dois tous les biens dont tu jouis ; songe que c'est en associant tes efforts à ceux de tes contemporains, que tu prépareras un sort meilleur à ceux qui viendront après toi. — Crée-toi de bonne heure, par le mariage, une sphère familiale d'où soient bannis l'égoïsme, qui est le plus grand de tous les vices, l'envie, le jeu, la paresse, la colère, la débauche, l'intempérance, la dissimulation et le mensonge. — Epoux, ne soyez pas seulement unis par la chair ; soyez-le aussi par l'esprit et le cœur, comme si vous étiez une seule âme. Veillez à mériter toujours l'estime l'un de l'autre, et n'ayez jamais à rougir devant vos enfants.

Solidarité universelle. — Dans tes efforts vers le mieux, aspire à tout ce qui est en haut et tends la main à tout ce qui est en bas. — Sois doux et pitoyable envers les animaux, car ils sont sensibles comme toi. — Sois charitable et bienveillant pour toutes les souffrances. — Dans tes plaisirs ne goûte que ceux qui ne font pleurer personne. — Aime la nature, respecte ses lois et ne lui commande qu'en lui obéissant. — N'oublie jamais que, si la terre a été donnée aux hommes, c'est pour qu'ils y aient tous leur place au banquet de la vie, et qu'y trouvant, grâce à l'instruction à laquelle tous ont également droit et à l'aide du travail quotidien dont tous ont également le devoir, leur part de lumière et de liberté, ils y fassent régner l'ordre, la paix, l'équité, l'harmonie. C'est en réalisant ainsi *le règne de Dieu* sur notre domaine terrestre, que nous pourrons nous dire les collaborateurs de l'œuvre divine, et qu'il nous sera donné de nous élever progressivement vers l'être parfait, dont chacun de nous porte en soi l'inépuisable idéal.

Bénie soit l'humanité, dans son passé, dans son présent, dans son avenir !

Béni soit tout ce qui vit au-dessus et au-dessous de nous, dans la perpétuelle communion des êtres !

Béni soit Dieu, Père céleste, Unité suprême, Loi vivante, Raison consciente de l'univers, Source de toute vie, de tout amour, de toute lumière et de toute perfection !

Diverses objections, dans le début, ont été faites à la *Religion laïque* ; en voici les principales, suivies de la réponse.

Pourquoi le nom de *religion* à une chose qui déclare ne relever que de la science ?

Parce que la religion est ce qui unit, ce qui relie (*religare relier*), parce qu'elle est l'union de l'homme avec lui-même, puis avec ses proches, ses concitoyens, ses semblables, avec la nature, avec Dieu, parce que la religion c'est la philosophie vécue.

Pourquoi la religion sans sacerdoce ?

Parce que les sacerdoces, abusant du pouvoir dont ils sont investis pour étendre leur domination autant qu'ils le peuvent (c'est le travers de l'égoïsme collectif), font naître des abus de toutes sortes, et parce qu'enfin il vaut mieux, au spirituel comme au temporel, se posséder soi-même que d'être possédé.

« Vous êtes une raison consciente, et cette raison consciente qui est votre âme, votre moi, votre être dans son unité, est une étincelle de la raison universelle et divine. C'est Dieu en vous. Il n'y a entre Dieu et vous qu'une différence de grandeur non de nature : il est la raison consciente de l'univers, qui est son corps visible, comme vous êtes la raison consciente de ce petit univers, qui est votre corps terrestre.

Honorez Dieu et respectez son temple. Cultivez donc votre âme et soignez votre corps. N'abdiquez jamais votre souveraineté aux mains d'un maître soit temporel, soit spirituel : que chacun de vous soit à lui-même et *son prêtre et son roi !* »

Pourquoi sans mystères et sans miracles ?

Le mystère disparaît devant l'explication des dogmes qui constituent la religion dans ses formes diverses et dans son perpétuel devenir, et donnent la mesure de l'état mental des sociétés, et qui, suivant le développement de l'esprit humain, rattachent ainsi l'idée actuelle aux idées anciennes : le présent au passé.

La Religion laïque repousse le miracle « parce que Dieu c'est l'ordre, c'est la loi, c'est l'harmonie, et que le miracle, qui contredit l'ordre, viole la loi, trouble l'harmonie, est la négation même de la fonction divine, qui est celle de l'unité consciente, universelle et suprême, et tend à détruire le sentiment que nous avons de nos rapports de solidarité avec cette unité qui est le sentiment religieux par excellence » (1).

L'enseignement de la Religion laïque est « celui de la science et de la philosophie, ou plutôt celui qui peut être donné par l'ensemble des sciences ramenées par la philosophie à cette unité synthétique sans laquelle l'homme ne saurait se retrouver tout entier et se développer harmoniquement dans l'ensemble de ses facultés » (2).

Ce simple aperçu suffit pour donner une idée, bien succincte sans doute, de l'immensité du travail à accomplir. Que tous les hommes de bonne volonté rendent cette tâche plus facile, en apportant chacun sa pierre, si modeste qu'elle soit, à l'édifice de régénération universelle ; car le progrès ne peut réellement se faire, et surtout s'universaliser, qu'à la condition que tous y prennent part. On aurait beau améliorer les institutions des sociétés humaines, si les individus qui composent ces sociétés ne s'amélioraient pas, ces institutions tomberaient d'elles-mêmes et descendraient forcément au niveau des individus. C'est pourquoi travaillons sans relâche, sur nous-mêmes d'abord, puis enseignons les autres, et ayons confiance ; nous récolterons toujours plus que nous n'aurons semé.

C'est par un regret que je dois fermer ce chapitre : l'organe de la Religion laïque, à la fin de sa troisième année, a cessé de paraître.

Fatigué par le labeur de toute une existence bien remplie, ses forces ont trahi la bonne volonté de M. Fauvety, son directeur et fondateur.

____

(1) *La Religion Laïque*, tome i, page 362.

(2) *La Religion Laïque*, tome i, page 362.

Il n'est pas un lecteur de *la Religion laïque* qui n'ait appris cela avec regrets.

Que va devenir la Religion laïque privée de son organe ? L'idée fondamentale vit toujours ; le maître a des disciples, et il nous fait espérer lui-même que ceux-ci reprendront son œuvre interrompue (1).

(1) On peut se procurer, chez M. Fauvety, avenue Pereire, 8, à Asnières (Seine), les trois volumes de *La Religion laïque*. Lire cela n'est pas perdre son temps.

CONCLUSION.

Vice de la société. Séparation des pouvoirs. L'enseignement par l'Etat. Education de la femme Institutions de prévoyance. Les corporations. Obstacles à l'association. Aperçu du Familistère de Guise Puissance de l'association ; un simple calcul. Nos armées.

Après avoir assisté à la formation de notre globe et à celle des êtres qui l'habitent, nous avons suivi le développement progressif de l'esprit humain, sinon pas à pas, du moins dans ses évolutions principales.

Simple au début, l'homme rend hommage à tout ce qui captive ses sens et l'effraie; les grands phénomènes de la nature lui fournissent ses premières divinités. Mais, bientôt brisant ces grossières idoles, à la voix de ses réformateurs, ses conceptions s'épurent peu à peu, et chaque jour se font plus rationnelles.

Malgré les décadences de certains peuples, le progrès général ne cesse de se faire.

Nous avons vu l'Egypte, celle des civilisations que l'on croit être la plus ancienne, sous des personnifications diverses adorer le Soleil, cette source féconde de toutes les richesses terrestres ; puis laissant là les images, à la voix de Moïse, le peuple hébreux vient se ranger sous l'unité divine, conception purement idéale mais terrible, enfantée par la rudesse d'un peuple qui, après avoir souffert l'oppression, cherche à se constituer les armes à la main.

A la même époque, si ce n'est avant, l'Inde et l'Iran

élaborent leurs civilisations diverses ; la première empruntant, sous d'autres dénominations, les divinités de l'Egypte
(si elle ne lui a pas donné les siennes), partie d'un principe
assez rationnel, ne tarde pas à devenir la proie de l'ambition sacerdotale, qui la soumet au système odieux des
castes ; système fatal qui doit amener sa ruine. Sa
métempsycose rétrograde étouffe, dans l'extravagant et
l'absurde, les quelques germes de vérité qu'elle peut contenir. Son bonheur final, placé à des hauteurs inaccessibles à l'intelligence de la plupart des mortels, ne présente
que l'attrait de *l'absorption en l'Etre suprême*.

Détachés de la même souche, les Iraniens prennent la
bonne voie ; au lieu de fortifier le dangereux pouvoir sacerdotal, ils s'appliquent à développer les principes d'une
saine morale ; ils ne savent cependant pas se mettre l'abri
de certaines erreurs de conception telle que celle d'une double puissance régissant le monde : le bien et le mal ; cette
dernière presque aussi puissante que l'autre et ne devant
être vaincue qu'à la fin des siècles.

Nous avons vu ensuite Confucius, reprenant les tradi-
tions des premiers sages, par des lois d'une moralité parfaite, basées sur le principe de la raison humaine, faire
de la Chine le type de la civilisation. Chez lui, point ou peu
de conception paradisiaque. Sa doctrine, exempte de tout
mysticisme, ne sort pas du domaine de la morale et de la
saine raison dont elle fait sa personnification divine : *la
raison suprême ou Dieu*.

· D'un autre côté la Grèce répand sur le monde entier les
lueurs bienfaisantes de sa philosophie. Parmi les plus
belles conceptions qu'elle enfante, est celle de la recon-
naissance d'un être suprême dont *l'essence dépasse les
bornes de l'entendement humain;* conception qui pourrait
bien demeurer le dernier mot de l'humanité terrestre.

Sa morale est sublime, Thalès la formule en ces termes : *Aimez-vous les uns les autres* !

Ses sciences et ses arts ne le cèdent en rien à sa philosophie.

Jésus, après Moïse, vient apporter sa belle doctrine, qui, plus tard, envahira le monde. Ici le type de la divinité atteint des proportions voisines de la perfection ; ce n'est plus le Dieu exclusif d'un peuple privilégié, c'est le créateur de tout ce qui existe, le père de tous les humains, qui veut le bonheur de tous ses enfants.

Le plus grand mérite du christianisme sera toujours d'avoir aboli l'esclavage. Tous les chrétiens, au début, sont libres et égaux, ils sont frères. Quels immenses progrès n'eussent pas été accomplis dans cette voie nouvelle si le moyen âge, cet affreux temps de pillardises et de criminelles débauches, pendant lequel nobles et prêtres jugulaient à qui mieux mieux, volaient, pillaient, saccageaient, emprisonnaient, violaient, torturaient et pendaient le pauvre Jacques Bonhomme, si le moyen âge, dis-je, n'était venu tout détruire, et, pendant plus de mille ans, projeter sur le monde ses sanglantes ténèbres !

Mahomet disperse les idoles et groupe sous une même croyance les peuplades éparses de l'Afrique. Il adopte l'unité divine, mais il est obligé de tenir compte des vieilles coutumes enracinées chez les idolâtres auxquels il enseigne sa doctrine ; aussi sa morale s'en ressent-elle en quelques endroits. Il faut d'ailleurs à Mahomet, comme il fallait à Moïse, avant tout, un peuple capable de constituer son unité par la force.

Le progrès accompli par l'Islamisme est l'unité divine et la création d'une morale plus belle, quoique imparfaite, que celle qu'il venait remplacer.

Après ces rayons lumineux, les ténèbres se reforment :
le peuple Juif, toúr à tour, oppresseur ou opprimé — c'est
la loi des répressailles — se voit disperser pour avoir
méconnu et tenté d'étouffer une doctrine supérieure à la
sienne, doctrine qu'il eût dû accepter, au moins dans les
principes de morale qu'il avait oubliés et de charité qu'il
n'avait pas connus.

L'Inde succombe aux principes mortels de ses institutions.

La Chine, oubliant les préceptes du sage auquel elle
rendra plus tard d'éclatants hommages, se courbe sous le
joug de monarques méchants et dissolus.

La Grèce, qui a la faiblesse de laisser mettre à mort,
par une poignée d'imposteurs, le plus sage des hommes,
(Socrate) (1), parce qu'il enseignait la morale et la vérité,
voit son éclat s'assombrir sous ce coup qui disperse les
flambeaux qui l'éclairaient.

La doctrine de Jésus, transformée, défigurée, envahie
par les pratiques superstitieuses et la simonie, devient un
moyen de domination pour quelques-uns, et après de cruels
déchirements, a lieu dans le sein de l'église une séparation
devenue nécessaire.

L'Islamisme, prétendant posséder le dernier mot de la
révélation, tombe en décadence.

Serait-ce là la condition fatale de l'humanité terrestre ?
Serions-nous irrévocablement condamnés, après une marche ascendante, à ces retours en arrière, à nous mouvoir
éternellement autour de ce cercle vicieux sans issue.

______

(1) Autorisés par l'absence de tout écrit original, il en est qui mettent
en doute l'existence de Socrate ; comme d'autres, pour le même motif,
nient celle de Jésus (le Jésus de l'Evangile). Quoi qu'il en soit, leurs
doctrines existent, et leur défaut d'authenticité même ne saurait rien ôter
à leur valeur.

Rompons-le, ce cercle fatal ; et du sommet des connaissances acquises, donnant un libre essor à la pensée moderne, mettons-nous hardiment et sans trêve à la poursuite de la perfection accessible à notre humanité terrestre.

A travers tout cela, il est vrai, le progrès ne cesse de se faire, en ce sens que le savoir, privilège de quelques-uns au début, pénétre et envahit toujours de plus en plus les masses.

Mais pourquoi ces décadences de peuples ? Le progrès ne saurait-il donc accomplir ses évolutions sans ces arrêts qui parfois semblent le menacer ?

La société est rongée par un vice qui la dégrade et cause la plupart de ses malheurs, *l'égoïsme*, égoïsme individuel, égoïsme collectif : Un peuple est en pleine civilisation et jouit des bienfaits acquis par son intelligence ; s'il ne sait dignement utiliser ses loisirs, sa vie facile le plonge dans la mollesse qui le déprave. Les conséquences inévitables de cette dépravation sont la décadence, qui à son tour amène le malaise, la souffrance. Alors chacun se retire dans son égoïsme et ne fait ainsi qu'aggraver son mal. D'individuel l'égoïsme se fait collectif; c'est à qui, pour satisfaire ses goûts et ses penchants, attirera le plus qu'il pourra, sans tenir compte des intérêts légitimes des autres De là les divisions qui font la faiblesse, et les guerres qui tuent quelquefois irrévocablement un peuple, et où l'on voit s'engloutir des civilisations longuement et péniblement élaborées.

Cette cause des décadences du passé demeure toujours la même.

Le passé a-t-il donné tout ce qu'il pouvait donner, ou plutôt a-t-il assez donné ?

Si l'on considère cette longue période de près de dix-neuf siècles qui forme l'ère nouvelle, on est porté à dire qu'il a trop peu donné. Mais on aurait tort de lui jeter la pierre, car toutes ses institutions, évanouies ou subsistant encore en partie, ont apporté chacune leur contingent dans l'éducation des peuples. Ce n'est point là cependant une raison suffisante pour vouloir exhumer et faire revivre ces institutions ; une nourriture légère peut convenir à l'enfance, mais il faut à l'âge mûr des aliments plus substantiels ; l'enfant se plait aux contes de fées des vieilles grands-mères, mais la vérité, quelque rude qu'elle soit, convient a l'homme fait, ainsi des peuples.

Les religions, dans le passé, ont pesé d'un grand poids sur la marche de l'humanité, elles ont tenu en tutelle l'homme encore enfant. De même que l'enfant qui n'a pas encore la plénitude de sa raison respecte son père et lui obéit pour n'en être pas puni, l'homme du passé suivait la religion qu'on lui avait apprise, sans la comprendre et dans la crainte d'un Dieu vengeur, qu'on lui faisait terrible en ses colères. Mais l'homme est devenu majeur ; la raison s'est éveillée en lui, et il en fait sa conseillère ; il laisse en paix s'effondrer ce qui veut rester en arrière, ce que repousse la raison. Son horizon s'est agrandi, ses yeux se sont ouverts devant des conceptions nouvelles, que cette fois il comprend, et vers lesquelles il s'avance avec calme et sécurité et dans la paix de sa conscience.

Mais laissons là ce qui touche aux rapports de l'homme avec la divinité, pour ne considérer que ce qui se rattache aux rapports des hommes entre eux, ce qui constitue la société civile.

La pensée moderne tend à la séparation des pouvoirs spirituels et temporels, rénovation qui ne saurait qu'être profitable à tous les deux.

Relégués chacun dans son domaine, ces deux pouvoirs conserveront leur automonie propre et ne couront plus le risque d'être absorbés l'un par l'autre, comme jusqu'à présent cela a toujours eu lieu. Et nous savons les tribulations, les guerres et les désastres que leurs disputes ont suscités. D'ailleurs, la raison en vertu de laquelle existe le pouvoir spirituel, le principe sur lequel il est assis, lui interdisent l'accès de l'autre pouvoir.

Le pouvoir spirituel a toute sa force, toute sa puissance dans la persuasion. *Spirituel*, ce mot indique l'action sur l'esprit, et pour agir sur l'esprit, point n'est besoin de canons et autres engins de cette nature ; les armes qu'il faut sont : la **vérité**, l'**amour**, la **justice**.

Le pouvoir spirituel ne saurait s'allier au temporel sans perdre immédiatement son caractère : Que penser en effet de celui qui viendrait vous engager à rendre tel ou tel culte à la divinité en vous posant un révolver sur la gorge ? Que l'on ne se récrie pas, l'exemple n'est pas forcé outre mesure : les inquisitions sont là pour le faire accepter. Le spirituel, ne s'adressant qu'aux choses de l'esprit, ne doit se servir que d'armes spirituelles ; telle est la conclusion logique.

L'homme, dans ses rapports avec la divinité, doit jouir de sa liberté la plus absolue, parce que cela ne concerne que lui-même ; aucune action ne doit être intentée contre lui autre que la persuasion.

Mais il n'en est pas de même pour lui dans ses rapports avec ses semblables, il est tenu à des devoirs ; s'il doit être jaloux de sa liberté, il doit veiller aussi à ce que ses actes n'entravent pas celle des autres ; c'est là la condition première.

De la séparation des pouvoirs découle naturellement la nécessité de l'enseignement laïque par les Etats.

L'Etat, n'étant autre chose qu'une réunion d'hommes groupés sous une même loi, doit, sous peine de voir entraver le fonctionnement de cette loi, donner à tous l'éducation nécessaire pour la comprendre, afin de s'y soumettre. Il ne peut et ne doit laisser ce soin à la charge de ceux qui se sont donné la mission de nous initier à la science purement spirituelle.

De cette nécessité pour l'Etat d'enseigner naît l'obligation individuelle d'apprendre ; et cette obligation d'apprendre entraîne à la gratuité de l'enseignement (1), car bien des familles peuvent se trouver dans l'impossibilité de payer l'éducation de leurs enfants.

Un Etat, se désintéressant de cette question, livre ses enfants à l'enseignement d'un pouvoir dont les attaches sont en dehors de lui-même, et qui, à un moment donné, peut devenir son ennemi intime. Que deviendront alors ces enfants ? Ce qu'on les aura faits.

Donc, obligation pour tout Etat, dans l'intérêt de ses progrès, de sa conservation même, de décréter et d'organiser la gratuité, l'obligation et la laïcité de l'enseignement.

Nul homme de bonne foi n'a le droit de s'élever contre une loi de sûreté générale et qui ne fait d'exception pour personne, contre une loi qui sauvegarde l'intérêt de chacun en sauvegardant l'intérêt de tous.

D'ailleurs, en dehors des obligations imposées par cette loi, il ne saurait être défendu de créer — moyennant autorisation légale — d'autres écoles où chacun aurait la liberté d'aller.

De ce que l'enseignement serait obligatoire, serait laïque

(1) Cette question est actuellement (avril 1880) à l'étude au Corps législatif.

et donné par l'Etat, il ne s'ensuivrait pas qu'il fût immoral ; non, au contraire, il serait basé sur la morale même. Chaque Etat a sa législation, qui est, dans ses parties essentielles, à la hauteur du degré intellectuel des individus qui le composent, et toute législation est basée sur la morale. Si donc l'Etat donne à chaque citoyen l'instruction nécessaire pour comprendre et pratiquer ses devoirs, c'est-à-dire suivre la loi dans son esprit, il lui apprendra nécessairement la morale.

Une autre question capitale dans l'enseignement est celle des sexes. On, a jusqu'à présent, et de par le droit du plus fort, en général considéré la femme comme un être inférieur auquel il suffit d'apprendre quelques minauderies et à bien porter une toilette. Et cependant la femme est-elle d'une autre essence que l'homme ? Si sa constitution physique la rend impropre à certains travaux, n'a-t-elle pas en revanche la charge la plus délicate, celle d'apprendre à nos enfants les premières notions de la vie ? Et quelle tâche demande plus de soins, plus de tact, plus de savoir ? Les premiers germes jetés dans ces jeunes intelligences y formeront leur empreinte ineffaçable. Ces germes lèveront un jour, et si la semence est bonne, le fruit sera bon ; mais si la semence est mauvaise, le fruit ressemblera à la semence. Combien de malheureux peuplent nos prisons et nos bagnes pour avoir reçu une mauvaise éducation première !

Cette éducation vicieuse et à peine ébauchée que reçoit la femme, la laisse en outre exposée sans défense aux entreprises de ceux qui ne craignent pas de caresser son amour-propre et de flatter ses manies pour capter sa confiance, et arriver ainsi peu à peu à avoir la haute main dans la direction de la famille, qu'ils ne connaissent pas.

et à se servir d'elle comme d'un instrument docile pour arriver à satisfaire leurs ambitieux projets de domination insensée.

Pour enseigner, il faut savoir soi-même ; il faut donc que la femme soit instruite. Mais quelle instruction doit-elle recevoir ?

La femme, destinée par les lois naturelles et de sociétés à vivre avec l'homme, à partager son existence, doit recevoir la même instruction que lui ; réserve faite de l'éducation professionnelle.

L'éducation forme les idées ; deux éducations différentes développent des idées différentes. Que peut-il résulter de l'association de ces idées, si ce n'est l'antipathie , que suit de près la discorde, qui fait de la famille un véritable enfer ? Et que deviennent les enfants dans un milieu pareil ? Quels fruits peuvent-ils retirer de ces pernicieux exemples?

Si, dans ce cas, les devoirs de la paternité n'ont point assez de puissance chez l'homme pour le décider à faire abnégation de sa personne, il déserte le foyer et va chercher ailleurs ce qu'il n'a pu trouver chez lui. La femme, se voyant délaissée, va de son côté où ses penchants l'appellent.

Que devient alors la famille ? Proudhon l'a dit, dans ce cas : « *La famille c'est l'insulte* ».

La femme est faite pour marcher à côté de l'homme, son égale, dans l'âpre sentier de la vie, et non pour aller à sa remorque ; joies et peines doivent être partagées entre eux. Le chemin de la vie est assez rude, il est bon que l'on s'aide mutuellement au lieu d'en multiplier les obstacles.

Il est temps d'émanciper la femme ; mais instruisons-là d'abord.

INSTITUTIONS DE PRÉVOYANCE.

La famille, organisée selon la raison et l'équité, la société doit songer à se pourvoir tout d'abord des institutions les plus indispensables.

Après les écoles, viennent, en première ligne, les institutions de prévoyance.

Bien des gens ont l'habitude de réclamer ou d'attendre tout de l'Etat; système absurde qui ne donnerait peut-être que de mauvais résultats. Si l'Etat devait entreprendre pareille chose, il lui faudrait créer pour cela une nouvelle armée d'employés, chose très onéreuse et dont les services ne répondraient pas à la dépense.

L'Etat ne doit pourvoir qu'aux besoins de ceux qui le servent directement. Il faut d'ailleurs laisser le plus possible à l'initiative privée, que l'Etat, à son tour, doit favoriser le plus qu'il est en son pouvoir de le faire.

Mais trop compter sur l'Etat, c'est marcher à sa perte ; exemple : *Plébicistes* , conclusion : *Sédan* et le reste !

Sans nous égarer dans les rêves de spéculations impossibles à réaliser quant à présent, tentons quelques moyens pratiques pour améliorer le sort des classes peu fortunées, et cela par une judicieuse distribution de leurs forces, de leurs moyens propres, sans emprunts étrangers si c'est possible, et si ces derniers font défaut.

Pour arriver aux améliorations, bien des vices, des défauts, de mauvaises habitudes depuis longtemps contractées sont à combattre. Aujourd'hui encore, comme par le passé, le travailleur de plus d'une catégorie, naît, s'élève tant bien que mal, va ou ne va pas à l'école, embrasse une profession et vit, en général, au jour le jour, sans soucis de l'avenir, jusqu'à ce que les infirmités de la vieillesse viennent lui montrer qu'une lacune (l'imprévoyance) est restée permanente dans tout le cours de son existence. Le grand nombre de vieillards impotents, incapables de gagner leur vie et dénués de ressources, que nous voyons à la charge de leurs enfants, en est la preuve.

Voilà le mal ; il s'agit de trouver le remède.

Comme les militaires, comme les employés de l'Etat et de quelques grandes administrations particulières prévoyantes, les invalides du travail ont bien droit au repos. Mais qui leur en fournira les moyens ? Eux-mêmes devront se les fournir. Par l'association ils résoudront certainement ce problème s'ils le veulent.

Ces associations devront-elles se faire par corps d'états ou corporations ? Ce système est défectueux, le passé nous en a fourni la preuve ; il a pour effet inévitable de créer un antagonisme sans profit, qui finit toujours par dégénérer en égoïsme collectif qui entrave le progrès général au lieu d'y coopérer. Ce système n'est que l'ébauche première de l'association ; il a fourni tout ce qu'il pouvait donner : la solidarité entre certains groupes d'hommes d'une même profession qui se venaient en aide en se procurant mutuellement du travail, chose très-utile, surtout aux époques où les moyens de locomotion étaient très-lents et fort coûteux. Mais là, à quelques secours pécuniaires près, s'arrêtait l'action des corporations ; elle ne dépassait pas le cercle du travail ; c'était à l'individualité isolée de se créer un avoir pour mettre ses vieux jours à l'abri du besoin.

Ce n'est pas que cet esprit de solidarité entre gens de même métier soit chose blâmable ; loin de là : la solidarité est bonne en toute choses, excepté dans le mal. Mais cela étant insuffisant, il faut aujourd'hui un système d'association tout autre qui vienne compléter celui-ci. Le premier est le moyen pour arriver au second, lequel devra fonctionner sur une plus grande échelle et sans distinction ni exclusion de conditions , de professions ou de métiers.

L'association serait chose assez facile si les intéressés avaient les capitaux sous la main ; mais le capital argent, qui est tout prêt, a en général peu de confiance au capital travail qui est à réaliser, et surtout lorsque celui-ci n'est pas encore à l'œuvre ; les placements sûrs et raisonnablement productifs sont d'ailleurs l'excuse des détenteurs de la richesse réalisée. Trop de conditions sont nécessaires pour engager ces derniers à mettre leurs capitaux au service de cette œuvre éminemment humanitaire : une grande manufacture fonctionnant bien déjà sous une habile direction, une vaste propriété intelligemment exploitée ; en un mot, une industrie quelconque de quelque importance et donnant déjà de bons résultats. Ceux qui se trouvent placés dans ces conditions sont peu soucieux d'innover, d'avoir à lutter contre les obstacles que les ennemis de tout progrès ne manquent pas de semer sous les pas des novateurs, des promoteurs de toute idée généreuse.

Ceux-là sont rares dont le courage, et j'oserai presque dire l'abnégation, s'affranchissant de toute crainte, n'écoutent que le cri de leur conscience et affrontent bravement toutes les haines égoïstes.

Le sentiment du devoir accompli, sans préjudice de leurs intérêts matériels sauvegardés, la joie qu'ils éprouvent du bonheur des heureux qu'ils ont faits, leur sont, il est vrai, un ample dédommagement aux mille tracasseries qu'ils ont eues à subir.

APERÇU DU FAMILISTÈRE DE GUISE.

C'est sous l'impression produite par la lecture du livre de M. Godin (1), fondateur du Familistère de Guise, que les réflexions qui précèdent ont été écrites.

M. Godin, chef d'industrie, témoin des souffrances des ouvriers au milieu desquels, ancien ouvrier lui-même, il avait vécu, résolut d'appliquer à leur profit, avec quelques modifications nécessaires, la partie réalisable, en l'état de nos mœurs, des belles doctrines de Fourier, et fonda en 1859, sur les bords de l'Oise, aux abords de son usine, un **Palais social,** le Familistère de Guise.

Dans cette élégante et confortable demeure — qui a commencé à être habitée en 1860 — l'ouvrier trouve des ressources qu'il ne saurait rencontrer ailleurs. Tout en ne payant pas plus cher un logement commode, disposé selon les données de la meilleure hygiène, il trouve là sous sa main, à deux pas de sa porte, tout ce dont il peut avoir besoin, comestibles et autres objets, et à des prix d'un bon marché exceptionnel, provenant — *fruit de l'association* — des achats qui se font toujours en gros et dans les meilleures conditions.

Indépendamment de sa rétribution journalière, l'ouvrier a sa part — proportionnelle au capital que son travail représente — dans la répartition des bénéfices nets, sur lesquels il est d'abord prélevé une somme de 5 % pour la caisse de prévoyance.

Au Familistère, l'enfant est pris à la mamelle et est élevé gratuitement à la *Nourricerie* — où ses parents peuvent le

______
(1) *Solutions sociales.*

voir à toute heure du jour et de la nuit — jusqu'à l'âge de
26 à 28 mois. Il passe alors au *Pouponnat* jusqu'à l'âge de
4 ans, ensuite au *Bambinat* jusqu'à l'âge de 6 ans ; il entre
alors à la *Petite école.*

Les enfants reçoivent aussi, gratuitement d'abord une
éducation scolaire sérieuse et solide, et ensuite l'éducation
professionnelle pour laquelle ils ont montré de l'aptitude.
Ceux qui montrent une intelligence supérieure sont poussés dans les hautes études (1).

Combien de fois, dans ma jeunesse, n'ai-je pas entendu
qualifier d'utopistes les apôtres d'idées nouvelles , Fourier
entre autres ! Voilà pourtant que , grâce à un honnête
homme, que l'avenir se chargera de glorifier — on ne
tresse des couronnes qu'à ceux qui ne sont plus ; c'est
absurde, mais l'humanité est ainsi faite — voilà, dis-je,
qu'une partie des **utopies** de Fourier est passée à l'état
de fait démontré, de fait existant, fonctionnant et donnant
déjà, dans ses débuts, de très-bons résultats.

Tel est le fait acquis ; cela ne souffre plus de discus-
sions.

Oui, mais pour en arriver là , il faut des capitaux ; et si
les capitaux ne viennent pas, que faire ?

Il faut les créer !

Que fait le laboureur quand il veut remplir ses greniers ?

Il confie quelques grains à la terre qui se charge de les
centupler.

---

(1) Si les associations de ce genre se multipliaient en France, on ver-
rait bientôt s'arrêter cette décroissance de population, que les statisti-
ciens signalent avec crainte depuis quelques années déjà ; car, une des
causes principales de ce mal est la mortalité des enfants en bas âge,
victimes, pour la plupart, de la mauvaise hygiène et de la mauvaise
éducation.

Il faut faire comme lui, distraire régulièrement quelque menue monnaie de ses dépenses journalières, s'associer un certain nombre, et, chaque mois, placer *sûrement* ces économies et laisser capitaliser.

Tout homme, toute femme qui travaille peut bien mettre de côté, chaque jour, la somme de 15 à 20 centimes. Eh bien ! opérons sur ce chiffre :

Admettons que 100 personnes s'associent pour faire chacune un versement mensuel de 5 francs.

Cent versements par mois, à cinq francs l'un, ou cinq cents francs — c'est-à-dire un peu moins de *dix-sept centimes* par jour pour chaque personne — produiraient à la fin de l'année, la somme de *six mille cent soixante-deux francs quarante-trois centimes.*

Savoir :

1er Janvier.........................	500	»	1er versement	525 »
Intérêts 5 %; à la fin de l'année (12) mois	25	»		
1er Février.........................	500	»	2e versement	522 91
Intérêts 5 %; à la fin de l'année (11 mois)	22 91			
1er Mars.........................	500	»	3e versement	520 83
Intérêts 5 %; à la fin de l'année (10 mois)	20 83			
1er Avril.........................	500	»	4e versement	518 74
Intérêts 5 %; à la fin de l'année (9 mois)	18 74			
1er Mai.........................	500	»	5e versement	516 66
Intérêts 5 %; à la fin de l'année (8 mois)	16 66			
1er Juin.........................	500	»	6e versement	514 58
Intérêts 5 %; à la fin de l'année (7 mois)	14 58			
1er Juillet.........................	500	»	7e versement	512 49
Intérêts 5 %; à la fin de l'année (6 mois)	12 49			
1er Août.........................	500	»	8e versement	510 41
Intérêts 5 %; à la fin de l'année (5 mois)	10 41			

A reporter....... 4,141 62

Report........ 4,141 62

1er Septembre..................... 500 » ⎫
Intérêts 5 %; à la fin de l'année (4 mois) 8 33 ⎬ 9e versem^t 508 33

1er Octobre...................... 500 » ⎫
Intérêts 5 %; à la fin de l'année (3 mois) 6 24 ⎬ 10e versem^t 506 24

1er Novembre .... 500 » ⎫
Intérêts 5 %; à la fin de l'année (2 mois) 4 16 ⎬ 11e versem^t 504 16

1er Décembre..................... 500 » ⎫
Intérêts 5 %; à la fin de l'année (1 mois) 2 08 ⎬ 12e versem^t 502 08

TOTAL........ 6,162 43

En continuant à opérer de la même manière, on aurait à la fin de la deuxième année :

Exercice précédent.......	6.162 fr.	43
Intérêts 5 % de ce capital...............	308	12
Capital et intérêts de la 2e année.........	6.162	43
TOTAL.......	12.632 fr.	98

À la fin de la 3e année :

Exercices précédents..................	12.632 fr.	98
Intérêts 5 % de ce capital........... ...	631	64
Capital et intérêts de la 3e année........ ...	6.162	43
TOTAL......	19.427 fr.	05

A la fin de la 4e année :

Exercices précédents..................	19.427 fr.	05
Intérêts 5 % de ce capital...............	971	35
Capital et intérêts de la 4e année........	6.162	43
TOTAL.......	26.560 fr.	83

A la fin de la 5ᵉ année :

Exercices précédents................... 26.560 fr. 83

Intérêts 5 °/₀ de ce capital............. 1.328 04

Capital et intérêts de la 5ᵉ année......... 6.162 43

TOTAL...... 34.051 fr. 30

A la fin de la 6ᵉ année :

Exercices précédents.................. 34.051 fr. 30

Intérêts 5 °/₀ de ce capital............. 1.702 56

Capital et intérêts de la 6ᵉ année........ 6.162 43

TOTAL...... 41.916 fr. 29

A la fin de la 7ᵉ année :

Exercices précédents.................. 41.916 fr. 29

Intérêts 5 °/₀ de ce capital.............. 2.095 81

Capital et intérêts de la 7ᵉ année........ 6.162 43

TOTAL...... 50.174 fr. 53

A la fin de la 8ᵉ année :

Exercices précédents................ 50.174 fr. 53

Intérêts 5 °/₀ de ce capital............. 2.508 72

Capital et intérêts de la 8ᵉ année........ 6.162 43

TOTAL...... 58.845 fr. 68

A la fin de la 9ᵉ année :

Exercices précédents............... 58.845 fr. 68

Intérêts 5 °/₀ de ce capital............. 2.942 28

Capital et intérêts de la 9ᵉ année....... 6.162 43

TOTAL...... 67.950 fr. 39

A la fin de la 10ᵉ année :

Exercices précédents..................	67.950 fr.	39
Intérèts 5 % de ce capital.............	3.393	51
Capital et intérèts de la 10ᵉ année........	6.162	43
TOTAL.....	77.506 fr.	33

A la fin de la 11ᵉ année :

Exercices précédents..................	77.506 fr.	33
Intérèts 5 % de ce capital..............	3.875	31
Capital et intérèts de la 11ᵉ année.......	6.162	43
TOTAL.....	87.544 fr.	07

A la fin de la 12ᵉ année :

Exercices précédents..................	87.544 fr.	07
Intérèts 5 % de ce capital.............	4.377	20
Capital et intérèts de la 12ᵉ année.......	6.162	43
TOTAL.....	98.083 fr.	70

A la fin de la 13ᵉ année :

Exercices précédents..................	98.083 fr.	70
Intérèts 5 % de ce capital.............	4.904	18
Capital et intérèts de la 13ᵉ année.......	6.162	43
TOTAL......	109.150 fr.	31

A la fin de la 14ᵉ année :

Exercices précédents...............	109.150 fr.	31
Intérèts 5 % de ce capital............	5.457	51
Capital et intérèts de la 14ᵉ année......	6.162	43
TOTAL.....	120.770 fr.	25

A la fin de la 15ᵉ année :

Exercices précédents.................	120.770 fr.	25
Intérêts 5 % de ce capital.............	6.038	51
Capital et intérêts de la 15ᵉ année......	6.162	43
Total.....	132.971 fr.	19

A la fin de la quinzième année on aura donc un capital de *cent trente-deux mille neuf cent soixante-onze francs dix-neuf centimes* ; ce qui fait treize cent vingt-neuf francs soixante-onze centimes pour chaque personne.

Le Familistère de Guise — son fondateur, j'en ai la conviction, me pardonnera les emprunts que je fais à son ouvrage — le Familistère, dans son état actuel, a coûté *un million* de francs (1) : sa population est de neuf cents personnes ; ce qui représente, à peu près, onze cents francs par personne ; et nous, nous avons *treize cent vingt-neuf francs soixante-onze centimes*.

Dans toutes ces opérations, aucun compte n'a été tenu des frais que pourrait, au bout de quelque temps, nécessiter la direction des fonds. Mais ces frais, que par une bonne administration l'on pourrait rendre presque nuls, seraient couverts par les bénéfices que l'on ferait sur les valeurs.

Voilà un peu plus que le logement, mais pas assez pour créer l'industrie, dira-t-on ; et puis quinze années sont bien longues ! C'est vrai ; mais aussi l'opération est faite sur une bien faible somme, moins de 17 centimes par jour.

Doublons cette somme, et, au bout de douze ans seulement, nous aurons *cent quatre-vingt-seize mille cent soixante-sept francs quarante centimes*.

____

(1) De nouvelles constructions, depuis lors ont été faites ; et sa population s'est accrue.

Avec cela on peut bien se loger et fonder un commencement d'industrie qui, par la suite, créera des caisses de secours et de retraites.

Si d'ailleurs les capitaux étaient insuffisants au début, avec leur garantie, les emprunts seraient faciles.

A cause de l'âge, si la crainte de n'en pouvoir profiter nous retient de nous imposer ce petit sacrifice, que ce soit alors pour nos enfants; nous n'aurons d'ailleurs plus à redouter la misère pour nos vieux jours alors que nos enfants seront dans l'aisance, et qu'ils nous devront en partie leur bonheur. Que les espiègleries du jeune âge ne nous les fassent pas prendre en aversion : la raison corrige tout; donnons-leur de bons conseils et surtout de bons exemples, et nous n'aurons, dans la suite, qu'à nous en applaudir. Nous ferons ainsi doublement notre devoir, en leur préparant moralement et matériellement la voie de l'avenir. Inspirons-leur de bonne heure l'esprit de solidarité, ce sentiment qui naît de la nature même de l'homme et qui porte en lui les grands principes de devoir, de droit et de justice.

On pourra objecter sans doute que, dans ces calculs d'intérêts, les opérations sont basées sur le 5 %, tandis qu'actuellement les placements sûrs varient entre le 3 et le 4 ; c'est très vrai. Mais à quoi cela tient-il si ce n'est à des circonstances tout à fait exceptionnelles qui, espérons-le, ne se reproduiront plus, du moins de fort longtemps, si jamais elles devaient se reproduire. Ce bouleversement européen, qui porte les esprits vers les choses de la guerre, paralyse toutes les industries utiles et ne laisse d'activité que pour les engins de destruction. De là une masse de capitaux sans emplois, et partant peu ou point productifs. Cela n'aura qu'un temps ; mais, en admettant

que les choses dussent rester ainsi, l'association bénéficie-
rait alors sur l'emprunt des capitaux, car les détenteurs fini-
raient bien par se décider à les mettre en activité, dus-
sent-ils prendre eux-mêmes l'initiative de l'association.

A l'heure actuelle, touchant la question des institutions
de prévoyance, un courant d'opinion semble se former,
tendant à confier ce soin à l'Etat qui, par l'intermédiaire
des Communes, lèverait un impôt dans ce but et ferait
absolument, mais gratuitement, le même office que les
assurances sur la vie.

Toute initiative à ce sujet est louable ; la question s'agite
tant mieux ; on finira bien, l'expérience aidant, par la
résoudre. Il est à désirer pourtant que des intempérances
de langage comme celles qui viennent de se produire au
congrès ouvrier de Marseille ne se renouvellent pas, car,
bien loin de hâter la solution de la question, ces stériles
appels à la force brutale ne sauraient avoir pour résultat
unique que d'éloigner, pour longtemps peut-être, de cette
cause juste de très-honnêtes gens qui ont hâte de voir
cette question se résoudre d'une manière équitable.

En nommant des délégués ouvriers ou autres, on devrait,
avant tout, avoir soin de choisir des hommes honnêtes
d'abord, intelligents et expérimentés, desquels on soit sûr
et éviter de confier un mandat quelconque à ceux qui trop
facilement se laissant entraîner par la passion, qui est
souvent fort mauvaise conseillère, compromettent toujours
la cause qu'ils prétendent servir.

La souffrance aigrit, sans doute ; mais on doit se pénétrer d'une chose : c'est que jamais la force brutale ne saurait résoudre une question , et que la *question sociale*, cette
question si complexe, ne peut être résolue en un jour.

L'ère des révolutions violentes est passée ; la parole est

à la raison ; c'est avec elle et par elle seule que l'on arrivera à la justice.

Je n'ai pas eu, en me livrant à ce calcul d'intérêts, la prétention de l'offrir comme modèle au lecteur ; j'ai voulu faire entrevoir ce que peut l'association ; à d'autres plus compétents que moi de traiter à fond cette question, très délicate sans doute, mais qui n'est pas insoluble (1).

Unissons-nous, nous sommes tous solidaires les uns des autres. Sans la solidarité rien ne peut se faire ; ce que font les uns, les autres le défont; ce que crée ou essaie de créer la philanthropie, l'égoïsme le défait ou y met toutes sortes d'obstacles.

Massons donc nos efforts, et guidés par la justice, ayant pour phare la **raison,** marchons en avant et allons droit au but. Si parfois nos regards se reportent en arrière, que ce soit pour constater les progrès accomplis et les difficultés vaincues, pour voir les fautes commises afin de les éviter dans l'avenir.

Nous devons considérer le passé comme l'anatomiste considère le corps dans lequel il promène son scalpel pour le progrès de la science.

Me voici arrivé à la fin de ma tâche; je ne veux cependant pas fermer ce livre sans dire quelques mots sur notre chère patrie, par notre faute à tous si cruellement éprouvée.

Que le passé nous soit une leçon pour le présent et l'avenir. La leçon est assez chère pour demeurer gravée en traits ineffaçables dans nos mémoires. Que nos enfants

---

(1) Ceux qui s'intéressent à cette question feront bien de lire le journal hebdomadaire « **le Devoir** » : journal des réformes sociales, organe du Familistère de Guise. A Guise (Aisne) : trois mois, 3 francs six mois, 6 francs ; un an, 10 francs.

apprennent l'histoire de nos désastres et leurs causes, afin qu'ils évitent nos erreurs.

Malgré toute l'horreur que doit inspirer la guerre, nous sommes contraints de nous imposer de lourds sacrifices pour organiser nos forces militaires de terre et de mer. Il serait imprudent, en présence des tendances envahissantes de notre ennemi d'hier et de ses armements formidables, de nous endormir dans la sécurité d'intentions pacifiques.

Les autres puissances nous en donnent d'ailleurs l'exemple. Il n'est pas d'Etat, en Europe, si petit qu'il soit, qui ne se mette sur le pied de guerre.

Armons donc, jusqu'à ce que, arrivés au point de neutraliser réciproquement nos forces, nous finissions par comprendre qu'il est un autre moyen d'employer l'activité et le génie humains.

Il y aura alors, sans doute, un désarmement général ; et ce jour, que nous devons appeler de tous nos vœux, commencera une ère nouvelle pour l'humanité. Alors viendra le règne de la Justice : des tribunaux seront organisés pour juger les différends entre nations.

Mais, avec le vieux levain des conquêtes, qui pourrait dire combien de sang sera versé encore dans le cruel jeu des batailles ?

CHÈRES LECTRICES, CHERS LECTEURS,

J'ai fidèlement tenu l'engagement pris au début de ce livre ; je vous dois cependant quelques explications sur la manière dont il est fait.

Peut-être y a-t-il un peu de décousu dans les faits ; en voici la raison : Voulant écrire l'histoire de la Terre et des évolutions successives de ses habitants, le système chronologique seul pouvait être adopté, parce qu'il faut, de toute rigueur, présenter les faits à la suite les uns des autres comme ils se sont produits, sans sauter d'une époque à une autre, afin de montrer le plus nettement possible la marche de l'esprit humain à travers les âges. Toute autre manière, peut-être plus entraînante et plus agréable, eût été défectueuse en ce que, égarant l'esprit dans des récits particuliers, elle l'eût forcé à de fréquents retours en arrière qui l'eussent dérouté et lui auraient fait perdre la marche du progrès. Mieux eût valu, dans ce cas, écrire une histoire particulière de toutes les époques, ce qui n'eût pas manqué de rebuter bon nombre de lecteurs.

Je me suis peut-être un peu longuement étendu sur les religions du passé, que j'ai décrites assez souvent de préférence au pouvoir civil, parce qu'elles étaient elles-mêmes le vrai pouvoir à ces époques d'enfance, et que d'ailleurs le pouvoir religieux, par ses attaches, influençait très-sensiblement le pouvoir civil, lorsque ce dernier ne lui était pas entièrement soumis.

Mon but a été de mettre le lecteur à même de comparer

ces mêmes religions, ces pouvoirs dirigeants, avec nos religions modernes.

Ne voulant blesser aucune susceptibilité, je me suis abstenu à cet égard, dans la mesure du possible, de commenter les faits, ayant soin seulement de les mettre en lumière et laissant au lecteur le soin de formuler lui-même ses conclusions.

Je me suis appliqué, en somme, à bien dessiner toutes les époques en relatant, avec le plus de concision possible, les faits qui les caractérisent. Vous avez pu, d'ailleurs, chères lectrices et chers lecteurs, ne faire que parcourir les passages qui vous ont paru trop détaillés, voire même les laisser de côté. Mais il eût mieux valu, si vous ne l'avez fait, pour bien saisir la marche des choses, faire un petit effort et tout lire.

Je ne recherche ni ne redoute la critique : A ceux qui m'accuseraient de n'avoir pas fait du nouveau, je répondrais que je n'ai fait que de l'histoire, et que je n'ai d'ailleurs pas la prétention d'avoir inventé quoi que ce soit ; que les faits historiques sont puisés dans divers auteurs et à bonnes sources ; que mon seul mérite est de ne m'être jamais écarté de la vérité. Quant aux faits scientifiques, ils sont en accord avec les données de la science moderne, qui est en voie d'éclaircir bien des mystères.

A ceux qui diraient que mon pauvre petit livre est mal fait, je répondrais que j'ai écrit pour raconter des faits et non pour faire de la littérature ; et puis, que j'ai fait aussi bien que j'ai pu. C'est là ma meilleure excuse ; serai-je assez heureux pour vous la faire accepter ?

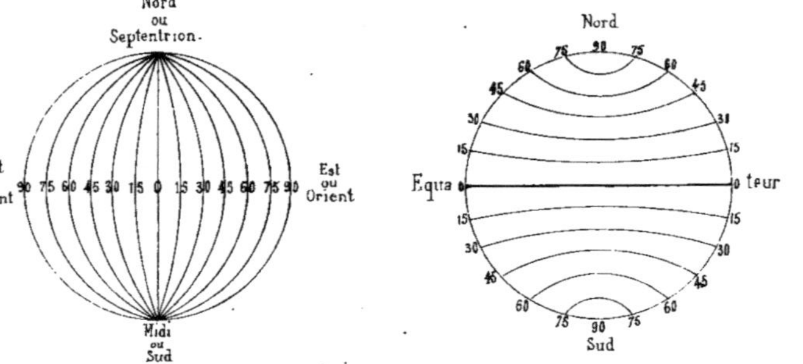

F.   INCLINAISON DE L'AXE TERRESTRE ; HAUTEUR DU SOLEIL AUX ÉQUINOXES ET AUX SOLSTICES.

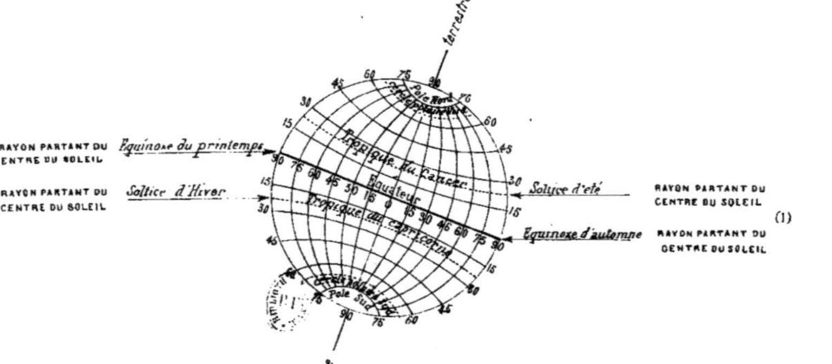

(1) La distance moyenne du Soleil à la Terre est de 37 millions de lieues de 4 kilomètres. La lumière franchissant un espace de 300,000 kilomètres par seconde, celle du Soleil met à nous parvenir 8 minutes et quelques secondes.

NOTES.

—

A. On nomme **Planète** un astre qui n'a pas de lumière propre, qui la reçoit d'un autre astre ; comme la Terre qui est éclairée par le Soleil.

Les Etoiles sont des Soleils comme celui qui nous éclaire, plus ou moins grands.

Les systèmes solaires sont un ensemble de **Planètes** de diverses grandeurs, tournant autour d'un ou de plusieurs **Soleils** qui les éclairent et les réchauffent.

B. **Pôles** : extrémités du globe, pôle Nord, pôle Sud : parties sur lesquelles la Terre effectue son mouvement de rotation comme le fait une roue sur son essieu.

Equateur cercle supposé qui entoure le globe à une égale distance des deux pôles.

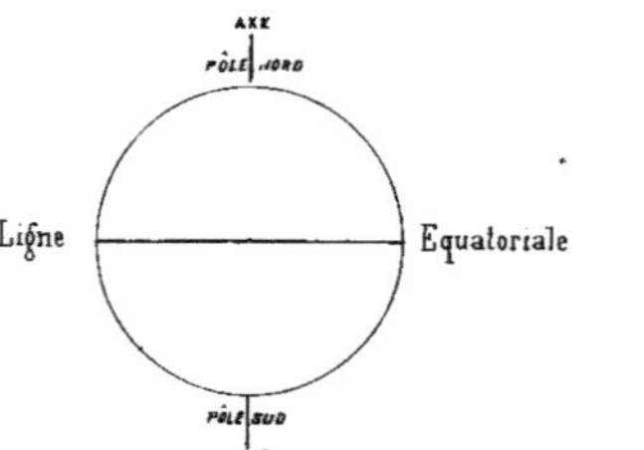

C. **Degré** : 360ᵉ partie d'un cercle. En opérant la division du cercle, à 23 degrés et demi environ (23° 27'), on a l'inclinaison de l'axe terrestre sur le plan de l'écliptique

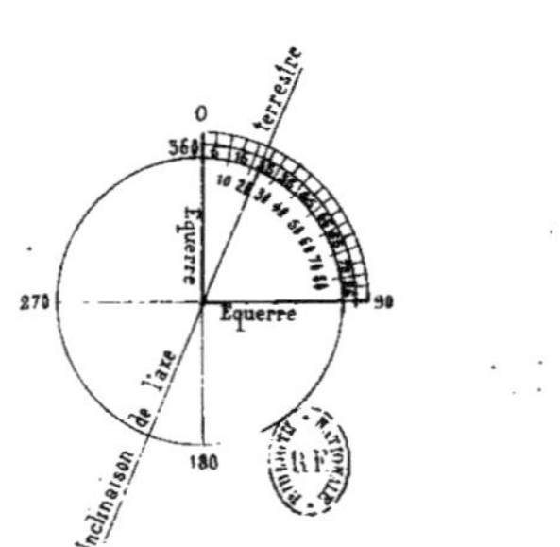

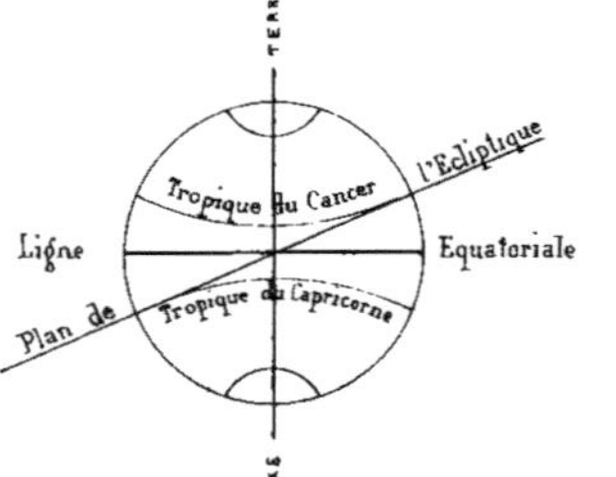

A 90 degrés on obtient l'équerre à la jonction des lignes 0 et 90, au point de centre de la circonférence.

TABLE ANALYTIQUE DES MATIÈRES.

Pages

Préface 5

PREMIÈRE PARTIE.

DIEU, CRÉATION.

—

CHAPITRE PREMIER.

Dieu : Qu'est-ce que Dieu ? Création. Formation du globe terrestre, sa distance au Soleil, sa forme, ses divisions, son étendue, ses deux mouvements principaux : *rotation* et *translation* ; exemple et figure.

L'Atmosphère : sa hauteur moyenne, son volume, son poids, ses phénomènes : *nuages, brouillards, rosée, pluie, neige, grêle, grésil.* La *foudre*, ce qui la produit.

Paratonnerres : leur fonction ; dans quelles conditions ils doivent être établis.

Arc-en-ciel et **Couronne** : conditions nécessaires à la production de ces phénomènes.

Aurores boréales et **australes** : leurs causes.

Trombes : leur formation, leurs compositions diverses, leurs effets.

Ouragans, Cyclones et **Tempêtes** : où ils prennent naissance, ce qui les produit.

Région des *étoiles filantes.*

La **Lune** : son volume, son double mouvement, sa distance de la Terre, son influence sur elle .... 9—31

Pages

CHAPITRE II.

Formation du **Globe terrestre** : son âge d'après ses différentes assises ; hypothèse de Laplace ; expériences qui la confirment.

Eaux thermales : leur source, cause des *tremblements* de *terre* et des *éruptions volcaniques*.

Apparition de la vie à la surface du globe : *végétaux*, formation des *continents*, origine des *houillères* ; *animaux rudimentaires*

Décadence de l'espèce végétale...................... 32—37

CHAPITRE III.

Division des terrains ou assises du globe : terrains *primitifs* , de *cristallisation* , *intermédiaires* , ou de *transition, secondaires, tertiaires, quaternaires*.

Période *glaciaire*, ses causes présumées. *Déluge*. Apparition de l'homme, son antiquité ; *l'homme fossile*. Terrains *volcaniques*. Origine des terrains métallifères. .... 38—46

CHAPITRE IV.

L'Homme : sa composition chimique. Objections contre l'hypothèse d'une souche unique de l'humanité terrestre.

Ce que nous sommes, d'où nous venons, où nous allons .... 47—59

Pages

DEUXIÈME PARTIE.

RELIGIONS & INSTITUTIONS ANCIENNES.

—

CHAPITRE PREMIER.

Considérations touchant les Religions. Races primitives.
Civilisation Egyptienne : *Ménès* ; *Memphis* ; *Moïse* , sa
légende. Légende de *Saryoukin*, premier roi d'Agané.
Moïse sauve les *Hébreux*. Décalogue. Les Hébreux dans
le désert. Dieux de *Babylone*. Genèse de *Sankhoniathon*.
Législation attribuée à Moïse. Mort de Moïse. *Josué*,
gouvernement des *Juges*. Les Rois. *Salomon*. Captivité
de *Babylone*. Dispersion des Juifs.................... 63—77

CHAPITRE II.

CIVILISATION INDIENNE ET IRANIENNE.

Considérations préliminaires. Les *Védas*. Base de la
religion *Indoue*. Hymnes au Soleil. Création selon les
Védas. Pluralité des existences.................... 78—81

CHAPITRE III.

LOIS DE **Manou** (*Manava-Dharma-Sastra*).

Période des *Manouantaras* (*antou*, période ; *antara*, moyenne
de Manou), 19337 avant J.-C.

Antiquité de la civilisation *Indoue*. Considérations sur
l'authenticité de *Manou*. Création selon Manou. Formation des castes ; leurs attributions. La révélation. La tra-

Pages

dition. Baptême, initiation ou communion. Immunités ou indulgences. Enfer de Manou. Femmes que l'on doit choisir ou éviter. Origine des rois; leurs rapports avec les *Bráhmanes*. Justice ; cour de Bràhma. Partialités à l'égard des Bràhmanes. Définition de l'*Etre suprême* et béatitude finale.................................... 82—97

CHAPITRE IV.

IRANIENS.

Considérations sur leur doctrine. Leur scission avec les Indous. Leurs prophètes et rois. *Zoroastre* : sa légende, sa doctrine.. 98—101

CHAPITRE V.

CIVILISATION CHINOISE.

Son antiquité. **Lao-Tseu**, sa doctrine. **Confucius** ; quelques mots sur sa philosophie. Le **Chou-King**. Astronomie chinoise, ses erreurs. Quelques préceptes de sa législation ; la raison sert de base à cette législation. Préceptes. Sacrifices aux ancètres ; sobriété en matière religieuse. Erreurs : sorts et divination................ 102—111

CHAPITRE VI.

LA GRANDE ÉTUDE OU Ta-Hio.

La *raison* en est la base. Paroles de Confucius reproduites par le christianisme. Comment Confucius entendait la justice. Conseils à ses disciples .... 112—118

Pages

CHAPITRE VII.

CIVILISATION GRÉCQUE.

Les sept Sages de la Grèce. *Pythagore, Anaxagore, Archélaüs, Socrate, Platon* et leurs doctrines. *Sparte* et ses institutions. *Athènes* et ses monuments ; sa gloire et sa décadence. Résumé de ses institutions.............. 119—127

CHAPITRE VIII.

DRUIDISME (vi⁰ siècle avant J.-C.)

Origine des **Gaulois** ; les *Druides* : leurs dieux principaux, leur doctrine ; *Druidesses*. Disparition du *Druidisme*...................................... 128—131

TROISIÈME PARTIE.

RELIGIONS & INSTITUTIONS MODERNES.

—

CHAIPTRE PREMIER.

CHRISTIANISME.

Causes qui l'ont produit. Naissance de Jésus. Légende chrétienne. Jean-Baptiste. Les Esséniens. Baptême de Jésus ; sa retraite au désert ; ses premières prédications. Résumé de sa doctrine. Trahison de Judas ; arrestation de Jésus, sa condamnation et sa mort .... 135—140

Pages

CHAPITRE II.

Mystère de la conception immaculée. **Jésus-Christ** selon les probabilités historiques. Les douze *Apôtres* et les *Evangélistes*. Obstacles à l'établissement du christianisme. Doctrinaires et philosophes : *Nicolas, Ménandre, Basilide, Valentin, Epictète, Lucien de Samosate, Celse*. Souverains : *Néron, Domitien, Trajan, Marc-Aurèle, Septime-Sévère , Maximin, Décius-Messius, Valérien, Aurélien, Dioclétien*. Divisions dans l'Eglise : *Gnostiques, Ebionites , Nazaréens, Collyridiens*...................... .... 141—153

CHAPITRE III.

MAHOMÉTISME.

Naissance de **Mahomet,** ses premières années, son mariage. Religions de l'Arabie. Mahomet communique sa mission à sa femme ; échec et tracasseries ; son prétendu voyage au ciel. Mahomet impose sa doctrine par les armes ; il échappe à ses ennemis. Mort de Mahomet. Quelques mots sur sa mission............................... 154—160

CHAPITRE IV.

Islamisme. Paradis du *Koran*. Théorie des anges. Anges déchus, enfer. Préceptes de l'Islamisme. Polygamie. Prescriptions diverses. Misérable sort de la femme, ses conséquences. Morale du Koran ; sa législation sur le mariage, sur l'adultère. Prières, aumônes et jeûnes. Allah et Jéhovah. Divisions de l'enfer ; sa destination. Contradictions du Koran. Appréciations sur l'Islamisme... 161—176

Pages

CHAPITRE V.

CATHOLICISME.

Concile de *Nicée* ; 1er concile de *Constantinople* ; 1er concile d'*Ephèse* ; concile de *Chalcédoine* ; 2e et 3e conciles de *Constantinople*. Ordre des *Bénédictins*, 2e concile de *Nicée. Jeanne la papesse.* 4e concile de *Constantinople*. Ordre de *Saint-Bernard*. Ordre des *Carmes*. Chevaliers de *Malte*. Autre ordre de *Saint-Bernard*. Ordre des *Templiers*. 1er concile de *Latran*. Chevaliers *Teutoniques*. 2e concile de *Latran*. Ordre de la *Trappe*. Chevaliers d'*Avis*. Ordres de *Calatrava*, d'*Alcantara*, du *Christ*. 3e et 4e conciles de *Latran*........................ 177—188

CHAPITRE VI.

Inquisition. Ordres des *Mathurins* ; des *Franciscains* ; des *Dominicains*. Conciles de Lyon. Ordres des *Célestins* ; des *Augustins*. Papes d'Avignon. Schisme d'Occident. Concile de Vienne. **Réformateurs** : *Jean de Wickleff*. *Jean Huss*. Concile de Constance. Concile de Bâle. *Borgia* (pape). *Swingle*.......................... 189—200

CHAPITRE VII.

Luther. *Anabaptistes. Calvinisme. Jésuites*. Concile de *Trente. Saint-Barthélemy. Edit de Nantes* ; sa révocation. *Dragonnades*. Assemblées du désert. Proclamation de la liberté des Cultes....................... 201—219

CHAPITRE VIII.

Eglise *évangélique. Saint-Simoniens. Mormons*..... 220—226

Pages

CHAPITRE IX.

Spiritisme,

Allan-Kardek son fondateur. Manifestations premières. Introduction du *Livre des esprits.* Appréciation de cette doctrine... 227 — 237

CHAPITRE X.

La Religion laïque.

Hommage à M. Fauvety. Ce qu'est la *Religion laïque ;* sa profession morale ; son organe. Réponse aux principales objections : Pourquoi le nom de *Religion* à une chose qui déclare ne relever que de la science ? Pourquoi la religion sans sacerdoce ? Pourquoi sans mystères et sans miracles ?................................. 238—245

CONCLUSION.

Vice de la Société. Séparation des pouvoirs. L'enseignement par l'Etat. Education de la femme. Institutions de prévoyance. Les corporations. Obstacles à l'association. Aperçu du familistère de Guise. Puissance de l'association ; un simple calcul. Nos armées........ .... 246—269

A mes lecteurs 270

ERRATA : Page 201, lisez **Chapitre VII** au lieu de *Chapitre VIII.*

NIMES, IMPRIMERIE CLAVEL-BALLIVET ET Ce, RUE PRADIER, 12.